U0139575

**图书在版编目（CIP）数据**

和平的壮举. 下 / 金纲著. –– 南京：江苏凤凰文
艺出版社，2023.5

（"大宋帝国三百年"系列）

ISBN 978-7-5594-7534-3

Ⅰ. ①和… Ⅱ. ①金… Ⅲ. ①中国历史－宋代－通俗
读物 Ⅳ. ①K244.09

中国国家版本馆CIP数据核字(2023)第023267号

# 和平的壮举. 下

金 纲 著

| | |
|---|---|
| 责任编辑 | 刘洲原 |
| 选题策划 | 刘玉浦 |
| 特约编辑 | 岳明园 |
| 责任校对 | 孔智敏 |
| 出版统筹 | 孙小野 |
| 出版发行 | 江苏凤凰文艺出版社 |
| | 南京市中央路165号，邮编：210009 |
| 网　址 | http://www.jswenyi.com |
| 印　刷 | 河北鹏润印刷有限公司 |
| 开　本 | 880毫米×1230毫米　1/32 |
| 印　张 | 9.5 |
| 字　数 | 203千字 |
| 版　次 | 2023年5月第1版 |
| 印　次 | 2023年5月第1次印刷 |
| 书　号 | ISBN 978-7-5594-7534-3 |
| 定　价 | 76.00元 |

大宋帝国三百年系列

# 和平的壮举

## A Feat of Peace

金纲 著

江苏凤凰文艺出版社
JIANGSU PHOENIX LITERATURE AND
ART PUBLISHING

# 目录

## 肆 真宗之死

## 尾声

# 壹

# 神道设教

　　大宋帝国真宗皇帝对"神道设教"的理解，因为王钦若的一番话，开始误入歧途。他将无信仰的"怪力乱神"误以为就是"神道设教"，于是，为世间留下了一连串非理性笑柄。

## 亳州判官王钦若

大宋在"澶渊之盟"以前的真宗咸平年间，可以概言为"李沆时代"，而后是"寇准时代"，到了"后寇准时代"，真宗一朝开始渐渐进入"王钦若－丁谓时代"。这是大宋开始发生隐秘变化的时代。

先说王钦若。

这位脖子上长了个大肉瘤的"瘿相"，事实上做了不少大事，对大宋也够得上"忠心耿耿"。他在契丹特别嚣张的时刻，无论主动或被动，反正到天雄军去了，成功地守卫了豫北、冀南、鲁西；在王超动机不明时，设计散去了他的兵众，为大宋的未来增加了安全系数；在曹利用要去契丹谈"和议"时，以为此事不真，宁肯担上"误国"的责任，也坚定地"扣留"使团，不使出境；后来他还负责编纂宋代四大名著之一的《册府元龟》，为后人留下了极为丰富的经典文献。

他也有重视民生的理念。当初，他在太宗朝中进士后，为亳州判官，同时负责管理当地粮仓。这年久雨，谷物往往难干。仓司认为地方纳税交粮太潮而拒收。但百姓纳粮，往往远道而来，一是盘缠有限，二是粮食越放越潮，不免心焦难熬。王钦若了解到这个情况后，当即下令：全部粮食照收不误。他的办法是：第一，为这批新收的粮食另外建仓收纳；第二，无论中央、地方，支用亳州粮食，不分先后，一律先支放新粮，而不是像往常那样支放旧粮。这样，湿谷在发霉之前就已经全部用掉了，解决了霉烂问题。

在这个办法实施之前，他已上章汇报给朝廷，太宗见到他的奏章，大喜，认为此人有"相才"，就将他从地方判官升职，改判三司，管理国家财政。

当时真宗做开封尹，也听说了他的这个"事迹"。

后来京畿大旱，太宗下诏，核定受灾程度，蠲免开封府附近十七个县的民租。当时有"飞语"流传到朝廷，说查验田亩的官员实际上是收买人心，实际旱情并不严重，因此，没有必要蠲免那么多。太宗闻讯很别扭。御史台负责纠弹百官，揣测太宗的意思是要励精图治，就上奏要求重新审查、核实。于是下诏，要开封府两边，东西诸州的官员来查验京畿十七县。按规定，王钦若所在的亳州要查验开封所属的太康、咸平两个县。亳州太守就派王钦若来做这件差事。别的州县查验的结果是：京畿诸县果然免税太多，于是全部追回原来蠲免的税物；但王钦若得出了与人不同的结果。他上奏说："开封旱情严重，但官员只免除了七分租税，现在请求全部蠲免。"这结果一出，人们不免为他捏一把汗。一个小小的亳州判官，显然在与朝廷御史台大员唱对台戏。不久太宗病逝，真宗践祚，当即就擢用了王钦若。真宗对辅臣说："朕那时在做开封尹，查验旱情一事，朕亦自惧。没有想到王钦若一个小官，独敢为百姓伸理，此大臣节也！"

王钦若之体恤民生疾苦，是事实，千年之后，还是值得表彰。


## 蠲免"天下宿逋"

风云人物，往往需要机运。状貌短小的王钦若在真宗面前抓住了不少机运。

此人有诗才，而且气量不俗，年轻时，曾经挨饿，村社有活动，他去观看，然后向主事者"求祭肉"。人们见他一副瘦小猥琐的样子，就问他是谁。他说："我是秀才。"人又问："秀才，你有何本事？"他说："我能作诗。"于是人就让他作诗。当时没有纸笔，他就拿了炭枝在猪皮上写字，其中有诗句道："龙带晚烟归洞府，雁拖秋色过衡阳"。这两句诗描写了江南秋天乡村的暮色风光，确有一种大家浑仑之象，所以后人称赞此句"有宰辅气象"。真宗做开封尹时，就曾见过这诗，当下就赞扬道："落落有贵气。"后来听说是王钦若所作，就记下了这个"微时"的秀才，所以践祚之后，就有意提拔了他。

但后来又有一件事，从中更见他的"宰辅气象"，但也同时窥见了他的道德短板。

王钦若做了财政官之后，负责催讨各地债务。同僚有一位官员名叫毋宾古，此人也有民生理念。有一天，他对王钦若说："天下向来有很多宿逋，从五代十国以来，历代都有催讨故实。但庶民实在缴纳不起，还不起这个债啊！我想上奏皇上，蠲免这些欠账。"所谓"宿逋"，就是欠缴很久的税赋或债务。

王钦若口头上支吾着，当晚就命令手下的干员赶紧统计各地欠税数目。第二天一早上朝，他就把奏章递上去了，要求蠲免"天下宿逋"。

真宗览奏，大吃一惊。他刚刚践祚，没有想到民生如此之苦。于是问王钦若："先帝难道不知道这件事吗？"

王钦若做出一派"大臣"的模样，从容说道：

"先帝固知之，殆留与陛下收天下心尔。"先帝当然知道，但是要把这件事留下来给陛下，要陛下以此收拢天下人心啊！

史称"上感悟"，最终听从了王钦若的意见。当下蠲免了天下欠租一千多万石，还因此赦免了被抓的债务"犯人"三千多人。一千多万石，不是个小数目。王钦若抓住了真宗富有"爱民"信念、乐于推演"仁政"的特点，极力做成了大宋史上最大一宗"蠲免宿逋"案。但他的一句话，此举之诉求在"收天下心"，而不是"苏万民困"，这就从大义上与圣贤之心有了区别。说到底，王钦若的"民生"举措，借用马克斯·韦伯的说法，就是一种"工具理性"而不是"价值理性"。由计算功利实现的途径而达致目的的"工具理性"，固然有合理性的一面，但按照儒学意见，此之谓初心"不诚""不正"，实为修身、齐家、治国、平天下之大忌。王钦若之所以受到史家诟病的根本原因在此。

## 王钦若一字损大节

在这一案例中，王钦若做成了"爱民""仁政"的大功，但除了初心之"工具理性"令人看透他的人格面貌之外，还要知道，他的这个创意源于毋宾古，也即他剽窃了他人的圣贤思想，以此邀功请赏。

果然，真宗对他"独敢为百姓伸理"的"大臣"之节操甚为赞赏，就要提拔他为宰辅，但当朝宰相王旦不同意。

王旦是大宋可与李沆并肩的一等一的名相，看人有洞察力。他已经知道王钦若的若干丑陋传闻，对他的"抢功"行径深恶痛绝，但他知道真宗正信任此人，不便于多言，于是借助于"祖宗之法"对真宗说：

"臣注意到，太祖、太宗两朝都没有用'南人'当国参政。虽然树立贤人没有固定不变的方法，但也需要这个人确实是个贤人才好。臣为宰相，不敢阻拦抑制贤人，但关于王钦若，实在是有公论的。"

真宗这才没有过早起用王钦若，只让他做到副宰相——参知政事，一直到王旦死后，才得到大用，做成了执政。所以王钦若对人说："就因为这个王公，我晚了十年当宰相。"

所谓"祖宗之法"，在宋代，一般指太祖太宗时代的习惯法。王钦若是临江军新余人（今属江西）。有一种说法，认为太祖时代有规矩：不得用"南人"为相。王旦的意见透露出：王钦若口碑不佳。

这个事实证明，真宗看不破他，但有人能看破他。


不但文相王旦能看破他，武将马知节也早就看破了他。

真宗喜欢作诗，有一次久旱不雨，忽然下了雨。真宗高兴，就写了《喜雨》诗（一说《喜雪》诗），有内侍送到中书和枢密，给文武两府官员看。

王旦为首辅，看到后，见那诗误用了旁韵，就装在袖子里，对同列说："皇上这诗用错了一个字，应该改一下再给诸位看。"

王钦若已经看过，对王旦说："这个字不改也通，不影响诗意，可以不改。再说，天子作诗，岂可以用'礼部格'校对？"

所谓"礼部格"，指的是宋初礼部颁行的《韵略》，后世又称《礼部韵略》或《景德韵略》（因为颁行于宋景德年间）。该书是从隋代《切韵》而来的简略本，最初主要适用宋代的科举考试。

王钦若的意思是：天子写的诗，不可以用科举考试的韵格来界定。

王旦想想也是，用韵出入，多大的事啊，又不影响诗之意境，因此作罢。

但当天，王钦若就秘密地给真宗上了书，说那个字用错了，应该改一下。

第二天，皇上面带嗔意，责问王旦说："朕前所赐诗，如果没有王钦若提醒，几乎就要被众人所笑。朕那诗误写一字，你们都看到了，为何不奏来？"

王旦度量大，遇有误解一般不解释，于是再拜后说："昨天得到诗，还没有时间再看；有失奏陈，不胜惶惧。"

这一番话就是试图将这一件小事遮掩过去，就当什么也没有发生，如此不伤和气、不斗闲气，帝国则可以继续平静运行。如果一认真，就要哓哓辩解，说得清说不清倒在其次，同僚间却会因此而生猜忌，下绊子，风起青萍之末，未免有莫测之凶咎。这就是王旦了不起的"大臣"之体。

诸公也有这类"觉悟"，认为不必为此而起争辩，于是一起再拜。但枢密使马知节不拜，也就是不认错，并且上奏说："王相公本来要改那个字，但王钦若阻止不让改。现在王相公又不上奏辩解，真是宰相之器！"

王钦若就在这类小聪明的地方，损失了大节，但他似乎根本不在乎大节，只想抢功占便宜，似乎就不在乎他人能不能看透他。

他每次奏事，总是怀里揣着几个本子，但是他只拿出一两个估计皇上能批准的来奏，其余的都在怀里藏着。等到退朝出来，他就用自己的意思说自己怀里揣的这些奏章皇上都同意了。

马知节窥伺到他的"奸状"，有一次当着满朝文武质问他："你怀里那些奏章何不都拿出来？"

后来的日子里，二人争执越来越多，最后同时受到了责罚，不提。

## 畏妻的王钦若

王钦若奉旨修纂《册府元龟》，此书成书后，一千卷，兼及经部、集部、子部三大门类，从"澶渊之盟"后真宗景德二年（1005）开始，到大中祥符六年（1013）完成，用了八年时间。此书另外一个修纂总管是北宋一等一的文豪、"西昆体"诗坛领袖级人物杨亿杨大年。修纂中，像太宗当初每天要看一卷《太平御览》一样，真宗每天也要看《册府元龟》，一面督促进度。因此，每成一辑，王钦若就派出自己的亲信书吏向真宗进呈。如果得到真宗称赏，需要上书致谢，王钦若就将自己的名字排在第一列；如果得到真宗批评、责问，王钦若就叮嘱亲信说这一章这一节是杨亿安排做的。他就这样规避责任，贪图功名，邀求恩赏。

事实上，用今天的交往理论和交往经验考察，他这个做法并不智慧，甚至不聪明，如此赤裸裸的目标诉求，稍有观察力，就不难识别。

杨亿就对此人从此知之甚深，在后来的日子里，对他采用了"冷战"战术，不搭理。在馆中，如果遇到王钦若来，杨亿就起身避开，不与他对话、交接，在其他场合亦然，只要王钦若在，杨亿就回避。

若干年后，王钦若大搞封禅有功，以曾任宰辅的身份，加官太子太保出知杭州。按照真宗安排，为他送行前，官员们都要有赠别诗，杨亿不凑这个热闹，不写。王钦若向真宗汇报，真宗特意下诏，要杨亿为宰辅作诗赠送。但杨亿不奉诏，拖延，就是不写；到了送行酒宴，他也不来。

他就是要做一个姿态：我杨亿，不欣赏你王钦若。

读史多了、阅世多了，就知道"利欲熏心"这四个字，实在是对王钦若这类无格局、无操守之小人的真实写照。当利益来临时，他们是随时可以省略道德评判，直奔目标而去的，但这样一来，就要付出为人所轻的代价。此类人物，也许能够一时博得利益、地位，但最后是不可能获得士林尊重的。

有一个故实，恰好可以佐证。

王钦若在做资政殿学士，主修《册府元龟》时，因为有这类抢功推过的劣迹，很为馆职文士不喜。于是当他不在馆里时，有人就编排小品找乐子。

一位陈馆员假装王钦若已经死去，躺着；一位石馆员扮作王钦若的妻子李氏，在旁边哭丧；其余人都在左右哼唱传统哀乐《虞殡》，嘻嘻哈哈地做了一场活人出殡。这等于在咒他死。

王钦若听说这个事后，就找了这些人的"黑材料"，给真宗上了密奏，打算把他们全部驱出纂修班子。真宗将奏章转给政事堂，宰辅王旦看了，不下发，不处理，不了了之。

王钦若如果有一点为人敬重之心，就不会有人这样奚落他、轻鄙他。

史称王钦若的夫人"悍妒"，贵为一品诰命，不孕，家中也不置姬侍。王宅后面有一屋，室号名"三畏"，取孔子"畏天命、畏大人、畏圣人之言"的意思。杨亿在跟他"冷战"之前，还曾取笑他说："公之室号可改作'四畏'。"王钦若问为何。杨亿说："兼畏夫人。"

## 科场舞弊案

王钦若主持贡举考试的时候，他的妻子差一点彻底坏了他的名声。

有一个名叫任懿的考生，及第做了临津（今属山西兴县）县尉。但是在他的家乡河阴（今属河南荥阳）有个占卜算卦的江湖人物常德方，得到了一封信，信中内容涉及任懿考场舞弊事。

斯事体大。大宋不允许科场腐败，于是任懿案下御史台审讯。

根据任懿的口供，可以得出事情的原委大略如下：

咸平三年（1000）时，任懿补太学生，寓居在僧人仁雅的房舍。仁雅就问任懿：赶考一事，肚子里有货吗？任懿说没有。仁雅就说："我们僧院有个老和尚名叫惠秦，此人认识不少当朝权贵。你如愿意，我可以拜托他代为'道达'。"意思就是和尚可以帮他通朝官开方便法门。任懿很高兴，就在纸上署言，答应届时付"七铤"银子。一铤合五十两，七铤就是三百五十两白银。仁雅私自隐没两铤，将数字改为"五铤"，等于从中截留一百两。长话短说，这位惠秦认识王钦若，但惠秦来到王钦若家时，王钦若已经进入贡院考场。于是惠秦就通过王府的馆客宁文德、仆夫徐兴，将这署有二百五十两白银的纸条转给了王钦若夫人李氏。

李氏很高兴，期待能"成交"，就秘密召来家仆祁睿，将任懿的名字写在他的胳膊上，并口传任懿答应的贿银之数——二百五十两，然后祁睿就进入考场告诉了王钦若。

等到任懿过了五场，祁睿借着给主人送汤饮的名义，再一次进入考场。王钦若让他转告夫人李氏，让她接受任懿"所许物"。

但是任懿没有马上付款，他及第后，预奏登科，被授予临津县尉之职。也巧，他还没有赴任，就遭遇家中丧事，于是奔回河阴。时间一耽搁，惠秦之流没有得到应该得到的贿银，就来向仁雅催讨。仁雅没有办法，就向河阴发信，催任懿付款，别坏了江湖规矩。那信写得很严厉，都动了粗口，史称"形于诅詈"。这封信，就在一年多以后，落在了算卦先生常德方手中。

御史台推问清楚，由御史中丞赵昌言向真宗汇报，请将王钦若逮捕归案。

王钦若为自己辩护的逻辑是：

他当初做亳州判官，祁睿算是干事，等到任职期满，就跟着王钦若转官赴任，但他还是亳州的"役籍"。贡举事情结束后，王钦若委托他人到亳州为祁睿解去"役籍"的名录。等到祁睿"休役"之后，这才将他领入家中做仆从，以前都是在办公厅里公干。至于惠秦，根本就没有见过，也没有到过王府。

王钦若这两条证据，如果属实，也确实可以洗清自己。真宗当时对王钦若很信任，他认为王钦若不大可能为了二百五十两银子干二百五的事，就对御史中丞赵昌言说："朕待钦若至厚，钦若欲银，当就朕求之，何苦受举人赂耶？且钦若才登政府，岂可遽令下狱乎？"

真宗不同意逮捕王钦若。

但赵昌言坚持自己意见。

真宗折中，另外组成一个专案组，成员计有：

翰林侍读学士邢昺，这是当朝第一大儒；

内侍副都知阎承翰，这是贴身近臣；

知曹州工部郎中边肃，这是很有主意的官员，特意从曹州临时召来；

知许州虞部员外郎毋宾古，这个就是当初准备蠲免"天下宿逋"，结果被王钦若抢功的那位财政官员。

专案组又改了审案的地方，不在御史台了，到太常寺去审讯。太常寺，乃是国家负责礼仪的最高官署。这个专案组配置合理。

这一次从任懿那里得到了另外的口供，故实于是呈现为另外的风景：

说任懿有一位大舅哥名叫张驾，举进士，他认识当朝的比部郎中洪湛。任懿与张驾就同来"看望"洪湛，并送来石榴二百枚、木炭百斤。至于前一口供中交代的"输银"也即输送贿银事，只不过是听凭仁雅、惠秦两个和尚去交结一位"主司"，至于这位"主司"是谁，任懿是不知道的。

邢昺等人断案为：洪湛收取了这份数额达二百五十两的银子。

案成，上报给真宗。


当时洪湛正在出使陕西的路上，半途被召回。涉案一行人议法当死，真宗特意贷免了他们。洪湛削去官职，流放海南。任懿杖脊，到地方去当兵。惠秦因为年纪已经很大了，罚铜八斤，杖一百，刺面到地方去做矿工。仁雅杖脊，配隶牢城，打了一顿板子，到地方去做杂役。

至于常德方得到的被看作重要证据的那一封仁雅写给任懿的信件，内中提及的银子用度，没有继续追究，史称"不穷用银之端"。显然，这是一个疑点。

洪湛本来也是一条汉子，当初王旦与王钦若共同掌管贡举，但王旦忽然另有安排，就由洪湛代领贡举之事。洪湛进入贡院时，任懿已经试过第三场。案发后官方搜查洪湛家中，并没有发现赃物。洪湛一向与知开封府梁颢友善，曾经借用梁颢家的白银器，结果就将这些银器没收充公。

洪湛"美风仪，俊辩有材干"，是一个心高气傲又有志向的年轻人。真宗也有意要提拔他，对他很是照顾，有时在苑中宴饮，也常常要他参与。他还能写诗，真宗宴饮时，要各位赋"赏花诗"，他能很快草就，而且写得不错，很得真宗赏识。虽然他后来遇赦，但经此大案，身心俱疲，洪湛始终没有恢复元气，早早就病逝了，享年只有四十一岁。

野史记录一事，说比部郎中洪湛，因为王钦若案，被牵连遭贬海南，死在南方。但有认识他的人说，在大庾岭看到了洪湛，还以为他是遇赦往回走，就跟他握手，表示庆慰。洪湛说："我是去抓捕王钦若啊！"说罢，人忽不见。不久，王钦若病重，口中大呼要"洪卿"宽恕。

这类"神话传说"的背后，是人们对洪湛的同情，也是对王钦若的憎恶。王钦若可能做了手脚，以判处洪湛流放为结局的"科场舞弊案"，可能是冤狱。

说王钦若做了手脚，我无证据，所以我不说"一定"而说"可能"。支持我做这类"不怀好意"重行推演的，是王钦若史上太多"不良记录"，个个都指向了这种"可能"。


## 大盗不操矛弧

真宗践祚后，很想册立自己心爱的女人刘娥为后，大臣们一直不同意，所以一直没有机会。后来郭皇后病逝，刘娥此时还是嫔妃，真宗再一次想册立刘娥，但参知政事赵安仁不同意，他认为刘娥出身寒微，不可"母仪天下"。那么立谁呢？他提出一个人选，沈德妃，说这个妃子乃是已故宰相沈义伦的孙女，出身高贵。真宗不高兴，但赵安仁在"澶渊之盟"中接待契丹使者，有功，而且为人也正派，真宗忍了，做了一个小小的反抗：谁也不立，就让皇后的位置空着。

王钦若嫉妒赵安仁——凡在"澶渊之盟"中立功的文武，他都嫉妒，于是，就像找机会谮毁寇准一样，他也在找机会诋毁赵安仁。他的法子太过于险恶，几乎神鬼难测。他等着，一直等到有一天真宗忽然问他：当今大臣中，谁最厚道，有长者之风？王钦若一看机会来临，就说：

"没有人能比得上赵安仁。赵安仁过去被故相沈义伦所欣赏，至今不忘这份知遇之恩，常常想着怎么报答他的在天之灵。"

这一番话，让真宗联想起赵安仁为何要反对立刘娥，而主张立沈妃为皇后的缘故来，于是沉默半天没有说话。

第二天赵安仁就有了感觉，干脆辞职。

王钦若这等"机心",应了一句古语:"大盗不操矛弧。"顶级江湖高人是不会操练兵器打打杀杀的。他们自有幻化之道。

南宋文人李昌龄著有《乐善录》,记载一些因果故实,其中说到王钦若,就直接给了他一个评价:"阴险而权谲,巧于害人。"书中说翰林学士李宗谔很有才名,宰辅王旦想引荐他做自己的副手,参知政事。出于同僚关系,王旦事先与王钦若通信,告诉他自己的决定。王钦若当面应允,赞同,却在背后向真宗挑唆说:"李宗谔欠了王旦三千贯钱,王旦推荐他,是想索要那钱。"

原来,那时朝廷有一个庆喜的不成文规定,参知政事就职,谢恩,皇上要赏给三千贯。而李宗谔确实欠了王旦这个数,一直没有来得及偿还。但这样的推理一出来,就等于在做"倒王运动"。果然,第二天王旦推举李宗谔,真宗很不高兴,认为王旦作为宰辅不公。史称"上作色而不从",皇上变了脸色,没有接受宰辅王旦的建议。

李昌龄书中认为,王钦若执政很久,接受四方的馈赠,各种金帛钱财、图书奇玩,多到不可胜数,但忽然在一场火灾中化为乌有,他又没有儿子,一生积攒的财富,都归他人所有。李昌龄认为这就是报应。

"报应"说,或是俗套意见,但于此也可以概见世人对王钦若"巧于害人"的憎恶。

## 寇准的庙算

王钦若"巧于害人"，最著名的案例是害寇准。

他与寇准的"暗战"，源于"澶渊之役"前。那时节，为了真宗皇室的安全，他主张逃跑，而寇准"官大一级"，在真宗前给予了他犀利的讥讽。他意识到寇准不是能够给予他未来利益的人物，甚至，有可能会成为他升进之途的巨大障碍。大宋帝国，从王钦若开始，有了影响时局的宫廷内耗。赵普、吕端、寇准类型的"以天下为己任"，开始遭遇"奸相"潜毁；李昉、李沆、李至类型的"无为而治"，开始遭遇"佞臣"权谋。于是，大宋有了"内部斗争"。

王钦若在遭遇寇准不客气的讥讽后，"隐忍"着寻找机会。

这个机会被他寻到了。

王钦若暗暗地给寇准设计了一顶"以皇上为骰子，孤注一掷"的帽子，只等合适时机给他戴上。

他不能理解寇准的智慧和担当，在搜罗寇准的"黑材料"时，想象出大宋与契丹胶着的河北战场就是一大"赌局"，不是大宋与契丹在赌，而是寇准与命运在赌。王钦若就按照这思路，罗织寇准的黑色记录，一桩桩、一件件，都指向了"孤注一掷"这顶吓人的大帽子。

当初，契丹"举倾国而来"，有一天边境告急文书报到朝廷五次，寇准那时正与枢密院共同阅读边奏，他却以宰辅名义将文书按住不发，既不上报，也不下行，竟然该吃酒吃酒，该欢笑欢笑。第二天，枢密院、政事堂同列在朝会上讲述，真宗这才知道：契丹来了！于是问寇准怎么回事，寇准很轻松地回答：

"陛下欲了此事，不过用五天时间即可。"

于是，请求皇上"驾幸"澶渊。从开封到澶渊，连准备时间在内，大约就是五天时间。

同列听到寇准如此处置，感到害怕，都想退下；寇准喝令不许退，都在这准备着：候驾！

寇准的意思是：皇上，您现在就得走！

果然，皇上没有准备，有点为难，欲先回后宫再作打算。寇准说：

"陛下不能入宫了！陛下一入宫，臣今天就无法见到你，时间急迫，那样，大事去矣！请陛下不要还宫，直接起驾！"

真宗这才开始与诸臣讨论当天亲征事宜，召群臣商议方略。

当然，亲征一事早就定了，出驾的细节也都拟订了方案，但何日起行，一直没有具体定下。这一天边书连续五次急报，寇准就正好抓住时机，趁热打铁，迫令皇上当即起行。

在王钦若看来，能保证打赢吗，就让皇上"亲征"？这不明摆着就是拿皇上做"骰子"，试图博取一世的功勋令名吗？这一笔"账"，王钦若暗暗记下。

真宗正在因为毕士安而信任寇准，急切间，王钦若扳不倒寇准。但他有耐心等待。寇准则全然不知。

到了澶渊，皇上尽以军事委托寇准管理，寇准发挥了平生才干，"承制专决"，随时以皇上敕令的名义独自调度三军、裁定事宜。史称"号令明肃"，他所发出的军事号令既明确又庄肃，士卒看到宋师严整，必胜信念大增，心生喜悦。萧挞凛前锋几千骑来到城下时，寇准曾以皇帝诏令名义令李继隆出击，当即斩获大半，契丹退去。

日常，寇准留在城楼之上，相当于做起了"前敌总指挥"。真宗则回到城下行宫，多少有些忐忑，就让人悄悄来观察相公寇准，看看他在城楼上干什么。于是，真宗不断得到"情报"——

"相公大白天睡觉，鼻息如雷……"

"相公正在让厨子宰杀鲙鱼……"

"相公正在吃酒……"

"相公正在跟政府大秘杨亿吃酒、赌博、笑语喧哗，直到天亮……"

"相公正在优哉游哉唱曲子……"

"相公正在玩赌戏，掷骰子……"

……

得到这些情报，左右不解，但真宗很踏实。史称，帝喜曰："准如此，吾复何忧？"寇准能这么放心，我还有什么不放心的呢！

事后契丹退去，人们才意识到寇准如此轻松，原来早有庙算，史称"时人比之谢安"。当时人将寇准比作东晋名相谢安，王钦若却将寇准比作"赌徒"。有意味的是，后来的王夫之先生在他的《宋论》中，也认为寇准此举缺少"戒惧"之心。皇上御驾亲征，本来就是件充满危险的大事。过去，后唐末帝李从珂亲征契丹，大败而归，自焚而死；后晋末帝石重贵亲征契丹，诸将争叛，成为战俘。这样看，寇准最后能够保护天子南归，做到"一兵不损，寸土不失"，实在是"天幸"。所以寇准每天跟杨亿在帐中饮博歌呼，"孤注者之快于一掷"，拿真宗做唯一的骰子，在豪赌中快意一逞，这就为王钦若进谗言提供了机会和把柄。

王夫之理解寇准的"庙算"，但认为寇准不应失去"戒惧"，白白地给人以口实。王夫之为寇准而可惜。

但是时人比寇准于谢安，大有道理。

那时节，前秦大帝苻坚率领近百万大军进攻东晋，建康城里一时处于恐怖之中，谢安时任都督扬、豫、徐、兖、青五州军事长官，事实上这五州尽在长江下游，也几乎就是东晋当时仅有的北部防线。当此人心摇动之际，谢安派自己的侄子谢玄率他麾下的八万"北府兵"前往抵敌。八万对百万，兵力悬殊，谢玄不免紧张，于是来见谢安讨教作战韬略。谢安神情泰然，一如往常，只对他说："你打你的仗，此事朝廷另外有安排。"然后就不再多言。谢玄还是吃不准，就派自己的好友再去问谢安。谢安招呼亲朋好友驾车到山中别墅聚会，坐下后，甚至开始笃悠悠地下围棋，跟人赌别墅，谁输了就输一幢别墅。最后不分胜负，谢安就让自己的外甥替自己继续赌，而后带着一行众人，登山游玩。直到晚间，他才将谢玄等将领召来，当面分析战局，鼓励他们大胆前往。此后，就是著名的"淝水之战"，东晋大胜，前秦败北。

如果按照王钦若的思路，谢安此举也是在"孤注一掷"，用八万"北府兵"去打一场实力悬殊的大战，还那么若无其事，这不是赌徒故作镇定的"心理战术"吗？根据后来的记载可以知道，谢安确实是在故作镇定。当捷报传来时，他正在跟人下棋，看后，就将捷报放到一边，继续下棋。人问文书写了啥，谢安还是带着那种笃悠悠的腔调，慢条斯理地说："嗨，小孩子们刚刚攻破了来寇。"说罢，继续下棋。但是下完棋，他返回屋里，要过门槛，内心高兴，实在没有掩饰住，脚步急了点，结果脚上穿的木屐被门槛撞掉了屐齿。

越是大战，越是紧张，统帅人物就越是要镇定从容。此举至少有三个重要功能，一是控制自己可能的焦虑和焦躁，在危局中做到理性决策，以免失误；二是"示人以不测"，不能让敌对方知道自己的忧虑，以此增强敌方的困惑；三是有效安定己方，增强必胜信心。

所以具有兵家大智慧者，往往越是在前所未有的险象面前，越是能够举重若轻，镇定从容。最紧张的时刻，最从容镇静的往往就是这些天才智者。

在"博罗季诺战役"中，俄国统帅库图佐夫与法国皇帝拿破仑，二人都表现了出奇的沉静，甚至冷漠。库图佐夫在阵地前的指挥所内，坐在大方凳上，做出了昏昏欲睡的模样，只不过偶尔晃动一下手里的马鞭。在他身上，丝毫看不到大战的紧张气氛。

敦刻尔克大撤退中，英军统帅亚历山大在海滩上安放了帆布躺椅，啃着苹果，平静地目送英法联军登船，而头顶，就是战机呼啸，身旁，就是炸弹横飞。在紧急撤退中如此蔑视德军陆空力量，对麾下将士的影响是不言而喻的，以至于有些军官效法他，在海滩上开始修理胡须，而勤务兵则为其举着镜子；另一个完成任务的官员则干脆坐在船尾，从容垂钓。

库图佐夫、亚历山大，以及类此的统帅们，他们就是"欧洲的谢安""近代的寇准"。他们内心的紧张，是只有自己知道的。

所以，尽管寇准已经做足了"前瞻性研究"，知道此役必胜，愿景必能达成，但是战场局势瞬息万变，很多偶然性非人力可以控驭，他的内心，一定还是非常紧张的。但他必须迷惑契丹、影响宋师，因此，必须"演戏"。这是作为统帅人物必须修炼的一门功课。

但以王钦若的智商和格局，他无法理解这类天才。所以，他的忌妒混合了真诚，实心实意地认为寇准就是在玩"孤注一掷"。


## 推演天下太平

"和议"之后，真宗很高兴，也很认真，他试图将"和议"推演为符合中庸之道暨圣贤之道的"天下太平"，真正实现父皇"太平兴国"的未竟之志。和平，也可以是一场文化英雄的壮举。真宗对这一场崇高的事业有近于英雄情怀的感知。他知道应该怎样去做。作为推演和平的标志性动作，宋人甚至将几个带有"侮敌"性质的地名做了改动，如：

改"威虏军"为"广信军"；

改"静戎军"为"安肃军"；

改"破虏军"为"信安军"；

改"平戎军"为"保定军";

改"宁边军"为"永定军";

改"定远军"为"永静军";

改"定羌军"为"保德军";

改"平虏城"为"肃宁城";

……

真宗还下诏，要缘边诸州军都要遵守与契丹的誓约，不得随便往来于境外与大宋之间，谋求物质利益。更禁止边民进入敌界掠夺财物牲畜，有违犯者要追捕，有罪要按法律规定处理。

边境有守将提出要修整旧日田地为方田，也有将军上书要修筑河堤，以防止契丹战马驰突，但是真宗认为这事违背誓约，不许。

边界有民事，契丹行文到达缘边诸州，朝廷规定：小事不必上报朝廷，没有什么疑难，可以直接回复契丹；但如事关机要，则需要尽快上报，等待朝廷回复后再回答契丹，但也没有必要让契丹知道大事小情都在请示朝廷。真宗的意思是：如果所有的边事决定都"出自朝议"，未免令契丹小觑了缘边州郡。


真宗诞辰日，史称"承天节"。到了这一天，契丹国母萧太后，派遣左金吾卫上将军耶律留宁等人率庞大使团来贺。按规定日期，耶律留宁等人要到崇政殿面见皇上，宋廷派出的接待主任，也即"馆伴使"是李宗谔。此人乃是名相李昉之子，为人极为儒雅。他看到耶律留宁等人都带着佩刀，就下令"不许带刀入殿"，耶律留宁等人很顺从，并无埋怨牢骚，到了殿前的上阁门，愉快地解下佩刀，暂存于此。事后，真宗听说此事，说道：

"戎人佩刀，是其常礼，不须禁以令式。"契丹人随身佩刀，是他们的日常之礼；我们不必用中原法令、程序去禁止他们。

随即传诏，令契丹使者"自便"。耶律留宁等人闻言后，大为"感悦"。

真宗还对李宗谔说："圣人对人推心置腹，就是要向远近昭示诚信。"


按过去旧的制度规定，外邦使团来贺，只令首领几人入见，其余人物都在殿外拜见。这一次，真宗特许契丹使团内的几十人全部进殿接受接见。到了"承天节"当天，正式上寿，排定班序，耶律留宁以"上将军"的身份排在宋廷"上将军"之下，"大将军"之上。

这个排序有意味。

按宋代，"上将军"为从三品，"大将军"为正四品，"上将军"略高半级。耶律留宁在契丹为"上将军"，到了大宋，怎么排序？宋廷目前的安排是：契丹的"上将军"在大宋的"上将军"之下，而不是自轻自贱，让大宋的"上将军"排在契丹的"上将军"之下。

此类安排即是传统之"礼"。

"礼"义极重，其要旨在"节制""当位"两个核心诉求。

契丹"上将军"来访，大宋没有将其视为附庸性质的"蕞尔小国"的使者，令其叨陪末座，也没有将其视为宗主性质的"可汗大国"的使者，奉为座上贵宾，而是折中平衡，将其视为大宋"上将军"与"大将军"之间的品阶，这是契丹使者最合适的位置，大宋礼宾司处理得当。

真宗做事"允执厥中"，深得"中庸之道"的折中与平衡原理。他的所有举措，都昭示了"和议"的诚意，同时也昭示了"执纲纪，存大体"的大宋尊严。

"和议"之后，瀛洲、代州按规定将战争前后俘获的契丹国降人押送到京。这些人怎么处理？

按照"和议"精神，是不是应该全部遣还契丹呢？

没有。

真宗给出的诏令是："和议"以前的俘虏，按照大宋的旧日规定，一律收编，从此隶属于宋师军籍；"和议"以后的俘虏，付给部署司，遣还契丹。

这就是深通"中庸之道"的"政治智慧"。

还有更漂亮的"政治智慧"。


## 宋辽谍战


南北虽然已经议和，但是暗中的谍战并未停息。

谍战，自有一种"游戏规则"，一般来讲，谍战作为战争的辅助手段，各方都不敢轻视，一般都会部署己方优秀的头脑展开于"看不见的战线"，以获取敌方最有价值的情报为主要目标。"彼此彼此"，各方都有这一基本认识和判断，因此，互相间并不以谍战为"侵略"，一般也不会因为对方"搜取"情报而发动战争。但是不妨以此作为指责对方的堂皇借口，而对方也无须如妇姑勃溪、叔嫂斗法般咒天骂地、交詈聚唾，相反，越是遭遇指责，越是需要呈现高妙的策略。

谍战，需要预案，需要"外交辞令"。

契丹从"野蛮"的部落时代走来，还没有如此"文明"的"游戏规则"意识。他们在入侵河北以后，甚至有过在井水中下毒，使用"化学武器"残害大宋军民的记录；他们以往抓住大宋间谍，也多将其残忍处死，如"射鬼箭"，就是将人捆绑在开阔地的一根独立木柱上，当作"箭垛"，然后由众多骑手远距离射箭，直到人身插满了箭镞。

真宗的处理办法是：如果抓获北界间谍，可以问清楚他所来的"事状"，然后押送到京师。但可以免去他"盗取大宋情报""颠覆大宋政权"之类的罪恶，以一种"羁縻"手段安置在内地。所谓"羁縻"，就是带有怀柔倾向的软性控制。真宗要留着这些人。

他对辅臣们说：

"朝廷虽与彼通好，减去边备；（但）彼之动静，亦不可不知，间谍侦候，宜循旧制。又虑为其所获，归曲于我，朕熟思之，彼固遣人南来伺察，自今擒获，当赦勿诛，但羁留之，待彼有词，则以此报答可也。"

真宗这番话说了几层意思：

一、虽然与契丹通好，也减去了边防战备，但是对方的动静，还是需要知道。所以关于间谍的工作，仍然按照朝廷以前的安排处理，不变。

二、但是如此一来，我们的间谍被他们抓住，就会指责我们破坏"和议"，如果有摩擦，就会将过错推到我们身上。

三、所以，我们抓住契丹间谍，赦免而不诛杀，等到契丹那面拿我们的间谍说事，我们就展示他们的间谍，回应一下即可。

显然，真宗无意指责对方的谍情活动，却做好了回应对方指责的准备。这就改变了处理间谍的报复性的"规矩"，将其转化为一种游戏性的"规则"，并由此展现大宋"后发制人"的镇定、从容。

"澶渊之盟"的"盟约"中有规定，双方不得在边境修筑军事要塞。但真宗更担心的是意外，尤为担心的是河北边境将士因为有了"和议"而放松边界警惕，因此专门下诏：

各地要塞，原有的敌楼、战棚等设施，如果有隳坏，马上修葺，使之完善。

大宋遵守合约，没有修筑新的要塞，但旧有的要塞内部设施有问题，应该修的还是要修。军事家政治家自有一种担当，此之谓责任伦理。虚名不重要，重要的是国家安全。因此，在军政游戏中，有些行动是没有必要公开的。

有一次，真宗就对辅臣说："和议之后，减去边防屯戍兵众不少，朕担心此后难于恢复到原来的数量。以后要这样处理：边境要塞的屯兵驻守两年以上，按规定该更代（轮番驻守）就更代，但是要用整编部队更代已经残缺的部队。这样，虽然增兵了，但是不会有'破坏合约'的嫌疑。"

同时，他还给河朔边防军指挥官下密诏：凡是部队人数缺失，就要广招补缺军人，不要认为与邻敌通欢了，就懈怠了守卫边防的军机大事。

中央禁军，是保卫大宋国家安全的武装力量，该训练则继续训练，该拣选则继续拣选，要不断淘汰老弱，练成精锐。

至于契丹在边境明显"违规"，边臣一定要恪守大体，要契丹方面做出答复，如果需要惩戒，则有礼有节地要求必须严惩。

有一次，雄州边境的容城县，有契丹人驱赶着很多马匹越过拒马河到草地放牧。他们也知道此事"违规"，但为首者带着几只雉鸡、野兔当作礼品，来请求大宋边防军借给他们一块草地。消息报到朝廷，真宗回复说：

"拒马河距离雄州四十里，很有一些两地的输租民户在此地居住。但河上的桥梁乃是我雄州所造，早就在桥上划定了边界，他们怎么还敢越界渡河搞畜牧？这就是他们仗恃着已经通好，认为没有了障碍，所以敢这么干。这件事要马上命令边臣形成文书，将合约的《誓书》列上，让他们的首领知道这回事，并须严加惩戒。何况现在是欢好刚刚开始，尤其需要严格执守《誓书》，不可拖延！"

大宋，在真宗领导下，恪守中道，不卑不亢，在坚定地与契丹和好的同时，也在坚定地维护国家利益和尊严。


## 孙仅出使"得体"

在"和好"方向上，事实上，契丹做得比大宋还要"出色"。

宋真宗诞辰，契丹来人称贺；契丹国母诞辰，大宋也派出使节前去称贺。

这一次派出的使节是开封府负责司法的推官、太子中允、直集贤院孙仅。

这是大宋第一次派出特命全权大使。

孙仅是个儒生，读圣贤书，有士人风。史称此人"性端懿，中立无竞"，性情端正醇谨，恪守中庸之道，与人无争。当时朝野间对他都有推崇，口碑相当好。他也能文，著作很多，后人也多欣赏他的儒学思想和文采造诣。他有一篇《骊山诗》，被欧阳修的《归田录》收入。诗中言："秦帝墓成陈胜起，明皇宫就禄山来。"意思是说秦始皇建造庞大的陵墓，刚刚造成，就有了陈胜吴广的倒秦运动；唐明皇修建豪华的宫殿，刚刚建成，就有了安禄山史思明的叛唐战争。整个诗篇就是对宋真宗大兴土木建造玉清昭应宫的批评。此是后话，容当后表。

此时真宗派他出使，就有"行中道"，展示大国风采的意愿。

孙仅出境之后，所到之地，契丹刺史级别的官员都来"迎谒"，迎接、拜见。

刺史，是州郡级的官员，约略相当于今天的正局级，大州刺史，则相当于副部级。更多的幕职人员、县令和境内父老，都捧着酒器在孙仅的马前恭敬献酒。孙仅路过的地方，契丹百姓则使用"斗"来焚香迎接，家家都在门前、路边置放饮用水，水盂、木勺齐全，方便使团随时饮用。从边境即开始接伴的契丹官员，则一路观察大宋使团的需要，一有发现，即刻调运，马上供应。食品都有两种风格，一种是草原的"蕃食"，一种是中原的"汉食"。"蕃食"用木器盛装，"汉食"用金器盛装，使团成员可自由选用。契丹还下令沿途居民不许跟使团成员做生意，不得接受使节钱财，违者全家处斩。

此时正当夏季，契丹国主耶律隆绪一般在含凉殿避暑，听说大宋使团要到幽州，就特意从草原深处赶来接见。他多次召见孙仅参加宴会，大张乐舞，给予了孙仅一行极高的礼仪待遇。

孙仅完成使命，辞别的时候，契丹国送给他们的礼品更是丰厚，各类器服不说了，光是草原名马就有五百匹。从入境到出境，所有接待者都是皇室亲信，言辞、礼节相当"恭恪"，恭敬而又谨慎，为的就是向大宋致以"勤厚之意"，那种殷勤、敬重，史称"礼或过当"，孙仅一定要"抑而罢之"，不让这种礼仪礼节太过隆重，力求让它"丰约中度"，丰盛、简约都合乎中道。

孙仅代表大宋并不傲慢，当然也不自轻。后来他出使的一套程序都被记录下来，成为大宋和契丹交往的一种模式制度，当时朝野对此以两个汉字评价：得体。

传统中国对"士行"也即士大夫的德行相当重视，在圣贤理念中，"士行"的第一标准不是"任重道远"，用孔子的话说，而是"行己有耻，使于四方，不辱君命"。"行己有耻"是一个意味深长的德行，它包括了恪守中道不使偏离中原价值观的选择与坚守，也包括了对邻邦不偏不倚、不卑不亢的权利尊重，能够准确传导（不是传达）中原衣冠文明的礼仪精神。这些，孙仅都做到了。孔夫子如在世，当能首肯他的成就，赞一句："可谓士矣。"

## 安有子归父而致疑耶

南北"和议"之后，还为士庶带来了不同以往的悲欢离合故实。

大宋霸州官员得到契丹永清官员发来的牒文，说永清的部民李加兴，此前曾经用了两万钱赎买了一个契丹掳掠来的"战利品"——大宋的妇人阿杜，二人成为夫妻。"和议"之后，二人一同到霸州卖草席，被阿杜的前夫齐鸾发现，将阿杜抢走。永清官员要求霸州官员追捕阿杜，还给李加兴。霸州官员认为：阿杜本来就是齐鸾的妻子，现在很难追还。就行文用这个说法回应了永清官员。

显然，霸州官员是在"偏袒"齐鸾。此事对齐鸾而言，不为过；但对李加兴而言，则未免不公。霸州官员将处理意见整理为卷宗，报到朝廷，试图如是结案。但真宗批示说：

"这是与契丹修好之前他们做的掠夺之事，不能算在修好之后的账上。但如果他们不再多话，就算了；如果再有求索，应该由我们官方拿出当初那两万赎钱来，还给李加兴。"

真宗的意思就是：给钱可以；但人不能给。

保州有一个中级武官名叫赵海，他的儿子赵超早年曾经"陷寇"，即投降了契丹。"和议"后，赵超从草原跑回了中原家中。但赵海担心儿子有诈，过去你投降，现在又回来，是不是来做奸细啊？他吃不准，又担心朝廷给他个"通敌"的罪名，于是，命部下亲兵将自己儿子送到京师，请求朝廷讯问处理。

真宗对这个案子，只有一句话：

"安有子归父而致疑耶？"

哪里有儿子投奔父亲，而招致猜疑的道理呢？

下诏，给这个赵超补了一个"殿侍"的小官，发放盘缠和干粮，让他重新回到保州去，父子团聚，至于是不是"奸细"，连问都不问。

## 制度建构和道义推演

按照顾炎武先生的定义：改朝换代，变换君王名号，不过算是"亡国"，那不过是"一姓"的覆亡；但公道、仁德价值观没有了，传统伦理不见了，人与人之间互相仇恨、咬噬，像丛林野兽一般，这就是"亡天下"。

于此可知，大宋开国以来，承续五代乱世文明沦丧之"亡天下"，那时节，君不像个君，臣不像个臣，父不像个父，子不像个子，藩镇谋乱，一哄而起，朝廷易姓，大臣投敌，忠孝节义，礼义廉耻，尽皆流失。当此之际，大宋君臣，一点一点"提醒人心"，将传统伦理、圣贤大义提到前所未有的高度，于是，尧舜禹汤文武周公，三代以来推演的中原文明开始渐渐回归。

一般来说，乱世之后，文明重光，需要制度建构和道义推演两个方向。制度建构，向文明渐进，此义人多熟知；道义推演，足以加持文明更化，甚至是根本性更化，却鲜为人所重视。上有所好，下必效之。君王公侯在道义推演方向上，负有更多责任。国家从"鱼烂"世界走来，百废待兴中，道义推演，是培养人心须臾不可忽略的慢工。

清代思想家李颙有言："天下大根本，人心而已矣；大肯綮，提醒天下之人心而已矣。""肯綮"，指的是"根本要害"，"重要关键"。清政府出于"部落政权"（钱穆语）之私欲，在世界大格局变化了的条件下，不肯火中涅槃、自我更化，失去了把握这个"大肯綮"的机会，渐渐将中国演成一个"鱼烂"世界，局面几乎相当于五代乱世。李颙这个思想，后来被民国统治阶层和卿士所接受，包括"礼、义、廉、耻"，"忠、孝、仁、爱、信、义、和、平"，所谓"四维八德"，成为官方推演文明重光的重要主题词。

真宗时代一如太祖、太宗时代，对"文明重光"有不同于凡品帝王的思考。他们是恪守"天下为公"的政治家，不是不择手段的野心家。前者可以称之为"贤君""圣君""仁君"，后者则属于"昏君""暴君""庸君"。这是两类不同的物种。从人性恶中寻求支援力量的即属于后者，百变中不忘提醒人心道德的即属于前者。世界史上，印度孔雀王朝的创始人旃陀罗笈多，曾在马其顿—希腊联军入侵时，在战胜敌人后订立了合约，没有将流血进行到底。罗马"五贤君"，史称"待民宽仁，治国依法"，他们所在的时代，被人誉为"人类最幸福的年代"。（"五贤君"是公元1世纪末期到2世纪治理罗马帝国的五位皇帝。有涅尔瓦、图拉真、哈德良、毕尤、奥勒留。五人在位八十多年。彼时，政治清明。而他们之前百年，很像五代十国，是一个狠戾的乱世。"五贤君"对臣民有超乎以往的关爱，他们统治的时期成为罗马帝国最强盛的时期之一，史称"罗马治世"。）阿拉伯阿尤布王朝的平和大度，富有骑士精神的国王萨拉丁，也曾在占据优势的条件下与十字军签订合约。旃陀罗笈多、"五贤君"、萨拉丁等，都是恪守"天下为公"理念的君王，他们的共同特点是：爱和平、重民生，有所不为而不是无所不为，更重要的，他们对价值理性，也即道义原则格外珍惜。他们以他们各自的品行为士庶做出了富有圣贤气象的选择，这也是一种"提醒人心"。因此，他们当得起"贤君"的称谓。显然，真宗力求"敛天地之杀气""召天地之和气"，就是在"提醒人心"；坚持在优势条件下，推动地缘和平，实现"澶渊之盟"，也是在"提醒人心"；宁肯减少宫廷收入，也要蠲免"天下宿逋"，还是在"提醒人心"。

赵海、赵超案，真宗视父子人伦为重，令父子保州团聚，仍然是在"提醒人心"。

宋真宗刘恒，列入世界范围的"贤君"谱系，毫无逊色。

宋辽南北修好之后，不断有因为战争而离散的家庭重归团圆，到了大中祥符七年（1014），有河东安抚司向朝廷汇报，说"北界"也即契丹自从景德二年（1005）"和议"之后，被掠走的中原汉人"自归者"有1625人。

真宗为汉人的回归高兴。

不久，夏州的首领也派遣亲信牙将来奉表归款，认同了大宋宗主国地位。真宗也很高兴，赐给夏州来使锦袍、银带等，待遇优厚。

## 神童晏殊

大宋这一年开科取士，还收到了一个来自江西抚州的神童晏殊。

他就是后来写过"无可奈何花落去，似曾相识燕归来，小园香径独徘徊"名句，影响词坛千年的人物。这一年他只有十四岁，与他同科的另一名进士姜盖，来自河北大名府，只有十二岁，二人都以"俊秀"声闻天下。但整场考试下来，晏殊成绩更为优秀，而且不仅是文采了得，他的诚实品质也得到满朝赞赏。

当时有规定，十五岁以下，能通经学、作诗赋的学子，诸州要推荐到朝廷，由天子亲试。当时殿试时，试诗、赋各一首，与进士千余人并试廷中，但晏殊毫不怯场，史称"神气不慑"，下笔而成，用的词语允当而又丰富。过了两天，再试诗、赋、论。晏殊拿到试题后，很真诚地说："这个赋的题目，十天前我曾经做过，请给个别的题目。"真宗喜爱这个小家伙的"不隐"，觉得晏殊淳朴正直，就改了题目试他。题目完成后，真宗看过，多次赞赏不已。这样试下来，证明这个小孩子确有真才实学，国家得士，真宗更高兴了。

晏殊的"不隐"，是他的本性。真宗晚年时，立第六子赵祯也即后来的宋仁宗为王，亲自批示要晏殊充任王府记事参军。执政宰辅不明白，馆职文臣很多人，不乏名流，真宗何以看上了他呢？原来，当时的馆阁臣僚都很喜欢嬉游宴赏，出入于汴梁酒楼歌舞之地。此事，大宋不禁，但真宗更喜欢端谨之人充任东宫文职。晏殊接受任命的时候，真宗将这一层意思说给他听。不料晏殊回答道："臣不是不愿意宴游，真是因为家道贫寒，办不起宴席。臣要是有钱，也会出去，无钱是不能去的。"真宗更嘉赏他的诚实，史称"眷注日深"。

大宋沿袭唐代制度，设"童子科"，从此出了不少"神童"。

太祖朝时，贾黄中六岁中童子举，太宗朝时，杨亿十一岁中举，真宗朝有晏殊、姜盖，仁宗朝有李淑、宋绶等人。其实寇准中进士也不过十九岁，而且早在七岁时就跟着父亲登华山，写下名诗："只有天在上，更无山与齐。举头红日近，回首白云低。"至今为人传诵。

且说晏殊、姜盖应"童子试"后，晏殊成绩更佳，赐进士出身，姜盖低一级，赐同学究出身。更赐晏殊秘书省正字，相当于国务院机关秘书。同时要晏殊在秘阁继续读书深造，命当时的直史馆官员注意考察与晏殊往来的人物，后来知道，晏殊虽然小，但非士人不交，来往者都是儒士文人。真宗非常欣赏，甚至为他而改变了一个制度规定。原来，朝廷南郊祭祀大典，为了表示对神的敬畏，特意下诏：所有参与的行事官员，必须身体健康，不得用"老疾幼弱"者。而新任秘书省正字晏殊先生只有十四岁，属于"幼弱"行列，不得参与南郊活动。晏殊于是上章，声称愿意"观大礼"。史称"上怜其意"，真宗喜爱他的这种心意，破例允许他参加，为此另下一道诏旨：京官中有年未及十五岁者，如果愿意赴南郊陪位观礼，可以自由参加活动。

寇准从一开始就心情不爽，很想"抑制"晏殊、提拔姜盖。他给出的理由是：晏殊是江外也即南方人。按传说中太祖时的意见，南人不得为官，但真宗太喜欢晏殊了，就回击寇准说："朝廷为天下取士，只求有才干之人。四海一家，岂能以南北远近而限制？大唐名相张九龄，更在岭南僻陋之地，难道能弃置不用吗？"一番话说得寇准没法答对。

寇准生于太祖建隆二年（961），晏殊生于太宗淳化二年（991），寇准大晏殊三十岁。看着这个十四岁的天才少年，他也许在陡然之间有了某种难于言表的心事。真宗心存天下，认为寇准此议不公。此事很有可能在真宗心里伏下阴影，似乎为以后王钦若的谗言预先做了意味深长的铺垫。


## 以百姓为念


"澶渊之盟"后，真宗感到中原到处都是令人愉快的好事，期待中的"天下太平"似乎渐渐出现曙光。他本来就不喜欢战争，对这种不得已而为之的打仗，只有一个信念——"庇民"。当初"长城口之战"大捷之后，他没有"乘胜追击""犁庭扫穴"，得到宰辅吕蒙正的称许，吕相表扬真宗说："日前河北兵团会战，我们没有深入讨贼，保全的利益反而更大。"真宗回答他说：

> 民惟邦本，本固邦宁。朕熟计之，北鄙屯盛兵，止为
> 庇民耳。

《尚书》有言：庶民是国家的根本，根本坚固国家就安宁。朕

已经想明白了，我们之所以在北边边境屯驻大兵，就一个目的：庇民而已。除了"庇民"，不做其他想法。

现在，太平景象出现，老臣吕蒙正身体却越来越差，七次上表要求退休后，真宗才允许。吕相察觉到真宗有欣喜之心，担心他生出奢靡心思，就在赴西京洛阳养老之前，乘坐轿子到殿门外，下轿子后，让两个儿子搀着他升殿来见真宗，提醒说：

"北戎请和，从古以为上策。今先启诚意，继好息民，天下无事，惟愿以百姓为念。"

北边的异族请求和议，这类事，从古以来就是上策。现在我们能够开启诚意，和好之后，南北罢兵，与民休息，这样，天下会越来越太平无事，臣只愿陛下以百姓为念。

真宗很欣赏吕相这一番语重心长的告诫，嘉赏了他。

但是"以百姓为念"的价值取向，在"王钦若-丁谓时代"渐渐有了变异；而当下，真宗的一番好心情，也因为寇准对晏殊的"抑制"而生出不快。很快，王钦若的潜毁接踵而至。


## 狂者寇准

寇准很自负，"只有天在上，更无山与齐"，确系他性格真实写照。他做宰辅，不循常规办事，包括用人，他也往往打破制度规定，大多按照自家考量予以升迁或贬黜。按照磨勘制度，某人到了年限，应该晋级，同列中就有人拿了考功档案给寇准，要求按例办理。寇准不同意，同列认为章程如此。

寇准回答："宰相是干吗的？就是要黜退不肖之辈，进荐贤良人才。如果都按照章程做事，那还要宰相何用，一个普通的小吏就可以干了。"

他这话也有道理。

按寇准本意，是要为国家"取士"，取那种"以天下为己任"，有德有能且有志的"国士"。史上的吏部工作一向就存在悖论，完全按照制度规定，几年几年晋半级，几年几年晋一级，只要不出错，反正到时候就升职多拿俸禄，这就容易使得一群吃饭不做事的庸人升官，"国士"混在这样的官员行列中会有耻辱感，不愿意为"五斗米"而折腰，所以很可能要么借故"致仕"，退休，远离庸俗官场，悠游于山水云林，要么寄情于文字，不再关心邦国命运。故此类制度，令国家"得士"的可能性不大。但完全按照大臣举荐，又容易因为举荐者修养、眼光的差异，被举荐者机缘、运气的不同，导致最后朝廷未必能顺利"得士"：那些靠近举荐者或夤缘举荐者的官员就容易上位，而多年辛勤工作，无缘接近或不屑于夤缘举荐者的官员就只能默默无闻。像李沆、寇准、毕士安这样的举荐者，当然有眼光，自然可以举荐像样人才；但如果碰到童贯、蔡京、贾似道这样的举荐者，举荐一批佞人上台，则国家必危。千年以来，这个悖论并没有合理完善解决。

因为寇准这种自负，阻滞了一批"到日子"该晋升的官员不能晋升，所以"下面"怨气颇重，史称"同列颇不悦"。

寇准自负的特点，也让他失去了克制。

举朝颂唱"澶渊之盟"的光辉，真宗更因此庆慰有加时，寇准开始了"自矜"，自负自夸自我表彰，恨不能将一场"澶渊之盟"的泼天功劳记在自家名下。这样，就距离"节制"之"礼"越来越远。

古人设"礼法"，几千年传统，养成一个"衣冠之族"的文明。

且不论"礼法"的现代价值，但说在"礼法"盛行的中原，寇准此类作态就有了让人无法相容的后果。谚云："十履而一跣，则跣者耻；十跣而一履，则履者耻。"如果十个人穿着鞋子，那么赤足的容易被人耻笑；但如果十个人赤足，那么穿鞋的就容易被人耻笑。所以明代思想家吕坤有言："礼教大明，中有犯礼者一人焉，则众以为肆而无所容；礼教不明，中有守礼者一人焉，则众以为怪而无所容。"在礼教礼法流行的时区，有一个人违反礼教礼法，众人就会认为他放肆而不愿意接受他；如果礼教礼法不能流行，有一个人恪守礼教礼法，众人就会认为他怪异而不愿意接受他。寇准生活在一个"礼教大明"的时区，却不遵守"彬彬有礼"的士君子之行，而是以一种"狂者"态度对待同列和下属，甚至对待真宗，虽然真宗也确实感激他在澶渊的推演之功，但寇准的"狂"深深地激起了弥漫于朝堂的嫉妒之心。

后来，真宗起用王旦为相。王旦上任那天，真宗与他谈话，说：

"寇准做宰辅时，许了很多人升官，将这事当作赏给他人的恩典。你做宰相后，要深刻地戒惕这一点。"

此事证明：寇准一方面举荐了不少人才，另一方面也抑制了不少人才。他不喜欢的人就没有能够升官，这部分人就给了他诋毁性质的恶评，其中一个恶评就是"施恩"，以至于连真宗也相信了此说，最终参与到"倒寇"运动中来。王钦若则在"倒寇"中，给了寇准致命一击。

## 王钦若巧言"倒寇"

王钦若此时官职是资政殿大学士、尚书左丞，主持编修《册府元龟》和国史。当初他做"资政殿学士"，寇准为相，上朝时站班，寇准将其班序排在翰林学士之下。王钦若内心不平，认为自己曾知天雄军，也算有功之人，却被排在翰林承旨这些朝廷秘书之下，是寇准在"抑制"他，就来跟真宗诉苦。真宗就在他的职位间加了个"大"字，这样就班在翰林们的前面了。

王钦若以"大秘"的身份，得以接近真宗，天天都能看到寇准，我甚至能感觉到王钦若那一双静静地看着寇准的眸子后面，不断冒出蓝色的妒火。

有一次朝会，寇准大大咧咧地奏完公事，先行退下。真宗目送着寇准的背影，久久不语。经历"抑制晏殊"事件后，真宗对寇准有了复杂的感情。王钦若似乎觉察出皇上隐约流露的一丝疑惑，于是抓住时机，对真宗说：

"陛下敬寇准，为其有社稷功邪？"陛下如此敬重寇准，是因为他有安定社稷之功吗？

真宗说："是啊。"

王钦若紧上一步，说："澶渊之役，陛下不以为耻，反而认为寇准有社稷之功，这是为何呢？"

真宗愕然，忙问："耻？你这话啥意思啊？"

王钦若不慌不忙，说出了一番早就背得滚瓜烂熟的意见：

"城下之盟，《春秋》耻之。澶渊之举，是城下之盟也。以万乘之贵而为城下之盟，其何耻如之！"敌人兵临城下，而与之签署和约，圣人修《春秋》，也认为这是国家耻辱。"澶渊之盟"，就是"城下之盟"。您想想，以您万乘大国君主的高贵，而与敌人签署"城下之盟"，这种耻辱到了什么地步！

真宗感到震惊，果然就有了耻辱感，面现不悦之色。

王钦若抓住时机，再紧一步，道：

"陛下闻博乎？博者输钱欲尽，乃罄所有出之，谓之孤注。陛下，寇准之孤注也，斯亦危矣！"陛下您听说过赌博吗？赌博的人钱快输光了，就将剩下的所有的钱都拿出来，这就是"孤注"，最后的一笔赌注。而陛下您，就是寇准的"孤注"。澶渊之役那个时刻，陛下的处境真是很危险啊！

这一番话深深地打动了真宗。

从此以后，真宗不再信任寇准，对寇准的看法忽然间就判若二人。但他对朝廷的"法度"还是有敬畏，不愿意一逞个人快意，一直拖到第二年，才罢免了寇准的宰辅之职，降级为刑部尚书，知陕州（今属河南三门峡）。

王旦为相后，虽然继续"抑制"王钦若，但已经不像寇准那么凌厉。王钦若于是得以凸显出来。真宗给他加官知枢密院事。

# 万国来朝

"和议"之后，大宋有了"万国来朝"的景象。

自景德年间开始，就不断有"外国"前来大宋朝贡。检点史料，荦荦大者计有如下诸国来朝——

蒲端国，也即今天所属菲律宾的一个岛国，国王遣使来贡方物。

于阗国，也即今天新疆所属的部落王国，他们的国主黑韩王派遣回鹘人来贡方物。使者还跪奏道："臣万里来朝，获见天日，愿圣人万岁，与远蕃作主。"这是主动"归附"大宋帝国的意思。真宗问他在路上走了多久，大约距离汴梁有多少里程。使者道："我自路上走了一年，这一年间，白天走路晚上休息，不知道有多少里路。过去这条通往中原的道路常常苦于为盗匪抢劫，现在，从瓜州、沙洲（今属甘肃酒泉、敦煌）到于阗，道路很清静安全，行旅如流。愿意大国派遣使者到于阗，去安抚远方。"真宗回答他："派遣使者去，就会给你们添麻烦，让你们太过于劳费。现在降一份诏书，就让你带去，这样就跟我大宋派遣使者没有什么区别了。"

西北的回纥也派遣使者来贡方物。

交州（今属越南）国王黎桓派遣他的儿子来朝贡，并请求大宋派使者赴"本道"（黎桓自称交州为大宋省级行政单位）慰抚远近。真宗答应了他的请求。

占城国（在今越南中部）遣使来贡方物。

甘州（今属甘肃张掖）回鹘国派遣使者来贡方物。当时大宋有禁令不许蕃部私买香药，但这一批来朝贡的回鹘人中有人违禁，朝廷议论应该处决。真宗说:"他们从遥远的地方而来,不知道国法。忽然面临大刑,这样就失去了安抚远人的道义。"于是,只将"罪状"告知违禁者,没有处罚他们。

大食国派遣使者来朝贡。大食乃是今属阿拉伯、伊朗一带的部落王国。此地的王国对大宋很是友好,到了后来大宋到泰山封禅,大食国一个商人船队的舶主也即船长还上书表示愿意带着大食国的方物(特产)到泰山"修贡"。真宗下诏答应了他们的请求。

三佛齐(今属马来半岛)国王遣使来朝贡。

龟兹(今属新疆)国王遣使来贡方物。

……

一时间众多异邦来朝,虽然不及大唐开元天宝年间之盛,但异邦异族的朝贡使团,迤逦一行,等待重重宫禁打开朱漆大门,随后依次列行、升阶、进殿,接受真宗大帝的接见,那风景,也颇有"九天阊阖开宫殿,万国衣冠拜冕旒"之象。

但这些太平景象,并没有让真宗开心。"孤注"这个主题词,让他有了心结。更让他感到不安的是,总有消息报来,契丹那边祭天祭地,各种祭祀活动不断。契丹,在与神对话。


## "受命于天"与"天人感应"

王钦若对大礼仪式很有研究,曾著有《卤簿记》三卷。卤簿,就是仪仗及大礼活动的意思。因此真宗又任命他为卤簿使,负责国家大典的礼仪活动。

他才气了得，对天神地祇排座次有独到看法。国家重要的祭祀活动就是郊祀，也即在郊外祭祀天地神祇。南郊祭天，北郊祭地。其中以南郊祭天礼最为隆重，仪式也很复杂，需要君臣沐浴，先到太庙告祭，而后到南郊。筑坛，坛上有龛，列出神位；而后将牲体与玉帛放到预先备好的积薪之上，点燃，燔柴，敬献礼器，因烟气上达，表示神已接受。再由执事者根据预先写有神位的神版，唱念天神名号，君臣跪拜，皇帝自称"天子"，执事唱祭词，祭词内容一般就是感谢神祇赐予社稷江山，请求神祇庇佑吾土万民。还需要仪仗中的乐舞唱《郊祀歌》十九章。礼成，退下。

整个礼仪活动，要用几天时间，加上事先的准备，总要一两个月不止。活动中都少不了庞大的卤簿队伍的扈从、保卫，以及庄严肃穆的集体歌舞。郊祀与战争，是国家运作中两件同等重要的大事。

一般认为，郊祀这类祭祀活动，是帝王获得与神界沟通的权力，以此来彰显王权来源合法性，利用迷信活动欺骗、压迫、统治万民的手段，云云。

我，不信此类意见。

我不怀疑历来之君臣在郊祀活动中的虔诚。千年圣贤教育中的"三畏"之一就是"畏天命"。所谓"天命"，就是上天赋予皇权的命数。上天即天神、上帝，是为《尚书》以来的信仰之神。殷周以至于唐宋，其超验传统与理念在此。古人相信在"人"之外，必有"神"。这是超越于经验世界的存在。而这个超验存在决定着人间权力的或吉或凶。超验的意思，简言之可获致如下逻辑：

帝王"受命于天"之说，到大宋时，已经流衍二千年之久。皇权在万有格局中，并非有理由行使"绝对权力"，相反，必须将权力限制在"天命"之下。"天命"所赐予皇权的利益可以称之为"天禄"，如果治理天下无效，用孔子的话说就是："天禄永终"。因此，从究极方向看，人间的最高权力——皇权还不过是一种"有限权力"。

皇权，对天命有足够敬畏，并将这种敬畏设计为一种仪式，预表了帝王向天下昭示"循礼"的两大功能：当位与节制。

当位，就是明白告知"我是天帝派在人间的管理者"，因此需要按照天帝的意志行事；节制，就是明白告知"我不敢违背天帝启示于我的神意"，因此需要有效治理天下。

皇权"循礼"，当且仅当做到"当位"与"节制"时，才有希望获得"天命眷顾"。施行皇权，必须要天帝满意。但施政之际，如何才算做到让天帝满意呢？《尚书》给出了三千年"君道"的最强音：

天视自我民视，天听自我民听。百姓有过，在予一人。

天帝所要看到的，来自我这个天子治理下万民所看到的；天帝所要听到的，来自我这个天子治理下万民所听到的。不要说百姓万民有过错，即使真的有过错，也是我这个天子一人的责任。

这样的逻辑已经内化为一种文明治理传统。在汉代人那里，就是"天人感应"。如果对天帝负责，如果敬畏天帝，就要相信皇权所施行的政治都会在上天那里得到回应。譬如，如果治理无效，上天就会出现灾害示警。

郊祀，就是向天地神祇定期或不定期地"汇报工作"（郊祀三年或一年举办一次）。所以，郊祀是一种指向内心和上天的礼仪活动。在郊祀活动中，君臣同样怀有敬畏之心。

郊祀，是一种信仰活动。对这种信仰，有人真诚，有人怀疑，二者之间存在一种辽阔而又顽厚的文化隔膜，沟通极难。郊祀者，不是无神论者。因此，以无神论话语"批判"郊祀或信仰，事实上是言不及义的。有神论与无神论二者之间的争辩，因为不存在最后的权威的仲裁者，因此，所有的争辩也将在"辽阔而又顽厚的文化隔膜"中两存。所以法国那位概率论者、思想家帕斯卡尔，以他出色的颖悟力告知世人：真理，往往是以矛盾着的形式存在的。

郊祀，无论祭天、祭地，都会同时祭祀群神，故史称郊祀为"群祀"。而"群祀"就需要对群神唱名，而既然要唱名就有了"排座次"问题。

信神的大宋，将这个问题提到日程上来，很认真地讨论群神中谁是第一，谁是第二、第三，等等。

有人看到神版上的神位排列有问题，"多不严肃"，于是向真宗汇报，真宗于是下诏，要王钦若"改造"，修改后另外制定。王钦若"改造"之处不少，这里说一个案例。

传统神仙谱系中，至迟到汉代，出现了分别主管东南西北中五个方向的"五帝神"。按东汉学者郑玄的说法，历来之"王者"，他们的先祖，都是因为感应这"五帝"之精而出生的。所以，汉代以来的祭祀，都有"五帝神"的龛位。王钦若观察到，在郊祀活动中，"五帝神"在第一龛，而"天皇大帝"在第二龛。他认为这个不合理。因为"五帝"乃是"天神"的辅佐，其位格不当居于第一，"天皇大帝"才应该居于第一。

但这个意见遭遇了礼仪使赵安仁的反对。

他的意见是："昊天"也即"苍天"，因为人间最尊贵的是"帝"，所以托称"天"为"帝"，故名"上帝"。这个"上帝"是没有形质的"元气"。而"天皇大帝"则属于"北辰"也即"北极"之星，是"星中之尊"。这样，按照古礼，"天皇大帝"和"五帝神"，都应该列在第二龛，第一龛应该让出给"上帝"。

王钦若又反对赵安仁的意见，认为"古礼旧制，未必全是"，然后引经据典，说出一番佶屈聱牙的"星经"理论，大意认为"天皇大帝"是"天皇大帝"，"北极"是"北极"，并将自己制作的"天皇大帝"第一，"北极"第二，其他第三、第四的版位图呈上。

真宗做了折中，将"天皇大帝"和"北极"均列入第一龛。

其他诸神，也有位格变化。后来还有一些争议，真宗都做了折中处理。

王钦若精心制作了神版，郊祀的高坛摆放神位的前四位神版都是朱漆金字，其余都是黑漆。第一位阶之神的名号用金字，第二位阶用黄字，第三位阶以下用朱字。所有的神版都放在漆盒里，外面覆盖黄色的缣帊也即布帛。真宗走下台阶来看，很满意，当即交付有关部门，史称"有司"，叮嘱他们要恭谨从事。

真宗对王钦若的信任前所未有。

而这位喜欢"神道"的瘿相则因此有了更为野心勃勃的规划。

## 封禅——太宗的"未竟事业"

事实上，王钦若也许对真宗有一种男人之间的友情。他比真宗大六七岁，因此行事风格很像一个"大哥哥"，对真宗有发自本性的照料与呵护，这个意思的另一种说法就是"揣摩帝意"。

他能感觉到真宗对契丹的忧虑更多不是源于军事，而是源于文化。他知道契丹一面在"汉化"，一面还在坚持草原风格，在务实精神之下，也将国事管理得井井有条，士庶似乎也颇安居乐业。契丹似乎正在向着古来圣贤向往的那种民生境界渐渐攀升。令人吃惊的是，契丹解释他们的国名"契丹""大辽"时，居然有"大中央"的意思，那意思是说，他们才是"中国"。更令人惊异的是，他们居然宣称他们也是炎黄的后裔！他们说他们乃是"轩辕后"。最令人惊异的是，他们从耶律阿保机开始，就不断宣称有上界神祇下凡，他们是受到天神保佑的邦族！说有一位名叫"君基太一"的大神，就多次降临过草原。据说这是位福神，可以保佑契丹建构国统制度，可以令臣民敬畏信服，国家将因此而大为兴旺。至于这个"君基太一"大神的来历，则几乎无人知晓。

将这几个片段联系起来，契丹几乎就是想说：我们契丹才是源于轩辕黄帝并得到天神保佑的"中国"。

契丹一直认为自己是"中国"，并不是"中国"之外的"外国"。

所以"和议"之后他们自称"北朝",称大宋为"南朝"。

契丹人似乎特别相信"天神保佑契丹"。

这事给予宋廷很大压力。两个势均力敌的邦族,在"和议"条件下对峙,谁更为天神所眷顾?

"不语怪力乱神"的朝臣并不关心这类问题,"尽人事,听天命"是他们千年以来的习惯姿态。但大宋真宗皇帝感到责任重大,他感觉在力量的消长中,江山社稷源于天道的"合法性"将会越来越凸显。

而在举朝无人对此有感觉时,大宋名臣王钦若敏锐地感觉到了这一点。

他知道真宗对道教有特殊的偏爱。

有几个实例。

有一个名叫贺兰栖真的人,没有人知道他的身世背景。此人自称道士,说自己已经百岁。寒冬不怕冷,炎夏不怕热,更善于呼吸吐纳,往往辟谷不食,但又可以游走市肆,纵酒,可以一顿吃几斤肉。他曾经居住在嵩山紫虚观,后来又迁到济源奉先观。名相张齐贤跟他有交游。真宗听说此人后,非常想见他,就给他下了一份措辞友善的邀请函,大意说:

"大师您栖身于岩壑烟霞之间,志向高尚,观心于众妙之门,弃世至浮云之外。朕敬奉虚寂玄妙而为教宗,效法清静无为用来治国,一直期望能遇见有道之人,向他访求无为之理。早就听说了上士您,渴望见到真人风采。于是命特使驾车,前往您处礼聘。请大师暂时作别林谷,来至阙庭。您一定要接受这个请求,不要怕路途辛苦。"

贺兰栖真来到朝廷后，真宗很愉快，还专门为他写了诗赠给他，赐封号为"宗玄大师"，赐给紫服、白金、茗茶、布帛、香料、药品等，并下诏，济源奉先观的田租全部蠲免。

此人于大中祥符三年（1010）去世。据说，他死的那天，天寒大雪，但是三天过去了，他的头顶还很温热。人们都很奇怪。

真宗一朝，这类道士或隐士不少，如陕州善于辟谷长啸的紫通玄，河中讲授经传而又躬耕的刘巽，敷水精于药术的李宁，华山炼气不避寒暑的郑隐等人，都被真宗召到"阙庭"给予封号、奖赏。这些人都曾隐居在穷乡僻壤或深山老林，多有一技之长，或精通道术，属于出世隐遁的"高士"。

真宗景德四年（1007）十一月的一天，有个殿中侍御史名叫赵湘，忽然心血来潮给中书上言，请真宗封禅。中书得到这份奏章，说给真宗听。真宗端坐，两手揣在袖子里，略作一个"拱揖"的动作，一言不发。

宰辅王旦试探着说："封禅之礼旷废已久，若非圣朝承平，岂能振举？"

王旦的意思是说：封禅大典，古来不多，至今已经停止很多很多年啦。如果不是天下太平的"圣朝"，谁敢做这样一件大事？封禅，其规模之大，耗费之广，动员人力物力之多，不亚于一场战争。王旦不想做这一场法事，所以话里话外有婉言否决的意思。

真宗能感觉到中书和朝臣的心思，也不想违拗诸人，就淡淡回答道：

"朕之不德，安敢轻议！"

朕这个没有大德的皇上，哪里敢轻易议论这么大的事！

王钦若看到这里，估计有了异样心动。


"封禅"，两个汉字，"封"是"祭天"，"禅"是"祭地"，都是动词，合起来就是"祭祀天地"。封禅，是帝王行为，但比起郊祀，规模要大得多。郊祀就在京师南城；封禅则必到东岳泰山。五岳中，泰山最为雄峻，史称"五岳独尊"，为天下第一山。所以"祭天"必要到泰山最高峰，才可以接近上帝。"祭地"则到泰山下的小丘社首山，平整一块土地，以此接近地祇。封禅的扈从、仪仗、法器、祭品、祈祷文和各类告敕，地方迎送，官员封赏，以及封禅前后的"告庙"活动等，都是足够规模的国家动作。所以，从古到今，试图封禅者甚多，但真正有始有终做完这一场大事的，只有为数不多的几位帝王。夏商周的封禅，年代久远，渺茫而不可寻，有记录的是秦始皇、汉武帝、汉光武帝、唐高宗、唐玄宗、宋真宗是最后一位。南宋之后，郊祀替代封禅，不但"祭天"而且"祭地"。从此之后，中原取消了封禅大典。而魏明帝、南朝宋文帝、梁武帝、隋文帝、唐太宗等，虽然都很热衷封禅，但没有成行。

大宋，太祖赵匡胤不做此想，太宗赵炅却曾有过积极谋划。

太平兴国四年（979），太宗扫灭了太祖都没有扫灭的北汉这个五代十国中最难对付的顽梗之邦，举国欢庆。到了太平兴国八年（983）夏季，兖州的泰山父老以及附近七个县的士庶4793人，组成请愿团，说要到京师请求太宗封禅。一位观察判官廖文铎亲自护送这批人物来到汴梁。太宗当时很谦逊，表示自己的德行不够，不敢接受这份"民意"，赐给每人一束帛，让他们回去了。但是到了雍熙元年（984）四月，又来了千余人的"泰山父老"，坚决要求太宗皇上封禅。这时，群臣也认为大宋文盛，太宗功高，可以封禅，于是"群臣上表"，奏请封禅。连上三次后，太宗答应下来，告知冬季十一月"有事于泰山"，也即前往封禅，从现在开始，有半年的准备时间。当时还安排翰林学士承旨扈蒙、学士贾黄中、散骑常侍徐铉等名流一同详细拟定封禅的仪式流程。更派出朝臣四人开始主持修筑从汴梁到泰山的道路，此外，泰山之下要修建宫墙。当时的封禅大礼使是宰辅宋琪。但是到了第二个月，宫中的乾元殿、文明殿遭遇火灾被焚毁。太宗不安，很想中止封禅，可是已经准备了一个多月，很多大典工程正在紧锣密鼓进行中，如果中止，很担心冷了满朝一片热情……太宗犹豫了一个月，最后，对宰辅说："封禅之废已久，今时和年丰，行之固其宜矣。然正殿被灾，遂举大事，或未符天意。且炎暑方炽，深虑劳人。徐图之，亦未为晚也。"太宗这番话并没有完全否定封禅，只说两座正殿遭灾，很可能是天意示警，此时又当盛夏，劳役太苦，可以暂缓，等以后再说。于是，下诏暂停封禅，所有"祭天""祭地"活动，都等到冬至时到南郊去搞。

说话间二十一年过去了，现在是景德四年（1007），一个叫赵湘的家伙居然有了这么漂亮的创意。可惜这个创意让他得了先，而不是由王钦若率先提出。但王钦若决计怂恿真宗封禅，那就等于你赵湘提议在先，我王钦若底定在后，也是大功一件！何况，真宗若能完成太宗时代的这个"未竟事业"，估计心情也会好起来。


## 人造天瑞

真宗自从"城下之盟"事件后，史称"自是常怏怏"，心情不佳。王钦若就像"大哥哥"一样，开导皇上。

有一天，真宗向他提问：与契丹签订的"城下之盟"，该如何雪耻？

王钦若觉得机会来了，就故意慷慨大言道："陛下以兵取幽蓟，乃可以刷此耻也。"

他知道皇上"厌兵"，一定不会同意这个意见。

果然，真宗回答他说："河朔生灵始得休息，吾不忍复驱之死地。卿盍思其次？"

河北生灵这才刚刚安居乐业，我不忍再驱使他们进入充满死亡风险的战争环境。爱卿何不想想其次，还可以怎样刷洗耻辱？

王钦若道："陛下苟不用兵，则当为大功业，庶可以镇服四海，夸示远人也。"陛下您如果不愿意用兵，那就应当做一番泼天大事业，这样才有希望镇服天下，向"远人"夸耀展示我们的大功。

他这里说的"远人"，包括契丹。

真宗问："何谓大功业？"

王钦若说："封禅是矣。然封禅当得天瑞希世绝伦之事，乃可为。"那就是封禅了。但是封禅需要得到天降瑞应，并且是世上罕见唯一的瑞应，才可以来做。

真宗沉吟不语。

王钦若知道皇上有点失望，因为这个"希世绝伦"的"天瑞"，眼下，没有啊！但他早已筹谋成熟，就等着皇上这个时刻。所以，当他成功地"导演"出皇上的情绪后，又不失时机地"教唆"道：

"天瑞安可必得？前代盖有人力为之。若人主主而崇奉焉，以明示天下，则与天无异也。陛下谓河图、洛书果有此乎？圣人以神道设教耳！""天瑞"哪里可以想得到就得到？前代有些"天瑞"那是人力策划的结果。但君主如能主持此事并极力崇奉，以此来明白地告示天下，那么人力制造的这个"天瑞"，就与上天下降的"天瑞"没有什么两样。譬如，那个传说中特别有名的"河图""洛书"，真的有这回事吗？没有的！那是圣人用神道奇迹来设计教化天下罢了。

这一番话对真宗触动很深。

他沉思很久，渐渐明白过来，可以在以后的日子做些什么了。他觉得这件事值得去做。必须向天下，主要是向契丹，展示大宋帝国的合理性、合法性、正当性。上帝保佑大宋。此念一出，他很快由一个哲学意义上的"信神者"，变成了一个哲学意义上的"怀疑者"，并且参与到王钦若的格局中来，成为哲学意义上的"信仰游戏者"。

但是他对宰辅王旦有些担心，史称真宗"独惮王旦"。他说：

"王旦得无不可乎？"对这种早晚涉及造假的事，王旦恐怕不会答应吧？

王钦若说："臣请以圣意谕旦，宜无不可。"臣请求就将圣上的意思晓谕王旦，应该没有什么不可以的。

于是王钦若就找个机会，向王旦暗示了圣上准备"神道设教"的来龙去脉，主要是威吓契丹，与契丹争"神佑"之正当之排场之必要。

读圣贤书的大宋第一宰辅王旦，此际开始犹豫。如果真要搞什么幺蛾子，欺骗谁呢？欺天？欺人？封禅倒也罢了，可"人造天瑞"该如何正当讲述？岂不既背离孔子"丘之祷久矣"的那种敬神的虔诚，也背离圣贤主张"敬鬼神而远之"的理性传统？那样，岂不就陷入一场既亵渎神灵，又推演迷狂的疯癫中去？何况"子不语怪力乱神"！王旦知道，一旦与王钦若沆瀣一气，这一世的令名付诸东流还是小事，带动国家走入疯癫可是大事！

王旦很郁闷，很想找个时间私下与真宗"从容"聊聊这个事。


## 一壶珠宝搞定当朝宰辅


"圣人以神道设教"，这事直接改变了真宗的价值观、世界观、人生观。让他对治理天下的运作秘密有了全新的认识。

按照传统说法，黄河有龙马背负"河图"出现；洛水有神龟背负"洛书"出现，圣人（一般指伏羲氏）看到这个"图""书"之后，开始效法，于是有"八卦"。传到周文王时，又有了"六十四卦"和卦辞，于是演绎为中原文化的源头之一，史称"河洛文化"。

"河图""洛书"至今尚有未解之谜。儒学内部对这个问题也素有争议。真宗曾经接受的就是原始神秘说法，但经王钦若这么一"点拨"，于是对史上成说有了怀疑。

他在犹豫中，还需要找到一个儒学大宗师来印证，于是在一个晚上到了秘阁。

这是国家珍藏重要图书的地方，常有大儒在此地值班。这天正好赶上帝国大儒杜镐在此。真宗就做出若无其事的样子，跟他东拉西扯，然后，话题一转，忽然问他：

"卿博达坟典，所谓'河出图，洛出书'，果何事耶？"爱卿通达"三坟五典"古籍奥秘，所谓的"河出图，洛出书"，究竟是怎么回事啊？

所谓"坟典"就是指"三坟五典"，"三坟"是传说中伏羲、神农、黄帝时的典籍，"五典"是传说中少昊、颛顼、高辛、唐尧、虞舜时的典籍。

杜镐听到皇上骤然发问，不知道他什么意思，就选择古来的流行说法，随口一应："此圣人以神道设教耳。"

不料这个说法恰恰与王钦若的意见吻合！一个是自己喜欢的大臣，一个是自己信任的大儒，都如此说法，真宗于是对"神道设教"不再怀疑。

但他对王旦还是有点吃不准。要做一个大局，必须有中书支持，如果当朝宰辅不支持，那事是做不成的。真宗皇帝赵恒决定贿赂当朝宰辅王旦。

他先派出王钦若去劝说王旦，王旦作沉吟状、犹疑状。真宗了解到情报后，找了一个机会，邀请王旦到内殿宴饮，席上，君臣谈笑甚欢。临别时，真宗赐给王旦一壶缄封的美酒，并对他说：

"此酒极佳，拿回去跟你家人一块享用吧。"

王旦拿回家，打开一看，里面是满壶的珠宝。

王旦应该有忖量，但这事比诏令还吓人。诏令可以驳回，不服从；但皇上贿赂你了，你怎么办？王旦，虽然是一代贤相，也很有"以天下为己任"之担当，大宋王朝那些优秀的宰辅都不缺这个品质，但他们也都同时有一种无可奈何的弱点：对"名位"的贪恋。王夫之认为这是宋代大臣的通病。王旦也不例外。他思前想后，患得患失中，决定加入这个棋局，做一枚过河卒子——只能向前，不能后退。

从此以后，王旦对"神道设教"事不再持有异议。

从此之后，真宗连续导演了天帝降书、封禅大典、祭祀汾阴、兴建道观四件大事。在大规模的"祥瑞"造假伴生下，大宋王朝，举国若狂，史无前例的"大宋梦"时代开始了。


# "神道设教"论

讨论所谓"神道设教"，在"无神论"或"多神论"盛行的国度，是一个艰难的话题。

这句话出自《周易·观卦·象辞》："圣人以神道设教，而天下服矣。"《礼记·祭义》中也有类似说法。传统文献《墨子》《荀子》

等也有近似意见。大意就是：鬼神之事，为人造；其目的在使民畏服。显然，从字面看，这是一种以"愚民"为手段，达致"治民"之目的的政治构建和信仰构建。

这种"构建"不仅仅是宗教性质的"构建"，也是政治性质的"构建"，因此，所谓"设教"，其实质是"政教合一"性质的。

按邦国治理而言，此类意见古来如斯，中外皆然，欧洲从古希腊哲人到中世纪学者，也有同样性质的"构建论"。

"国家"起源之后，"治理"就是一种责任。选择何种治理模式？"神道设教"成为"国家"早期的"治理"选择之一。在传统中国，"神道设教"还不过是"辅助"性质的"治理"手段；而在传统欧洲，"神道设教"几乎就是"治理"的主体模式——自觉的"政教分离"还是很后来的事。

但这类"设教"或"构建"，不一定是"不信者"的凭空创作，很有可能是"信仰者"的迷狂传导——其中不乏源于"启示"的传导。因此，"设教"或"构建"，在很多"信仰者"那里，并不是"设教"或"构建"，而是"启示"。

按帕斯卡尔的意见：真理，往往是以矛盾着的形式存在的。

一般来说，人的肉体的有限性，人的理性的有限性，决定了人类思想的有限性。人不是神，不可能掌控"对象世界"的命运。即使仅仅对"对象世界"的描述，也往往会因为描述者的不同，使"对象世界"呈现出不同的面目。在这种复杂性面前，所有的独断都是滑稽的，所有的专断都是悖谬的。因此，人类理性推演出一种多元价值观。信仰与非信仰，在各自认为自己都是"真理"之际，就是一种多元性质的"矛盾形式"。以"信仰"真理批评"非信仰"真理，或者反之，以"非信仰"真理批评"信仰"真理，都是违背"真理的矛盾性"的，因此也是注定不可能有"共识"结论的，因为：没有仲裁者。两造的批评者，都不是神！所以哲人帕斯卡尔（他同时也是信仰者和怀疑者）告诫乐于思考的人："我们要记取相反的真理。"

按照这个意见，"神道设教"论，不过是"非信仰者"操练自家"真理"，对"信仰者"所恪守的自家"真理"的一种批评。"信仰者"与"非信仰者"，中间是"辽阔而又顽厚的隔膜"，两造谁也不可能"说服"谁。当此之际，只有"记取相反的真理"，才有希望走出隔膜以及隔膜之后的冲突。（史上与世上的文化冲突，也往往因隔膜而生成。）

但文化早期的"神道设教"，最初往往是共同体间的精英（祭司、先知、哲人、圣贤、君子）仰观天象、俯察地理，或听从启示、记录神言之后，有来源、有根据的讲述。这之中，应该存在讲述者的"思想介入"。于是，损益过程必不可免。传统中国的这类讲述，可能是一种"文饰"过程。按照《荀子·天论》的意见，君子们遇到日食月食就设计人间救助方案、遇到天旱就设计祷告祭祀方案、遇到不明大事就设计卜筮决疑方案，并不一定得到结果，都不过是理解"神意"、解除焦虑的一种"文饰"，这种"文饰"就是"有来源、有根据的讲述"，而虔敬是不可能缺席的。因此，究其实，还是一种"信仰"。尽管这种"信仰"可能是"多神信仰"。

最初的"文饰"或"讲述"，其逻辑，不必是以"愚民"为手段的"治民"。毋宁说，这是精英们理解"神意"，解决"自我焦虑"的方程。《荀子》中"故君子以为文，而百姓以为神"这句话的意思是：共同体间的精英以"文饰"的方法解释"神意"，是为了解决"自我焦虑"问题，而百姓看到后，认为这种"文饰"或"讲述"就是"神意"本体。"信仰"是一种需要。在时间的绵延中，"文饰"就成为符合这种需要的经典系统。是"文饰"顺乎了人情，而不是"文饰"愚弄了人情。所以给《荀子》做注的杨倞天才地解释这个意思说："顺人之情，以为文饰"。

"神道设教"，在最初的语境中，是不离"信仰"的，是精英对神意的讲述，因此与"愚民"无关。离开"信仰"的"设教"是不可想象的。譬如，释迦牟尼"设教"时，他不可能对佛教没有信仰；张道陵"设教"时，他不可能对道教没有信仰。"河图""洛书"如果是一种"设教"，当初的"设教"人也不可能对此没有信仰。创始人离开信仰，编个瞎话，"愚人"而后"治人"，且推演为某种宗教，这类风景，我，不信其有。

但"神道"渺茫，除了富有异秉的人物以外，富有清明理性的圣人都对此保持敬畏与距离。孔子言"敬鬼神而远之"，预表了人间儒学和圣贤君子面对"神道"以及"神道设教"的姿态。在政治叙事中，儒学尤其注意区隔"神道"与"人事"的界限，在政治活动中，人，可以信仰，可以信神，可以猜度神意，可以指为神迹，但不能做神言、神行。

这种文化现象，可能是世界史上最早的"政教分离"。

至于"神灵附体""神仙下凡""神祇降世"诸如此类离开信仰

的"神道"，在儒学和圣贤看来，就是"怪力乱神"。此境，孔子不信、不语；历代圣贤也不信、不语。

大宋帝国真宗皇帝对"神道设教"的理解，因为王钦若的一番话，开始误入歧途。他将无信仰的"怪力乱神"误以为就是"神道设教"，于是，为世间留下了一连串非理性笑柄。

已经有学者富有卓见地指出：宋代是近代化的开端。

我愿意补充的意见是，考诸世界近代化，可以发现，近代化事实上是一个法权系统。在这个系统中，律法呈现为诸领域之游戏规则，"程序正义"开始在建构中推演，在推演中建构；"政治不成熟"开始遭遇精英鄙视与反思；工业渐呈规模化；远程贸易之信用结算出现需要；地缘政治、殖民精神与民族自省交织为文化紧张；"国家目标"替代部落、族群目标，成为共同体之文化自觉；人文知识，出现考古倾向；渎神与信仰并存；以"复兴"或"疑古"为诉求，实现与远古的剥离或区隔；以问题意识与现实焦虑为特征，展开为"第二轴心时代"之自由气质与性格；国家利益、权力制衡、民生改善成为内部演绎中的方向，其中，民生为主要方向。

如此，共同体开始进入近代。

以此考察大宋，尤其是真宗一朝之后，很接近。说从真宗一朝开始，中国缓慢进入近代化，不算无根之谈。

这之中，"渎神与信仰并存"，意味着清明理性开始介入原教旨性质的信仰生态，并成为进入传统的新兴的心性力量。而真宗遭遇的正是如此。

"神道设教"亦有时，真宗所在的时代，是受过孔孟教诲一千五百年，早已习于"敬鬼神而远之""不语怪力乱神"的士大夫之天下，他那种讲述神赐"天书"，试图"设教"而影响天下的努力，早已是明日黄花，不再合乎时宜。

"神道设教"是远古、上古、中古的事，不是近代化的事。

真宗试图自我作古，但他没有赶上那个适宜的时代。

但即使在上古，吾土的"神道设教"也有不同于欧洲的"自家面目"。

殷商时代，大约源于萨满信仰之流变的鬼神信仰，在周人那里再次进入流变。一方面，周人相信天命，相信终极之神上帝（天帝），但另一方面，又将信仰仪式中由大祭司主导的狂厉、迷狂的巫术、人殉等人天交际模式，置换为由君王主导，以"天下为公"为主题词的制度性祭祀和祈福，并在仪式的损益建构和完善中，将信仰推演为理性清澈、极为丰富的规则，这就是礼制。

而以"祭祀"为核心的"神道设教"，不过是礼制中的一部分，甚至是很小的一部分。

周人在巫术的莽林中开辟了典雅的"公道–仁德"之路。

董仲舒之后，权力脱离"虎柙"之后如何制约，成为知识精英的学术焦虑和思想焦虑。董仲舒开始借助萨满传统暨巫术惯性，试图重建天人交际关系。他的"天人感应"体系，固然在政治治理中生成为"价值制衡"原理，令君王公侯在"举头三尺有神明"的恫吓中，自我戒惕，从而使推动权力进入"虎柙"具有可能性，并为周人的理性模式注入了新的思想资源，但同时也开启了后来的"谶纬之学"，令"怪力乱神"有了堂皇依据。

所以东汉以来，"谶纬之学"以"谶纬"的模式，即以其人之道还治其人之身，炮制了"孔子预言"，说"董仲舒，乱我书"。

世间会有无数偶然而又神秘的事件发生，如房屋倒塌、大河泛滥、麦生双穗、彩云缭绕等等。当人间的政治治理引入超验维度时，人们就容易将这类事件理解为或故意理解为超人力量的主导。

萨满巫术，就是这样理解世界的。

我无比崇敬的托马斯·阿奎那，在他的《神学大全》中说："人们把自然事务和人类事务中发生的偶然事件归纳为一个先定的原因，即'神意'。"

东土、西洋，即使是饱学之士、贵族精英，也愿意在"神意"这个主题下，结构（编排）往事、今事和未来事。人天关系的建构和巧妙的规律性的比附，以及预知能力，都是乐于相信"异秉"的知识精英所热衷的——这是重归萨满巫术之路。天人感应，是萨满巫术的大汉现代化。董仲舒就是重归萨满的大祭司。

但周人传统暨礼制惯性远远大于萨满传统暨巫术惯性。

这之中，周公"制礼作乐"的"礼乐传统"，与孔子"不语怪力乱神"的"圣贤理性"，是两块无人可以撼动的清明基石。周公、孔子的力量比董仲舒大得多。将最高权力关入"虎柙"之中，不一定需要"天人感应"；恫吓异族，捍御国家安全，也不一定需要"天人感应"。帝国的荣耀与族群的前程，与"天人感应"无关，也即与"神道设教"无关。

董仲舒不可能重归殷商鬼神世界，宋真宗也不能。

所以，真宗试图接续萨满巫术和天人感应学说，在"神道设教"

主题下，重新展开政治叙事时，尽管存在着与契丹文化竞争和重建信仰的正当性，但还是先后受到那么多人的反对。没有办法，礼乐传统与圣贤理性的力量，在吾土，是第一精神力量。帝国统治者在十几年的时间里，倾尽全力，试图令"历史从我开始"，但他做不到。两种力量此消彼长，直到真宗倒下，他的历史随着他的倒下而终结。于是，"神道设教"，在大宋一朝，寿终正寝。

# 大中祥符

　　真宗时代的后半期，几乎就是一台精彩纷呈的活剧、大剧、闹剧。他们仨，既是导演，又是演员，而"观众"，他们心照不宣，贵宾席上设定的就是契丹，当然，剧场大厅里还有朝廷与地方的官员，以及上千万大宋士庶。事实上，在这一场空前绝后政治大戏的表演中，他们自己，也是观众。

## 真宗奇梦

公元 1008 年，农历戊申正月的一天，真宗皇帝召宰辅王旦、知枢密院事王钦若等人到崇政殿西面，向他们讲述了今天的一个神迹，但故事要从去年十一月二十七日夜半的一个奇梦说起。

他说："朕寝殿中的帘幕，都是靛青色的粗绸，房屋昏暗，一早一晚，如果不是点起蜡烛，都不能辨别颜色。但是那一天，夜将半，朕已经就寝，忽然感到整个房间变得明亮起来，惊起看时，就看到一个神人，他戴着星冠，穿着绛袍，告诉朕说：'应该在正殿布置黄箓道场一个月，那时，会天降天书《大中祥符》三篇。不要泄露天机。'朕闻言后，很是敬畏，赶紧起床应对，神忽然不见了。于是赶紧找到笔，把神的话语记下来。"

奇梦之后，帝国统治者为了不泄露天机，开始秘密行动。

他说："从去年十二月开始，朕已经开始吃素斋戒，并在正殿朝元殿建了道场，结成九级彩坛。还特意雕制了金宝装饰的辇乘，准备用来恭敬地贮存神赐的天书。说话间过去了一个月，好像也没有什么动静，但是朕还是不敢将道场罢去。就在刚刚，得到皇城司护门亲从官徐荣来奏报，说在左承天门房屋的南角，屋脊的鸱吻之上，有黄帛垂曳。朕秘密派遣中使前往观看，回来奏报道：'那个黄帛长二丈左右，上面封藏一物，似书卷，缠了三圈青色的丝线，封缄之处，隐隐约约似有几个字。'朕细思，这一定就是神人托梦说到的'天书'了！"

一番话说罢，我能猜想到，真宗对二位大臣有了异乎寻常的打量。而这二位大臣也开始了极力配合。在随后长达十三年的时间里，直到真宗病逝之前，这三位执政者一直在持续表演，激情不衰。他们已经完全进入角色，成为11世纪中国政治舞台上最出色的"演员"，而且是那种"体验基础上的再体现"流派"演员"——如果在20世纪，他们都应属于斯坦尼斯拉夫斯基的"体验派"。在很多时刻，他们甚至不知道自己在"表演"，史上记录的故实，让我看到的是他们将个人性格完整代入角色的天才迷狂。他们不需要那种有距离感的舞台"间离效果"，而是对角色规定的直接"体验"和"再体现"。他们甚至也不需要"导演阐释"，能够根据"观众需要"自动选择表演形式，并很快进入角色，很快完成默契，配合得有板有眼、天衣无缝。当剧情出现尴尬局面时，他们也懂得紧急"救场"，让一场大戏毫无破绽地继续表演下去。于是，真宗时代的后半期，几乎就是一台精彩纷呈的活剧、大剧、闹剧。他们仨，既是导演，又是演员，而"观众"，他们心照不宣，贵宾席上设定的就是契丹，当然，剧场大厅里还有朝廷与地方的官员，以及上千万大宋士庶。

事实上，在这一场空前绝后政治大戏的表演中，他们自己，也是观众。真宗赵恒、宰辅王旦、知枢密院事王钦若，以及后来加入进来的三司使丁谓，甚至还有一时糊涂的寇准，在"神道设教"这个剧本主题下，以中原大地为舞台，游戏得灵魂出窍，不亦乐乎。

你看，真宗一番"台词"之后，王旦很快就"接"了下来，大戏就此开演。王旦说：

"陛下您用至诚侍奉天地神祇，用仁孝侍奉列祖列宗，己身谦恭而爱人，夙夜追求天下大治。以至于与北边那位特殊的邻居有了睦邻修好局面，中原官吏也渐渐清明，天下不再有战争，承平年景中，谷物丰收，这都是陛下兢兢业业、日谨一日的结果啊。臣等经常说：天道不远，一定会有好的报应昭示天下。现在，神先告诉陛下日期，今日又果然有了灵文降临，这可实在是上天保佑大宋盛德的因果啊！"

于是王旦、王钦若开始拜称"万岁"。

王旦甚至还说："天书不知道写了什么，我们去敬迎天书，开封之际，应该让左右回避。"

真宗很自信，也可以理解为很坦诚。他说：

"不必。上天如果贬谪朕有'阙政'，不良之政，更应该与爱卿等一道虔诚地敬畏改悔；如果天书只是告诫朕躬一个人，朕也应该真诚地自我修炼。天书，哪儿能够隐藏起来不让众人知道呢！"

说罢，一个"分镜头"完成，真宗站起，向承天门走去。

## "天书"降临

现在，"镜头"可以切换到承天门了。

只见真宗皇帝亲手燃起一炷香，望空下拜。

众人定睛看时，果然，承天门大殿屋脊挑起的那个弯状饰物，也即俗称"鸱吻"的东西上，挂着一束黄色的布帛，上面似有一卷东西，下垂着一条长长的飘带般的黄绸。这就是"天书"了。

丽日之下，"天书"格外耀目。

真宗回顾，命内侍周怀政和皇甫继明两个人架梯升屋，将"天书"取下，两个人面对面四只手捧着这份神圣的"天书"，侧身进殿，呈上。

宰辅王旦跪着，迎受过来，转呈皇上。

皇上再拜，接过，放置在新雕制的木辇之上。

然后，去掉皇上出行常备的伞盖，撤去警跸，君臣步行，护送"天书"回到朝元殿道场。真宗授给知枢密院陈尧叟开封阅读"天书"的权力。陈尧叟揭开黄帛，但见帛上有三字成句共七句二十一个汉字，字曰：

赵受命，兴于宋，付于恒。居其器，守于正。世七百，九九定。

"恒"，就是"赵恒"。那时节，无人有资格称谓皇上名字，这里直呼真宗名号，显然，只有"神"有此资格。

然后，陈尧叟再去掉层层覆盖的黄帛，露出了里面一卷三幅黄字"天书"。

第一幅"天书"是对真宗的表彰，说他以"至孝""至道"承续大宋基业。

第二幅"天书"是对真宗的晓谕，要他必须以"清净简俭"治理大宋江山。

第三幅"天书"是对真宗的祝福，愿他"世祚延永"，神佑大宋帝国云云。

"天书"的辞气很是高古，有《尚书·洪范》和老子《道德经》的味道。至于字体，估计应该就是篆籀蝌蚪文之类。

陈尧叟依次诵读"天书"完毕，就将这三幅文字并外包装全部珍藏在金匮之中，由秘府永久保藏。

随后，王旦率群臣移向大殿的北面廊庑，真宗面北坐定，诸臣开始向真宗称贺。礼成。真宗命王旦当天不回家，在中书政事堂吃斋。晚上，王旦等人再临朝元殿道场，真宗已经早早地在那里值班了。

很快，朝廷上下都知道了这件事，于是，临朝时就全部来向真宗称贺。

真宗很愉快，赐宴——所有人吃的都是素食。

然后，由吏部尚书、老臣张齐贤具文，向天地神祇、宗庙祖先、社稷坛、在京的诸祠，奏告"天书降临"的大事。

三天之后，又在殿前设庞大的仪仗队，陈设宫中大典器乐，在京的文官、武官全部到齐，更有契丹的使节也陪列在队，真宗领队，一起向金匮中的"天书"《大中祥符》跪拜致献。礼毕，再由真宗带领众人步入大殿，行走时，避开"黄道"。而后，分作东西两班，上朝办公。

当时，就有司天监上奏道：正月三日、五日这两天，天上有瑞云覆盖宫殿。兹事体大，请求将这个天象记录下来，由史馆编入《实录》。真宗同意了。

随后，开始大赦天下，并将"景德"改元为"大中祥符"，是年是月即为"大中祥符元年正月"。"左承天门"改名为"左承天祥符门"。更有一番赏赐，并令京师可以在二月一日为始，连续五天酒宴聚饮，史称"大酺"。

## 大酺

"大酺"的热闹和隆重，就像一场狂欢。

这五天，退休的官员也可以到都亭驿站聚饮；皇上在御楼，按礼可以陪坐的，都可以自由参加。已经辞退但还没有面见皇上告别的朝官，也可以赴会。

大酺日，是有工程项目的，因此，有三名内诸司使主办其事。

先在乾元殿前筑土为露台，有半门扉开合，露台上设教坊乐队。这是五天连续不断的演出场所。

又串联方车四十辆，搭成平台，上起彩楼，装载号称"钧容直"的皇家乐队。这是另一个固定演出场所。

开封府另外再制作大篷车二十四部，每一部串联十二辆大车，都以牛来驾辕，披挂锦绣，引出彩绳，分别装载诸军和京城妓乐演戏。又在街衢繁华处编联木桩，树为栏杆，大篷车到时，进入栏杆之内。这是流动演出场所。

　　城中御道两侧，分别招引汴梁的各种生意买卖，在临时搭建的商亭中经营，史称"百货骈布"。每一户商亭都用彩色的布帛和木刻招牌装饰，各式各样，吸引市民。

　　到了"大酺"日，皇上御临乾元门，召京城父老分番列坐楼下。传旨，皇上向父老问安，并赐衣服、财帛。

　　第一天，皇上召近臣侍坐，特召丞郎、给谏诸官陪坐。皇上举觞，教坊乐起。"大酺"正式开始。

　　此时，有大篷车两辆，自升平桥向北行进，大车四周有旱船拱卫跟着前进。其他大篷车则由东西街交互往来，每天要穿城两次。

　　这时，东城望春门、西城阊阖门两门之间长长的大道上，百戏竞作，歌吹腾沸。整个东京城，都在庆贺"天书"的降临。

　　皇室诸位宗亲、近列、大藩及旧臣之家，都由官方为之搭建彩棚，就在府邸的左右廊庑之下。可以排演戏曲歌舞弹唱。此时，全城士庶争相围观，人山人海，摩肩接踵，手碰手、脚碰脚，到处欢声雷动。

　　第二天，皇上在京师驿亭，招待宰相、百官，然后又"赶场"，到亲王宫宴请宗室。

　　第三天，皇上在京师驿亭，宴请第二批宗室，加上内职宦官，然后，继续"赶场"，到宰相府邸宴请近臣。

第四天，皇上在都亭驿宴请第二批百官；然后，再次"赶场"，到外苑宴请第二批近臣。

第五天，皇上在都亭驿，再宴宗室、内职宦官，然后继续"赶场"，到外苑宴请其他近臣。

这五天，禁军将校们则日日在殿前马步军指挥使的办公府廨宴饮。

整个"大酺"期间，真宗作了不少诗，赐给臣属、宗亲等人，让他们"属和"，也即用皇上用过的诗韵也写一首，助兴。

忙于"大酺"的诸司工作者，完事后都放假一天。

"大酺"过后，真宗朝最富神奇色彩的"大中祥符"年代缓缓开始了。

## "大计固有余矣"

大中祥符元年（1008）三月，山东的兖州父老，以一个叫吕良的人为首，总1287人，千里迢迢赶到京师汴梁，进入朝堂，要求真宗到泰山封禅。

真宗在崇政殿接待了他们，又派大臣曹利用慰劳他们，并转达真宗的意见："封禅大礼，历代很少实行，你们所请求的，难于答应。"

吕良等再进言道："国家受有天命五十年，已经达致天下太平。现在上天又降下祥符，更昭显出朝廷的盛德。这就应该到泰山去奏告，以此来报答天地神祇。"

真宗再次回复："这是很大的事，不可以轻易议论。"

吕良再上言："国家年岁丰收，华夏安泰。愿皇上能上答天降神迹，早一点成就封禅盛礼。"

真宗还是没有答应。

地方官也开始有人奏请封禅，真宗一律没有答允。

到了四月，天书再次降临。

宰相王旦率领文武百官、诸军将校、州县官吏、四方僧道、各地耆宿，总 24370 人，来到朝廷东上阁门，前后连上五次奏章，请求封禅。

真宗终于下诏：今年十月"有事于泰山"，也即到泰山封禅。

诏书中称："朕这次到泰山封禅，是公开地报答上帝赐书。不是为了求仙求福，而是为了真诚地报答天命所本。祭祀用品都要丰富，但御用供帐则全部需要减省。"

随后开始诏告天地、宗庙以及山神水神和各种地方神祇。

以知枢密院事王钦若、参知政事赵安仁共同为封禅经度制置使，负责一应筹备工作。

开始，真宗对封禅的经费有点不放心，就问代理三司使丁谓。

丁谓回答："大计固有余矣！"

意思就是说：放心，国家财政对付这等事，绰绰有余。

来自财政部的这句话，让真宗心定，史称"议乃决"。

同时，真宗就诏丁谓负责"计度"泰山路粮草，做出总预算；引进使曹利用、宣政使李神福"相度"行宫道途，对皇上行在的路途安排做出细致规划；翰林学士晁迥、李宗谔、杨亿、龙图阁直学士杜镐、待制陈彭年与太常礼院"详定"仪注，也即共同拟定大典的礼仪程序。

## 全宋疯癫

王钦若再被命为"礼仪使"，负责具体的大典礼仪。一般性的礼仪、路途各地交接等礼仪，则由朝臣冯拯、陈尧叟分掌。

王旦被命为"大礼使"，负总的责任。

现在是四月，距离十月只有半年时间，国家第一祭祀活动"泰山封禅"大典进入了倒计时。

王钦若还被派往泰山所在地兖州做通判。

他到任的第一天，就下了官府公文：大典期间，附近州郡一应士庶禁止到泰山樵采，不能砍伐树木、捡拾柴火，也不能摘取野果、采集药材。东封泰山的路上，更禁止官方樵采。并派出地方官员巡护齐州、泰山之路，禁止行人。

泰山，已经开始戒严。

但朝廷"爱惜民力"，规定：泰山之下的工役，不得随意调发；所有大典需要工役，只准许用泰山附近的兖州、郓州厢兵。皇上行宫所到之处，除了前殿、后殿需要土木工程建设，其余配殿、庭院，一律用帷幕替代。东封所需要的金帛、刍粮，都由三司使按规定在市上采买。如果有特殊情况需要供应输送物资，一律从京师调运，不得"科率"，也即不得从地方摊派、聚敛。规定兖州民众供应东封者，一律免除今年徭役以及需要缴纳的税赋。

必须修建的行宫，不得侵占民田；扈驾步兵、骑兵，如果有蹂践禾苗庄稼，一律由御史纠察。整个东封活动，御史所部形同"宪兵"。诏书说：如果有人敢于打着东封的旗号，狂妄地随意指定民舍林木，说建造什么行宫，开修什么道路，以及托名官司勒索地方市肆，假借人夫、车乘，并求索财物的人，一旦认定，即将这类官员押解到京师，听候处理。但车驾所到之处，需要的酒水则需要地方预先做好供应准备，以免去转运的麻烦。

紧锣密鼓筹备封禅大典之际，朝廷不忘记安顿"天书"这桩"大事"。

自从丁谓告知真宗国库充盈，办这类事不在话下之后，真宗开始有了"侈心"。与王钦若等人一番商议后，决计建造一座超大规模的道观，专门用来贮存"天书"。于是下诏：在皇城西北天波门外建造昭应宫。皇城使刘承珪等人专门负责这件大事。中国历史上最大规模的地上建筑工程开始了。

不久，曹州、济州的耆宿二千二百人，又千里迢迢从山东赶来阙下，请求车驾临幸本州。真宗对这类"民意"不好多说，除了召见慰劳之外还有赏赐，但同时下诏，要各地州郡不要再组织此类活动到京。

但大典已经成为"国民行动"，从中央到地方，各类祭祀、神迹此起彼伏。京城宣化门外，有个军人病死，火葬后，发现他的骨殖仿佛一尊佛像模样，于是附近州郡很多人都来参拜施舍，史称"愚民竞趋视施财"。

龙图阁待制戚纶，应该是少数几位反对"封禅大典"也即反对"神道设教"的人物，但他感觉到人微言轻，无力中止这一场全宋疯癫，于是，给真宗上了一道奏章，先肯定"天人感应"的神迹，再请求将年初以来出现的各类"祥符"摹写记录，刻于金石之上，藏到太庙里，另外用"副本"向天下诏告。然后，话题一转，提出他的忧虑：古今流俗之人都有托名国家"嘉瑞"神迹，而生出"幻惑"，继而生出"狂谋"的事例，一般都会"诈凭神灵，或伪形土木，妄陈符命，广述休祥"，欺诈世人说神灵附体，或假传山林神祇，狂妄宣称得到天神特权任命，到处宣扬吉兆祥瑞。这样，就会"以人鬼之妖词，乱天书之真旨"。

戚纶的意思是：将这一场"神道设教"乱象尽力控制在官方范围内，尽力不要煽惑成一场全民动员活动。

真宗接纳了他这个意见。


从宣化门外的"骨殖－佛像"案开始，朝廷下诏开封府，要禁止这类事蔓延。

后来，更下诏说："州县庶民假托神异，营建寺庙，远近奔集，这事很有惑众之疑，应该加以禁止。"

并诏令宫殿苑囿，下至皇亲、臣庶，所有的宅邸，不得以五彩作为装饰，禁用罗锦制作幡旗装饰品，不得用缣帛制作假花等等。

但"上有所好，下必效焉"。远在陕西兴元府（今属汉中）的戍守将军，也开始积极响应真宗"神道设教"的国家运动，他没有钱，就克扣军饷以及种种军用经费，但他并不中饱私囊，而是将这笔钱全部用来购置锦绣"以状戎容"，让军容呈现雄壮面目，配合国家庆典。但士卒们不吃这一套，得不到应有的补给，于是相率"亡命为盗"。真宗一直到东封泰山大典之后，才知道这件事，于是下诏不得盘剥部下，盛为军装。

后来更有濮州的举人名叫郭垂，认为东封大事，庶民应该有所表示，资助国家做大事。于是带头募捐，总462人，献菽粟两千石、草料四万束。消息报到京师，真宗说："这个意思虽然值得嘉奖，但如果接受这份捐赠，诸州就会效法，都来进贡，那反而成为一种麻烦。"于是下令按照高于市场的价格给了郭垂他们优厚的报酬，并诏谕京东诸州之民庶，不要再做这事。

此事不可小觑。

## 民间助饷

国家有事，庶民捐资，此之谓"助饷"。

顾炎武反对"助饷"。

他认为：

"人主之道，在乎不利群臣百姓之有。夫能不利群臣百姓之有，然后群臣百姓亦不利君之有，而府库之财可长保矣。"国家元首的治理之道，在于不要贪图百姓群臣的财产之利。如果能不贪图百姓群臣的财产之利，然后百姓群臣也会不贪图国家元首财产之利，则国库里的钱财就可以长久保存下来。

为此，顾炎武在《日知录》中列举了很有说服力的几个案例。

唐时有名门之后田伯强，要将祖传的宅子卖了，用所得钱财招兵买马，帮助朝廷讨伐吐蕃。宰相柳浑反对此举，认为"讨贼"之事，自有国家规划，哪能以此鼓励"侥幸之徒"！且田伯强这是在"毁弃义门"，鼓励这做法，就会"亏损风教"。因此，朝廷应给予此人责罚。皇上答应了柳浑丞相的奏请。

顾炎武评论道：唐代的德宗是一个好敛财的君主，还能够听从宰相的意见，不受田伯强的捐献，"后之人群可以思矣"。

大宋高宗建炎二年（1128），正是金兵占据半壁江山之际，有湖州之民向朝廷献钱五十万贯，用来抗金。但高宗赵构拒绝了这种"助饷"行为，给出的理由是："国用稍集"，国家财政略略好转。并为此下一道诏书："今后富民不许陈献。"

顾炎武赞誉这种行为，感叹道："嗟夫，此宋之所以复存于南渡也欤！"唉，这大概就是宋王朝还能在南渡之后继续存在的原因吧？

最初的"助饷"行为发生在西汉武帝时，那时的一个重要代表人物是卜式。他要用自家一半的财产帮助大汉讨伐匈奴。但当时就有名臣公孙弘对武帝说：

"此非人情。不轨之臣不可以为化而乱法，愿陛下勿许。"这事是不近人情的举动。越出常规的臣民不能淳化天下而会搞乱天下文明法度。希望陛下不要答应。汉武帝一开始是没有答应卜式的。

出现"助饷"行为最多的是大明王朝晚期。

当时国家以及忠臣，都因为用度不足而反求于民间。史可法守京师，军饷不支，于是传檄要富人"出财助国"。但顾炎武观察到："然百姓终莫肯输财佐县官，而神京沦丧。殆于孟子所谓'委而去之'者，虽多财奚益哉！"但是富民百姓最后还是不肯向国家输入私财，导致首都沦陷。这几乎就是孟子所谓的"丢弃不顾而离开"的人，即使钱财再多又有什么助益呢？

与大明洪武、天启时比，晚明确对民间私财有觊觎。

洪武时，有庶民耕地得到黄金，地方官将此献给朝廷，朱元璋说："庶民得到的黄金，朕有啊！太没有意思了！"于是不要。天启时，兵部主事詹以晋要求将一座废弃的灵鹫寺所存的田亩变价卖了，修建寺庙。当时在权阉魏忠贤把持下的天启帝，也不高兴这么做，认为这是"垂涎贱价，规夺寺业"，下诏，将詹以晋削籍为民。顾炎武评论道："以权阉之世，而下有此论，上有此旨，亦三代直道之犹存矣！"他赞赏了天启帝的决定，认为这种决定几乎就是传说中的夏商周三代的正道遗存。

宋人苏洵有名篇《辨奸论》，文中有言："凡事之不近人情者，鲜不为大奸慝。"凡是做事行事不近人情的，很少有不是大奸恶大邪恶的。私有财产，按照人情，皆有保爱之心，以崇高名义捐赠，在信仰缺席、道义缺席条件下，应有他图。这是以"中庸之道"治理天下的邦国不鼓励的行为。支撑人间公序良俗的是"常道"，不是"险道"。公序良俗必在"常道"之下演绎。史上不乏以"险道"出奇而博名的案例，孔孟之道对此是不赞成的。从反对"助饷"这个案例也可以看出古来圣贤精神恪守"常道"的连贯性。

当然，在艰难时刻，"助饷"有其合理性。如辛亥之初，就需要更多民间资金完成民国大业。但在邦国正常运转之后，再经由国家动员，从民间聚敛钱财，是传统圣贤人物，如真宗赵恒、思想家顾炎武所不赞同的。

真宗还下了一道诏书：太祖、太宗两朝，诸路贡献的祥禽异兽，现在还都在皇家苑囿，有司要有个统计数字，报上来，等到封禅完毕，要将这些禽兽全部放归山林。

有司也即有关部门，在原来拟定的程序基础上，又想到了一些细节，于是上书道："这次东封巡守，按规定有'燔柴告至之礼'，这事要皇上亲自来做；另外，到了泰山之下后，要燔柴告诉昊天上帝，这事要在圆坛举办。具体礼仪由有司负责，可以不必详列。车驾到了泰山后，要让太尉带着酒水、干肉、钱币、玉帛等礼器、祭品，预先到山下圆坛告至。车驾所过，地方的山川神、先帝神、名臣烈士之魂，数额太多，考虑到供祠不过来，除了著名的神祇外，一般都由地方州县致祭。各类神祇都以十里为计算单位，合并致祭。"真宗批准了这个建议。


祭神，有一种古礼，在神坛上放几捆干草，举杯敬神后，这酒要洒向那些干草，如目测下能感觉到祭酒瞬间不见，意思也就等于神享用了这些酒，史称"缩酒"。这种草名叫"青茅"，三棱，故也称"三脊茅"或"三棱草"，产于过去的楚国、越国，今天的江淮一带。古来中原祭祀，都要用青茅，表示可以征服楚越之地。现在大宋帝国已经奄有天下，不仅囊括楚、越，甚至收取岭南海表、巴蜀粤广，四围羁縻之地更不在少。宋师所能够到达的地方，比昔日汉唐自是不侔，但比西周、东周、南朝、五代，已经足够辽阔。于是，需要告至天地神祇，必用青茅。于是派出使节，到岳州（今属湖南）去采集"三脊茅"三十束。但使者不认识这种草，还好岳州有耆宿董皓认识。为了表彰这位认识"三脊茅"的老人家，朝廷特意授给他一个岳州助教的职务，另外赐给他一束帛。

过去战时，临行前，往往要颁发给士卒们几尺锦缎，或缠臂，或裹头，捯饬起来，盛容出征。这次，殿前司、侍卫司认为，祭祀天地，比战时更须盛容，就联合上书，要求给东封的扈驾诸军颁发新的锦缎。真宗虽然知道"大计有余"，国库里不缺这点布帛，但他还是很有"一粥一饭，当思来处不易；半丝半缕，恒念物力维艰"的老地主做派，能节俭就节俭。于是，回复他们说：

"过去出征打仗，才给这种服饰，现在封禅行礼，不需要军人盛装。如果旧的锦缎都换下来，那费用就太大了，不许。"

为了节省费用，事先，真宗借考察安顿之机，派出王钦若走曹州、单县的南路，赵安仁走濮州、郓县的北路，同赴泰山，来计算两路用工的繁简。二人回来后一合计：南路虽然比较近，但很多设施不全，用工要多；北路因为有邮传驿站，设施较全，用工要省。于是真宗选择了北路。

## "祥瑞"不断

进入五月以来，王钦若上奏，说泰山发现"醴泉"。过了没几天，又说锡山发现苍龙。

公元1008年，大宋真宗大中祥符元年，中原"祥瑞"不断。

不久，王钦若将泰山醴泉水装了几大瓮运送到京师。这是神赐的吉祥而又甘甜的泉水，真宗不忍独享，分给文武百官品尝。

王钦若发现的灵应神迹陆续报来。

他向朝廷汇报，说泰山每天都会生出灵芝，军民争着去采集来献。他希望朝廷能酌量给予钱帛奖赏。真宗对王钦若已经几乎言听计从，答应了。

后来，王钦若在东封大典之前回到京师时，带来灵芝8139株。

他还向真宗汇报说："臣自从到东岳泰山，曾有一次做梦，梦到神人让我增筑一座庙亭。后来这个梦再次出现，跟前梦一个样。而且神人还指示方位让我记住。近来因为督察工程，到一个'威雄将军祠'，看到神像、祠庙所在地，都与臣的梦境吻合。现在请求用工程节余下来的款项在这个祠庙增筑一座庙亭。"

真宗也答应了他。

朝廷后来派出的中使从兖州回到京师，奏报皇上说：泰山一直有很多老虎，自从"封禅"准备工作以来，虽然还是能够看到老虎，但是从未伤人，而且排着队到附近的徂徕山去了，民众都感到很奇异。

真宗下诏，要远在兖州的王钦若就此事向泰山祠祭祀致谢，但仍然禁止当地民庶伤捕老虎。

后来，王钦若还报告，说在修圜台、燎台时，修路、平整土地，从开始兴役到完工，居然没有发现一只蝼蚁等虫豸，也即没有伤生。

真宗也下诏：继续向泰山祠致祭，感谢泰山神。

想想各地"灵异"事件，真宗也高兴，但似乎还不算完美，就对王旦说：

"自从泰山醴泉出现，朕即开始遍问泰山地方神祠，有人说有个王母池。朕想想，凡是有了灵迹，都会做法事祭告，现在只缺王母池的灵迹了。"

于是派遣中使前往泰山王母池致告。中使开始准备，用了几天时间，还没出发，王钦若的奏章就到了，说王母池的水变成了紫色。一查王钦若的奏章发出时间，正是真宗派遣中使的第二天。

王旦来奏贺："灵迹符瑞响应得如此之快，实在是皇上至诚所能感应的缘故啊！"


## 社首山设"封祀坛"


有关部门根据官员提出的意见，开始详细制定封禅"仪注"，也即大典之际的举动法式、规章制度、仪礼程序，以及进退俯仰、登降折旋的种种规矩。

泰山上的主祭祀场所，也即"圜台"，直径为五丈，高为九尺（意含"九五之尊"）。圜台四周要有"陛"也即台阶，台阶上面要装饰青色。四面的台阶迎面，按照"东南西北中"配"青赤白黑黄"之"方色"处理。四面要有"壝"（音围），也即矮墙；壝宽度为一丈，还要用青色的绳子围绕三周。

"燎坛"，也即"燔柴"之所，在圜台的东南方向，方一丈，高一丈二尺，上方正南，洞开一门，六尺见方。

山下社首山，设"封祀坛"，祭祀三百一十八位神祇。这是"禅地"所在，设皇地祇也即后土神正座，太祖、太宗配座，祭祀五方帝、日月神、神州各类自然神，从祀的也在内，总七百三十七位神祇。坛四层，十二个台阶，阶面用玄色装饰，迎面也按"方色"处理。整个形制与郊祀相仿佛。周遭设三面壝。

山下燎坛形制一如山上。

山上，主要祭祀昊天大帝和太祖太宗；山下，主要祭祀地祇和五方帝；太祖、太宗都在配座。

大典主场所的"壬"地，壝之内，设计一个藏埋礼器的"瘗坎"。


"封天"要用玉牒、玉册。

用玉做成祭祀天帝的玉牒，每一枚玉简长一尺二寸，宽五寸，厚一寸。玉牒上刻字，用黄金填实；再将每一枚玉简用金绳连缀起来。由于黄金脆而难用，故用金粉涂在绳子上替代纯金之绳。

还要用玉做成祭祀天帝的玉册，每一枚玉简长一尺二寸，宽一寸二分，厚三分。玉简的数量则根据文字多少而定。

正座、配座，祭祀时用六副玉牒、玉册，各一式三份，统由玉简组成。正座，祭祀昊天上帝的玉牒、玉册各一份，礼毕，要分别放入玉柜。配座，祭祀太祖太宗的玉牒、玉册，同样内容，各两份，总四份，相当于是祭祀文的副本。礼毕，要将副本带回京师，放入金匮，置于太庙。

玉柜形制，长一尺三寸，刚好放入玉牒、玉册。

玉柜外有玉检。玉检的长度同玉柜一样，厚二寸，宽五寸，连同玉柜，用金绳缠绕五周。在应当缠绕金绳的地方，刻出五道凹痕，让金绳卧进，再用封泥涂封。

封泥由金粉和乳香混合制成。

涂封之处，用"受命宝"，也即封禅大典皇帝专用印玺，钤印封存。用于钤印的地方，要刻出二分深的凹穴。

玉柜完成后，放入石礧之内。

石礧用两块五尺见方的大石制成，每块大石厚一尺，凿空中间部分，其大小刚好可以放入玉柜。

石礧之上，有石检，放石检的地方，刻出七寸深的凹痕，宽一尺；南北侧各放三条检，东西侧放二条，距离四角都是七寸。总十一条检，均为三尺长、一尺宽、七寸厚，放入石礧的预制凹痕中。石礧也用金绳缠绕，缠绕处也刻出凹痕，让金绳卧进。每条金绳都缠绕五周。金绳的直径为三分，也用封泥封住。封泥由石末和"方色"之土混合制成。因为金绳缠绕后，在"东南西北中"五面，故选配"青赤白黑黄"五色土做封泥。

石礧之上的接缝处，也有封印，预先刻出二寸深凹穴，可以放置印宝。印宝有小石盖。印宝由黄金铸造，上刻四个字："天下同文"，形制如同皇帝平时所用的印玺。

玉柜用一方印，石礛用一方印；两方钤印所用印玺，都是实物制作。印痕皆据实物摹写、翻刻。大典之际，当有"钤印"仪式；大典结束，两个实物印玺要带回京师，奉置于太庙"本室"，也即真宗未来的祭室。

石礛放入瘗坎之中。

距离石礛十二分、距离四角都是二尺、厚一尺、长一丈，做一斜行外射的行道。与石礛相对应，分为上下两层填土，填土也按"方色"处理。封土圆形，圜封石礛，顶上直径为一丈二尺，底面直径为三丈六尺。

金匮形制略似玉柜。

"禅地"也有玉牒、玉册，规制应如"封天"。但我在封禅大典的记录中，只看到了玉册，没有看到玉牒。

"禅地"在社首山。山上有"社首坛"。此地是泰山的附属神山。"封禅"，"封"为祭天，在泰山顶；"禅"为祭地，就在社首山。地祇乃是后土神。1951年，中国大陆在社首山堕山取石，从此世上已无社首山，仅存遗址。

昔日唐玄宗祭祀地祇在社首山。大宋太平兴国年间，曾有人在此地得到唐玄宗用过的玉册、苍璧（青玉），真宗也诏令制作石礛、玉柜，将唐玄宗时代的遗物继续埋在这里。还在此地建造八角祭坛，三层，每层高四尺，上宽十六步。有八面台阶，上层台阶长八尺，中层长一丈，下层长一丈二尺。有三道围墙四扇门。真宗"禅地"也在这里。

整个工程由直史馆刘锴、内侍张承素负责主祭场所的圜台和石礛封护；直集贤院宋皋、内侍郝兆信负责唐玄宗时的"社首坛"和石礛封护。

真宗同意了这个"仪注"，并下诏，要王旦、冯拯、赵安仁等分别撰述上述玉牒、玉册的文字。真宗还特别晓谕起草的大臣说："向天帝吁请的文字主要就是两条：第一，感谢天降天书和各种符瑞；第二，大宋皇帝为民祈福。""感恩神祇""为民祈福"成为封禅大典的总诉求、基本主题。

有司再上一个有关"仪注"的规划：

泰山上下十几里路，大典当天，仪仗队伍将列满山路。皇上登山封禅那天，为了使山上、山下同一时刻行礼，山上圜台要设立"黄麾仗"，是为一种迤逦排开的仪仗队伍；山下祭坛设"燧火"，就是据说有祓除不祥功能的火炬。将要行礼时，燧火开始点燃，从山脚一直排列到山上。又特制一种漆牌，派遣黄麾仗队伍中人依次传付山下。漆牌到了山下，公卿就位，皇帝站到圜台的位下，目视燎坛开始燔柴。执事即将柴火点燃。燃烧中，山上传呼"万岁"。燃毕，皇上走还行在座次，解严。

然后再传呼到山下，一众祭祀官员开始退下。

社首山，也设置燧火三处。

真宗也批准了这个建议。

但这个建议开始时没有设计漆牌，一律以山上山下传呼为节制。真宗认为神祇需要庄静，于是将传呼改为漆牌，直到礼成，才开始传呼。但是又担心漆牌不能即时传到，时刻有差，于是派遣司天官员在山上、山下设置计时的漏壶和日晷，两相校订，再于坛侧击敲木板呼应。又从南天门的山顶到山下的岱庙，几个重要节点设置了长竿，高举灯笼下照，以此传递信息，使一路各处执事不至于误了时刻。

山下往山上，一路临时设置门栏，不是封禅工作人员不能进门上山。

皇帝乘御辇，有司考虑安全问题，拟重新制作一种利于登山的"天平辇"。真宗看到报告后，担心这个辇太过沉重，会使抬辇人辛劳费力，令裁减规模。有司认为登山过于险峻，怕辇不坚固，不安全。真宗说："登山路上，只要稍稍艰难，朕即下辇步行。"同时下诏，各类日用制作，都要在形制上限制规模，不必贪大。史称"小其制"。

最后这个天平辇比原来规制减去了七百多斤。下诏以后皇帝就常用这个辇乘。又说：因为没有诏旨规定，所以这个辇的坐褥用了金绣作为装饰。那就不变了，还用这个，等到用旧了，改造，就用素的罗代替，不再用金绣。

契丹方面也有动静。河东转运司报告说：侦察报告，契丹在点集兵马，边民有些恐惧，期望朝廷能在边境增兵。

真宗说："近来朕也听说，北面报告契丹听说国家东封泰山，调发兵马、辇运粮草，因此担心我们实际上会讨伐他们。于是契丹率众坚壁清野，并以打猎为名，到边境巡逻。但朝廷自从与他们修好，并没有仇恨裂痕，如果听说他们惊疑自扰，就马上增兵防卫，他们就会更加猜虑。"于是下诏：边臣一如往常之时，"无得生事"。

但兵形无常，国家安全，不得不加意留心。于是，按照臣下建议，封禅路上一些重要州郡，可以临时增兵，强化安全措施。车驾巡幸泰山，京东、京西、淮南诸路，地当冲要之处，也需要临时增兵屯驻。且命令殿前司、马步司等诸司使以下官员为冲要之处的驻泊都监。又因为泰山之北有大路直抵齐州（今山东济南），为防备北部可能的骑兵突袭之威胁，特命内殿重班刘文质为齐州驻泊都监兼都巡检，增强泰山北部的警卫。

增兵屯驻之地，由地方长吏安排犒设，赐给军士缗钱和酒水。

封禅未行，关于仪仗的规格问题，就多次被讨论。真宗已经下诏说到"惟有祀事丰洁，余从简约"的敕令，但还是多次有人提出要提高规格。

有关部门请求依照大唐封禅体例，皇帝告庙后出京，到泰山、社首山从事大典，都用"法驾"。


## 天子车驾

汉以来，天子车驾有"大驾""法驾""小驾"之别。

"大驾"是皇帝出行的最高规格，配套卤簿仪仗，相当繁杂，以至于专职此事的礼部官员，也需要查勘图文，才能复验。一般南郊大典需用"大驾"。宋太宗时，为了方便随驾官员彩排，特意命人绘制了三幅《卤簿图》，藏于秘阁，出行前，供有司查看。宋仁宗时，曾编写《卤簿图记》，用了十卷的篇幅。根据现在流传下来的宋代《卤簿图》（非太宗时代，应该是仁宗之后的年代成图）看，这个"大驾"仪仗有官兵五千四百多，马匹二千八百多，此外还有大象、黄牛等数十头；乐器达到一千七百件，兵仗旗罗伞盖之类一千五百件以上，各类舆服堪称惊艳。

"法驾"规制略小于"大驾"。这是"多事"官员估计到真宗会不听劝谏，且降一个规格，因此早做准备。按说，泰山封禅，理应高于南郊祭祀，但真宗还是坚持原来的规定：只有现场祭祀的具体事宜可以丰盛、洁净，其余事，一律从简。于是，他没有接受有司的建议，既不使用"大驾"，也不使用"法驾"，坚持使用最低规格的"小驾"。朝臣拗不过皇上，于是袭用"小驾"规格准备，但因为"小驾"这个名称似乎不雅，于是改为"銮驾"。所以，真宗封禅乃是"銮驾出行"。

但即使是"小驾"或"銮驾"，也有麻烦的地方。

"銮驾"所用的"金玉辂"，是祭祀当天要用的车辇，应该在十月之前先行运抵泰山。这车辇高二丈三尺，宽一丈三尺。这个尺寸，可以出入京师大门，但由京师到兖州乾封县，所经城门都有障碍。如果按规格运抵，就要对这些城门建筑做拆改。那样，动静会相当大。

负责的官员赵安仁很头痛，他将球踢给了皇上。

皇上批示说："如果这样，那就烦劳很多人了。銮驾可在城外走过，但遇到有坟墓的地方要避开。"

另外下诏：路上的行宫，只用已经有的旧屋，加以粉刷，不必另外建造。

诸州按照"东南西北中"方位贡献的祭品，都要在十月之前汇集到泰山下。

真宗还在龙图阁召见王旦等人，拿出礼官制定好的《封禅图》给他们看，并且说："过去，郊祀时，因为是对天地神祇和祖宗神的'合祭'，所以至高神昊天上帝并没有在正座位上。现在封禅，祭祀天帝，昊天上帝理当坐在'子位'；《大中祥符》天书放在东侧；太祖、太宗神位要偏向西北，以此向上帝申明祖宗恭敬侍奉上帝的心意。"

重要祭祀中，都有祖宗神陪祭。在封禅大典中，太祖、太宗神位不居于正位。昊天上帝，乃是封禅的主神，所以坐在"子位"。"子位"，按照"后天八卦"说法，就是位于正北方向"坎"位的正座。

《大中祥符》天书出京时，一直到泰山之下，要有日用道家门的"威仪"，也即懂得道家法仪的道士，一百人礼送；路上护送者为三十人。

有司又设定：天书出京之日，要制作崭新的案几、褥垫，放到玉辂车中。要有仪仗导从，七百五十人为前后鼓吹；中使二人夹侍天书左右，还要继续任命官员充任专使。真宗接受了这一意见，随后任命宰辅王旦为天书仪仗使（又称"天书仪卫使"），王钦若、赵安仁为副使，丁谓为扶侍使，蓝继宗为扶侍都监。有司申请的夹侍天书侍者为入内高品周怀政、皇甫继明。

有司又言："平时皇帝告庙，按照礼制，出乘玉辂，归乘金辂。但是这次因为要奉安天书，用玉辂，所以，皇帝赴太庙，往来都要乘金辂。"

真宗同意。并告知各地：车驾离京到封禅之前，不举乐；经历各州县不得以声伎也即舞乐队伍来迎接。

到了六月，"封禅仪注"已经详细拟定出来，真宗认真浏览一遍说："这个仪注已经废掉很久了。如果不是这次典礼，哪能做到尽善尽美。"

他亲手注明十九个细节还需要请五位专使进一步讨论，确定后施行。最后，在官员具体参与的人数上也做了规定。真宗认为泰山是神山，需要清洁，命祭祀官员减少了人数，有些具体工作可以兼做；有些家中有丧事，还在服丧期间的官员，不要参与了。这样，统计下来，内侍诸司官，除了宿卫扈从之外，直接登山者只有二十四个人，诸司执掌者九十三人。

如此大事，又有军队从行，恐怕契丹不察，妄生猜虑，因此有必要向"盟国"通报一声。于是派出都官员外郎孙奭，带着礼物到契丹境上，告诉他们"将有事于泰山"。

不久，契丹回报道："中国自行大礼，何必麻烦告谕？所赠礼物，担心有违当初的誓文，不敢随便接受。"

真宗说："异域之人，能够经常恪守信誓，实在值得嘉赏啊！"


## 又见"天书"

真宗有一个自备的记事簿，亲自记录下要做的大小事情。封禅启动以来，更是尽量多做"好事"，以此报答"天恩"。

"好事"中，最重要的指标是：清静无为。

有一天，他拿出记事簿对辅臣说："宫禁之内，与历朝比，人数虽然不多，但毕竟还是有人在幽闭之中，很是令人同情。昨天已经令人选了一百二十人，给了她们丰厚的钱帛，遣回家去了。这也是'节用'的一个方向。朕正在崇尚清静以治天下的道理，以此符合《大中祥符》的书训啊。"

不久，又亲自在崇政殿"录囚"，将御史台、三司、开封府、殿前侍卫司四处所抓捕的囚犯带上来，一个个了解详情，尽量给予赦免或减罪。古时有五刑，最重的是死刑，其次为流刑（发配远方）、徒刑（苦役）、杖刑（打板子）、笞刑（用小木条打）。真宗给这批囚犯的"恩典"是：流刑以下递减一等，也即流刑改为徒刑，徒刑改为杖刑，杖刑改为笞刑；而原来的笞刑则免刑释放。

各地有饥馑灾荒之事报来，当即下诏赈灾，或发国库粮贱卖救济。

为了纪念大中祥符的改元，朝廷还发行了"纪念币"，命名为"祥符元宝"，这四个字，由真宗御书。铸币完成后，还赐给了部分辅臣作纪念。

有司详细拟定"仪注"时，不忘记前代封禅帝王和地方神，又上章提出：正式大典前七天，请派遣官员分别祭祀"天齐渊"湖泊等八位地方自然神，天齐渊位于临淄境内，当初秦皇、汉武泰山封禅时，都曾在此祭奠。有司还主张分别祭祀"云云"等五位山神，云云山在泰安境内，也是当初帝王封禅祭奠过的地方。有司又建议：正式大典前一天，用隆重的太牢礼祭祀泰山神、少牢礼祭祀社首山。所谓太牢，指祭祀用牛、羊、豕三牲全备；少牢，可以少一牲牛。

因为所用牺牲祭祀前都要在牢中饲养，故称之为"牢"。少牢规格低于太牢。

真宗对"天书"的"趣味"不减，像个游戏中的孩童，乐此不疲。此前，五月，他曾再次梦到神人，告诉他说六月上旬会继续在泰山赐给"天书"。于是，真宗秘密地告诉了兖州的王钦若。

果然，到了日子，王钦若来了奏章报告说：

"六月甲午这一天，有个叫董祚的木工，在醴泉亭的北面看到草地上有黄色的布帛飘带，上面有字不能辨识，就告诉了皇城使王居正。王居正亲自去查看，发现黄帛上有皇帝的名字，当即飞马驰告钦若。钦若等人当即将黄帛'天书'取来，并在发现'天书'的地方建造道场。第二天，跪拜中使，让他捧着回京师，献给陛下。"

真宗赶紧召王旦，通知这一大事，打算亲自出城迎接"天书"。

于是，王旦为导卫使，与原来任命的扶侍使以下官员都准备仪仗，到含芳园的西门去奉迎"天书"。虽然有雨，但一切顺利，群臣都来到含芳园，迎的迎，导的导，将"天书"恭敬地请到大殿。

含芳园，乃是北宋四大苑囿之一。另外三个是琼林苑、宜春苑、玉津园。含芳园初名北园，太平兴国二年（977），改名含芳园；但在大中祥符三年（1010）又改称瑞圣园。这是一处景观特别漂亮的皇家园林，在汴梁东。

一天吃斋后，转天，备銮驾出，面北，正式拜迎"天书"。导卫、扶侍使从殿上将"天书"捧到圣上面前，圣上再拜授陈尧叟跪读。"天书"文字为：

汝崇孝奉吾，育民广福。赐尔嘉瑞，黎庶咸知。祕守
斯言，善解吾意。国祚延永，寿历遐岁。

你赵恒很崇敬孝顺侍奉我，为万民祈福。我特意赐给你各种祥瑞，让黎民百姓都知道。我这话你要秘密守住，好好地理解我的意思。祝大宋国运延至久远，你也能有个很长的寿命。

这时，淅沥密雨顿时转晴，遥望天际，景色澄澈而辽阔，禁苑中，有五色云出现。读罢"天书"，有一股神秘的"黄气"形状如一只凤凰停在殿上。使臣向百官出示"天书"，再一次捧着升殿。用酒祭祀完毕后，真宗先退。而后，王旦带领诸臣再到朝元殿，真宗从里面迎接诸臣。

这年夏季，群臣认为真宗皇帝功高，于是五次上表要给圣上加尊号，真宗答应下来，所以，此时的真宗皇帝全称是："崇文广武仪天尊道宝应章感圣明仁孝皇帝"。


## "游戏规则"不得破坏

说话间进入了初秋农历七月。有司不断有各种"仪注"改进意见提出，真宗均一一答复，认为合理的就"从之""奏可"，不合理的就提出自己意见，要求整改、完善。有些问题，甚至需要真宗亲自去调动资源解决。

玉牒、玉册的制作就遇到了麻烦。

这是两个极为重要的封禅礼器。但玉制器是个慢工，手工操作时，因为质料坚硬、纹饰复杂，比铁杵磨针功夫几乎不差。所以礼部将工作交给玉工时，玉工反复掂掇、实验，最后告知：半年内完成七件玉牒、玉册不可能。

宰相王旦早知道这件"大事"不过是一场庄严的游戏，于是不经意间暴露了他的"率意"，没有将"庄严"的"角色规定"坚持到底。他向皇上建议："既然玉工无法完工，那么就用别的类似于玉的东西代替，譬如，珉石就不错，可以直接从阶州（今属甘肃陇南）采进。这东西雕刻起来就容易多了。可以加快进度。"

皇上一听就不高兴了。大戏还没有收场，就这样掉以轻心，真是应了那句话：糊弄鬼神。于是很严肃地对大臣说："阶州产的珉石，都属于'瑶珷'之类！拿这种东西冒充真玉来祭祀敬奉天地神祇，对于大礼来说，是可以的吗？嗯？"

严格说，在本案中，真宗、宰辅各有道理，但就"游戏"本质言，按照荷兰学者约翰·赫伊津哈《游戏的人》中的意见，则真宗似更在理，王旦属于"游戏规则的破坏者"，是在"搅局"，而真宗，则坚持了"游戏规则"不可变更。既然进入这个"游戏"，"规则"就是控制进程，使之合理、文明的大宪章。"搅局"，是对"游戏"给定的合理性和文明的背离。

"瑶珷""珉石"，都是似玉不是玉的石头，用它们来替代美玉，即为造假。这个活儿从战国时代就开始了，一直遭到圣贤人物的反对。战国时，西门豹按照魏文侯命令出任地方官，魏文侯对他有期待，希望他能明辨是非。魏文侯说："夫物多相类而非也：幽莠之幼也似禾，骊牛之黄也似虎，白骨疑象，武夫类玉，此皆似之而非者也。"很多事情总是似是而非的：莠草，在它还是幼苗时很像禾苗；骊牛，它的毛色就像老虎；白骨，疑似象牙；珷玞，好似玉石。这都是似是而非的事物啊！唐人有诗言："荆璞且深藏，珉石方如雪。"美玉在石头包裹中深藏于大山之中，珉石却因为白得像雪一样而为世人所欣赏。宋人有笔记记录，忠州（今属重庆）那地方出产玉石，外地舟船到了忠州，当地人拿着玉石来出售，但都是珷玞。

鱼目混珠是一种悖德行为，真宗反对这么做事。

但就政治本身之运作而言，王旦在理。"天书"本身就是造假。真宗已经造假在先，我王旦造假在后，又有何不可？且如此造假，还能在"游戏"中节约成本，令"游戏"流畅运作，难道不也是可以的吗？

真宗不同意。此事可以考见真宗在一本正经的姿态背后，事实上内心有着难言的巨大压力。"游戏"至此，必须扮演到底；所有"规则"，不得破坏。否则，一旦穿帮，被大宋士庶讥笑事小，被契丹士庶讥笑事大——那样，和议之后的和平就会处于不可测的危险之中。所以，真宗必须为此负起比王旦大得多的责任，一点一毫也不敢掉以轻心。王钦若、丁谓之所以得到真宗信任，主要就是因为他俩以贴心贴肺的知己感觉，将一生的荣辱押出去，在鼎力支持真宗造假，以此换取契丹的敬畏，试图令契丹不敢觊觎大宋，从此保持和议的长久。

但是这事怎么办？玉匠们是完不成这个事了。真宗于是令中使去所有的玉匠中调查，看看有谁手快，可以争在十月之前完工。

不料这一调查，竟爆出一个陈年好消息。一个名叫赵荣的玉匠说："太平兴国年间，也曾经要做东封大典。那时节，太宗令玉匠用美玉做牒册，一年多才完工。就藏在崇政殿的仓库中。"

急忙去翻查，果然找到了这批旧物，正好用！

真宗高兴地说："这是先帝早有'圣谟'，了不起的规划啊，这是垂赐给我这个渺小的君王来用啊！"

于是，将先帝旧物拿来出示给辅臣们看。这时王旦正好在中书值班，不在朝堂，真宗就让中使到宰相办公室去告知王旦。

负责圜台和石碱建设的直史馆刘锴、内侍张承素等人，已经设计好了图纸，圜台上的石碱是个重要礼器，刘锴等人带着图纸、模型来请真宗定夺。真宗知道后，起床，换了素净的袍子出来，认真审查，通过。


真宗闲时，也有细节考虑。泰山作为神山，是不能轻易伤动木石的。于是下一道诏令：如果升山有大石头难于逾越，就筑土填平，或转弯迂回而过；如果有大树挡道，就用财帛包裹树干，不要伤动。

当时孔子四十六世孙孔圣祐，作为圣人之后，东封大典，似应该参加，但他当时只有十几岁，朝廷赐同学究出身，不属于朝廷命官。于是，真宗就问王旦："封祀之日，孔圣祐是否可以陪位参加？"王旦说："孔圣祐只不过'赐'了一个同学究出身，没有得到官员命服，按礼，难于班在大典序列。"真宗于是特别赏赐孔圣祐"服绿"，即可以穿上六品或七品官员的绿色朝服，跟随京官陪位参加东封大典。

根据各地报上来的不文明行为，真宗又下诏：京城寺院，禁止道俗光膀子、四仰八叉，不遵律法坐卧；僧尼们要谨饬修洁，不得破戒。

有个内侍名叫邓文庆，在监督泰山道场施工时，在制置使席上言辞轻率，不够庄重，皇上特意下诏：勒令停职。制置使，是朝廷临时派出的统管官员。

太常礼院大儒杜镐，在大典临近特别紧张的时刻，也许更加紧张，居然将九宫神位的祭玉位置搞错，也被真宗罚了一个月的俸禄。

又有一个御史中丞王嗣宗，当班时"失仪"，不够检点。他知道违背了真宗要求官员"谨饬"的规定，就来自首，承认错误。真宗责备了他，说："纠察他人的御史宪官，应当懂得谨守礼法！"但他知道此人性格一向较为粗鲁，没有给他更多处罚。

殿中侍御史赵湘上书说："过去在含芳园迎奉'天书'的那天，街上曾布置黄土为驰道，用横木为栏杆，是为了担心有人践踏。但是群臣往来，前驱导引往往将栏杆去掉，在驰道上行马。每次遇到辂马大车，这些官员也不听传呼，就在驰道上分路而过，这都不是人臣之礼。但现在驰道设计，如果完全依照古制，不许他人践履，恐怕京师人口繁多，车马浩穰，也容易造成交通堵塞。请从此规定：自今开始，凡遇到大型典礼，有司在天子专用驰道布置黄土，群臣不得在上行马；导驾者不在此限。群臣彩排、阅习时，辂马大车不得冲过道路，但可以在驰道两侧行马。违者御史台要纠察举奏。"真宗同意了这个意见。

详细制定"仪注"的官员，开始组团到泰山圜台附近的都亭驿多次彩排封禅的仪式。

兖州王钦若报来消息：山上的道路、祭祀的坛台、行宫御幄，都已经准备完工，就绪。真宗对辅臣说："每次有泰山来的使者，朕必首先询问役作的劳苦。使者都说泰山景色异常，众人都乐于在泰山做成大事。"王旦等人因此就来称颂"圣德"。真宗又谦虚地说：

"这真是上天护佑、祖宗积德所致，朕，何足以当之。"


## 真宗告庙

眼看到了深秋九月，距离十月大典只有一个月时间了。真宗下诏：文武官员中生病的，年老的，都要留在京师。又将各地献来的吉祥物，如灵芝、嘉禾、瑞木等，都陈列在"天书"的辇前。到太庙告知大典时日时，又将吉祥物陈列于祖宗牌位所在的堂室。召兵部侍郎、西京留守、老臣向敏中到京师，为权东京留守，即日赴内廷起居，熟悉工作。

京师气氛在喜庆中似乎多了一丝紧张。祭祀天地，要有祖宗"配享"，个中的仪式自有法典，但真宗孝心发自天性，大典在即，他对此事容易动感情。

皇城使刘承珪到崇政殿进献新制作的"天书"法物，当天有十四只仙鹤在殿前飞翔。其中有两只仙鹤在"天书"所在的辇上飞舞而过，正好与真宗的座位相对。时任天书扶侍使的丁谓来奏，说：

"双鹤度天书辇，飞舞良久。"

当天，真宗没有说话，第二天，真宗回顾丁谓道：

"昨天看到仙鹤，不过在天书的辇上一飞而过，如果说'飞舞良久'，文采是有文采，恐怕不是实录。爱卿应当将这个奏章改一下。"

丁谓再拜道："陛下以至诚奉天，以不欺临下。纠正臣的这几个字，所关系到的大体实在很深刻。皇帝的深谋密勿之处，莫大于此。恳望将此事记录到《时政记》中。"

真宗不说话，但俯首答允。他可能还在想着"配享"的仪式。

按照日程，要在东封出京之前告庙。告庙前要斋戒。

当天，将"天书"捧到朝元殿，真宗在大殿的后阁住宿，开始斋戒。

九月甲子日，扶侍使等人奉"天书"升玉辂，赴太庙南城门内幄殿。随后，真宗车驾到了，进入幄殿酌酒祭献，奠告六室列祖。到了太祖、太宗的庙室，特意告知"严配"，也即祭祀神祇以祖宗"配享"的仪式，说话时动了感情，忍不住哽咽号啕，涕泗交下。连左右的执事都受到感动。

几天后，真宗又到生父太宗的独立牌位供奉处启圣院去朝拜，再向父皇之灵告行。

大典所用的醴酒，早就开始酿造，此时，令有司选择精良器用，到时进用。真宗一个个亲自题检封存，交付有司。

癸酉日，诏文武官员奉使到兖州，在登山行列中，都要穿着公服，王钦若要负责这件事。

随后，步军都虞候郑诚率部先赴泰山。

甲戌日，命诸司副使一人检察大典时诸坛所用的牲牢、祭器等，如有不恭敬其事的，一律获罪，即使将来遇到大赦也不赦免。

同日下诏："诸司奉祀升山之人，由朝廷配给衣服，到了祭祀之日，须沐浴后穿戴。从官、卫士，到了郓州之后，就要开始禁荤、食素。公私所有的羊、豕等，不得带到泰山之下。"

己卯日，以签署枢密院事马知节为行宫都部署。

同日，诏给事中张秉、左正言知制诰王曾，负责接待所经州县父老诣行在者；一律送到阁门引对，赐给酒食。各州县所有的禁因，要开具所犯事由向行在汇报。

辛巳日，诏外州的军士，因为大典而到京服役者，等待大典结束，要赐给锦袍后遣回。

壬午日，开始给所有升山的行事官和扈从卫士发放钉鞋，这是因为秋冬之际山路险滑，预为防备。

乙酉日，真宗在崇政殿亲自参加大典的演习，等于彩排一遍过程。

过去，都是礼官反复演练，所谓"职在有司"，大典成功与否，主要职责在有关部门，从未有过帝王参加演练的故实。但真宗为了表示对天地神祇和列祖列宗的恭敬之心，不怕辛劳，坚持参加这个活动。

演练之后，真宗发现了程序上的几个问题，还提出来与礼官商榷。礼官做了解释，真宗听从了礼官的意见。

到了冬初十月戊子朔这一天，车驾即将出京，真宗对王旦等人说：

"朕以封禅非常祀，自今日素膳。"朕认为封禅不是平常的祭祀，从今天开始，朕将素食。

王旦等人说："陛下即将冒着寒冻东行，要走好几天的路程。需要养护身体，现在素食，恐怕不合适。"于是多次上表要求皇上不能断荤，但最终真宗还是没有答应臣下的请求，在出行几天前开始食素。


## 修德以来远人

大驾东封之前，除了各种准备工作之外，有三件事很让真宗高兴。

第一件事。

远在西南的黔州地方官来报，说溪洞的磨嵯蛮、洛浦蛮首领龚行满等人，率领族人二千三百人"归顺"大宋。黔州，治所在今四川彭水县，但其辖境相当大，今湖南沅水、澧水，湖北清江，重庆黔江诸流域，都在其范围内，甚至跨着贵州东北部的一部分。此地行政历来有变化，但地广人稀，"蛮族"众多，长时期来不接受"王化"。溪洞的几个蛮族，甚至从唐代以来，就没有向中原归顺，现在他们却主动承认大宋宗主国地位，这是"修德以来远人"的实在案例。

真宗高兴。

第二件事。

刑部尚书、知陕州寇准奏来表章，请求跟从东封。寇准是一向反对"神道设教"的，因此也反对"天书"、反对封禅，当朝这么重要的人物，前宰相，如今却姿态一变，证明了"神道设教"的合法性更为巩固。

真宗高兴。

第三件事。

以权三司使事丁谓为行在三司使。丁谓乃是天下"鬼才"，对国家财政似乎有一种天才的管理能力。由他负责三司工作，可谓得人。当初鼓励真宗大搞"神道设教"，不要担心财务问题，说"大计有余"的，就是丁谓。


## 真宗銮驾东行

东封前，丁谓还做了另一个载入史册的重要贡献。他创意设计了一个崭新的金融机构："随驾使钱头子司"。

所谓"头子"就是凭证。封禅活动，随从的士卒、役工，很多都要当天结算酬金、奖赏。那时都用金属币，大典要进行几十天，携带不便，于是开始实行记账制度，该给钱的时候暂时不给，只给"头子"，上面标明酬赏数目，指定支取的地点机构。至于支取时间，则在信息由泰山传回京师之后。那时节，应该每天都有信息传到京师留守诸处。这时，士卒、役工在京的家属，可以到指定机构去问询，如果泰山那边有人员得到酬赏了，所在机构就马上支付。

这"头子"就等于是一种具有远程支票性质的有价证券，而且支取者不必是本人；而由此一来，东封也不必带着沉甸甸的铜钱同行了。

开始时，真宗还疑心这个方法合适不合适，曾经要殿前都指挥使曹璨调查一下诸军士卒，如此是否可行。士卒都说：

"随驾能得到酬赏，但是带着这些钱难以参与大典。我们的骨肉都留在京师大营，能够得到酬赏帮衬家用，圣恩太厚啦！"

于是真宗同意了这个做法。大典期间，车驾往还京师与泰山之间，信息很快两地输送，有了酬赏，即向士卒、役工家属支付，从未有过缺付。

真宗高兴。

冬十月辛卯日，凌晨，銮驾开始东行。真宗带着愉快的心情走出宫来。

有司来报，说昨晚天象甚佳：五星"顺行同色"。

有司夜里就已经将"天书"的仪仗位设了乾元门，小心翼翼地宿卫值更。昼漏未上三刻，就从宫中将金匮"天书"捧出，升玉辂。这时，黄麾仗、前后部乐舞鼓吹、道门威仪、扶侍使等，开始导从，逶迤而行。

从臣在殿下拜望。

不一会儿，真宗出来了，只见他头顶通天冠，身着绛纱袍，从容登上天平辇。

盛装"天书"的金匮放在玉辂上,走在前面,真宗走在玉辂后面。

这一套銮驾仪仗,包括太常寺325人,兵部566人,殿中省91人,太仆寺299人,六军诸卫468人,左右金吾仗各有176人,司天监37人。不算先到泰山的卫戍将士和杂役、扈从,总2000余人。

走到含芳园时,小憩。休息中,真宗还不忘提醒百官:各行事官、执掌人员,要尽恭奉祀,如果有人涉嫌懈怠傲慢,当即令宪官及监察官纠举、定罪,而且以后遇到大赦也不赦免。

随后,是连续的行程。

壬辰,次陈桥驿。

癸巳,次长垣县。

甲午,次韦城县。

乙未,次卫南县。

丙申,次澶州。

丁酉,次永定驿。

戊戌,次濮州。

己亥,次范县。

庚子,次寿张县。

辛丑,次郓州。

壬寅,在郓州驻跸。

三天后,再从郓州出发。

一路上,灵异事迹不少。但也出现一些问题。

车驾过澶州时,城门太小,进不去,有司想撤掉城门,真宗不同意,说此前已经说过,遇到矮小城门,车驾要绕城而过。

几千人的仪仗队伍，路上也有人在民房宿营，破坏性行为开始出现，真宗再次下诏：所有扈从夜宿之时，不得毁坏民舍、什器、树木，犯此令者，将从重治罪。

初离京师，临时启动"速寄业务"，以方便仪仗扈从与在京家属联系。一路上就有"急脚递铺"忙了起来。仪仗东行者要往家里寄东西，家里也有人给东行者寄东西。但有人不仅仅快递书信，还借此捎带寄送酬赏或路上购买物资，结果"速寄"邮递员们扛着沉重的包裹往返奔走，形同被役使的苦工，史称"咸不堪命"，都受不了这种累死人的任务。真宗了解到情况后，下令"急脚递铺"人，可以不接受"负重"驰驱，只接受传送书信文字。而且没有皇上宣旨，其他官员都不得随便私自役使"急脚"。

乙巳，夕次迎銮驿，此地已经进入泰山乾封（今属泰安）县境。

丙午，次翔銮驿。此地在泰山之下（今岱庙附近）。

路行半个月，到达目的地。

于是下诏，命行宫都部署马知节在山门驻泊，都大管勾山下公事殿前副都指挥使刘谦、都大提举山下军马马军都虞候张旻、步军都虞候郑诚带领扈从升山，同时即管理宿卫士兵。

丁未日，真宗来到泰安（乾封县）奉高宫，献给昊天上帝的玉册就暂时陈列在此。真宗焚香再拜，感谢神。

当天，占城、大食诸蕃国的使节，带着异国方物迎献在道左。其中大食国（大食，读如"塔石"，为阿拉伯地区王国之一）的蕃客李麻勿所献方物最有意味，是一个玉圭。此物长一尺二寸，据李麻勿介绍说，这个东西是他的五代祖从"西天屈长者"那里得来，并且告诫后世子孙："谨守此！俟中国圣君行封禅礼，即驰贡之。"

史不载这个玉圭的下落，估计真宗是笑着接受，而后藏于秘府了。

第二天，王钦若等人又献来泰山灵芝 38250 株。


## 登泰山斋宿山顶

己酉日，但见五色云从泰山之巅盘起。真宗与近臣登山后亭遥望，于是命名后亭为"瑞云亭"。

此时，知制诰朱巽恭敬地奉玉牒、玉册，与行事官率先登山。

真宗随后开始登山。

初乘辇，后步行。

在回马岭处，看到通往天门一线，道路险绝，于是每人给两块横板，两端系上彩帛，斜套在后背。选出身强力壮的亲从士卒，穿着钉鞋，前后推着、拽着，像拉纤一样，帮助官员缓缓登山。

山中间，休息一日。

庚戌日，昼漏未上五刻。真宗穿着原来的打扮，通天冠、绛纱袍，乘金辂，备法驾，到达山门后，开始改服靴袍，一种绛红罗袍配黑革皮鞋的祭祀礼服，乘步辇登泰顶，上天街。

此时，卤簿、仪仗都列在山下。黄麾仗卫士、亲从士卒，从山下盘道直到太平顶，两步一人，彩绣相间。供奉马都在中路御帐处。

大典祭祀要向神祇献酒，总"三献"，真宗"初献"，而后宁王赵元偓"亚献"，而后舒王赵元偁"终献"。他们都跟着真宗一起登顶。宰辅王旦、卤簿使陈尧叟等官员也跟从在后。王钦若也在真宗身旁。山高坡陡，步辇常常停下，真宗步行。跟着真宗的官员和导从都累得神色疲顿，但真宗"辞气益壮"。

到达山顶御幄，真宗带着近臣观看玉女泉，周览历代碑碣，看到一块碑的开首引用《尚书》中的文字："朕钦若昊天"，真宗不禁回顾王钦若，笑着说："原来此事前定，只是朕与相。"

前一天晚上，山顶大风，吹裂了帟幕，到了早上，风还没有停止的意思。但是到了真宗登上山顶，天气忽然转为温和，无风，帐幕丝毫不动。

奉祀官们布置圜台，摆上供品，史称"祥光瑞云，交相辉映"。

当晚，斋宿于山顶。


## 封禅大典

第二天，辛亥日，开始祭祀昊天上帝，以太祖、太宗配享。

仪卫使奉"天书"于昊天上帝座位之左。

真宗着衮冕，盛服祭奠、敬献。

昊天上帝在正座，座下为黄褥；太祖太宗在配座，座下为绯褥；皇帝真宗跪献的座位为紫色。显然，上帝在此享用了人间至尊的待遇；太祖太宗次之；真宗享用的是臣子待遇。大典，就用这种谦卑的姿态向天神和祖灵进奉虔敬。

侍从们都恭敬地站在壝门之外。笼烛前导也撤下。

摄中书侍郎，即代理中书侍郎周起，开始诵读玉牒、玉册文字。


根据现存史料所见玉牒文、玉册文看，二者文字内容很接近，都是对上帝的宣誓，表示要"好好工作"，更"感激不尽"。共同的主题是吁请上帝保佑"黎元"也即百姓，玉牒文的说法是"惠绥黎元"，玉册文的说法是"祈福黎元"。

为何都是写给上帝的信，却分成两份呢？

因为主诉求不同。

玉牒文内容像是写给昊天上帝的"保证书"，向上帝保证：我这个叫赵恒的人，一定"以仁守位，以孝奉先"，用仁爱来守住天帝给我的大位，用孝敬来侍奉奠基大宋的始祖。

而玉册文更像写给昊天上帝的"感谢信"，告诉上帝：我这个叫赵恒的人，"谨以玉帛、牺牲、粢盛、庶品，备兹禋燎，式荐至诚"，恭敬地用美玉布帛、牛羊牺牲、五谷食粮、更多物品来敬献，更备下专门祭神的烟火，来向上帝奉上我的至诚。

玉牒文更庄重，玉册文更诚恳，当然，二者都无比虔敬。

诵毕，乐起。

真宗向神祇献祭，而后"亚献""终献"。

"三献"毕，真宗饮"福酒"。

中书令王旦跪称道：

"天赐皇帝太一神策，周而复始，永绥兆人。"上天赐给我们大宋皇帝《大中祥符》天书，愿能无穷流转，永远安养亿兆人民。

礼毕，送神。

乐止。

真宗升坛，阅视燎坛举火，表示敬献给神祇的祭品，神祇们已经接受。

山上、山下开始传呼"万岁"，呼声震动山谷。

真宗同时阅视臣下封玉柜。

王旦将玉牒、玉册放入玉柜中。出，将玉柜放入石礌之中。

摄太尉，也即代理太尉冯拯将盛装"天书"的金匮捧下来，准备带下山去，祭祀地祇时用。

皇帝暂回行帐休息。

将作监带领工匠封石礌，这事要一点时间。

玉牒、玉册将永久留在山上瘗坎之中。但大宋君臣没有料到的是，千年之后，玉册出土，辗转落在台湾"故宫博物院"。据我看到的资料介绍，玉册共十六简，每简长不足三十厘米，刻字一行，凡十六字。其文与《宋史》记录略异。玉牒则至今下落不明。


石礌封毕，真宗再次登台阅视，见石礌封闭，回到御幄。

司天监来奏："庆云绕坛，月有黄辉气。"

山上、山下再次开始传呼"万岁"，呼声震动山谷。

真宗当天回到山下奉高宫。百官在山谷口迎接。

天象极佳，史称"日有冠戴，黄气纷郁"。

壬子日，又到社首山祭祀地祇，一如封祀之仪。

天气一如昨日，石礵封讫后，史称"紫气蒙坛，黄光如帛绕天书匣"。

四方所献的珍禽异兽，全部在山下纵放。

法驾回到奉高宫。

但见太阳出现重晕，五色云缭绕于天际。

所有的乐舞鼓吹齐奏。

泰山士庶围观者塞满了街衢，欢呼声震天动地。

下诏：奉高宫为会真宫，增加殿屋，务必保持庄严、洁净。宫中所奉祀神祇都给予加号，如"九天司命上卿"加号为"保生天尊"，"青帝"加号为"广生帝君"，"天齐王"加号为"仁圣"等。分别派遣使者祭告诸神。

癸丑日，在奉高宫之南，真宗登上朝觐台。此地相当于汴梁在泰安的离宫。台上有寿昌殿，在这里，真宗接受百官朝贺。

朝贺队伍庞大，以王旦为首的中书门下之文武官员、所有的皇亲国戚、诸军将校、四方朝贺使者、贡举人、异邦蕃客、僧道、父老代表等，皆在行列。大宋，在庆祝大中祥符元年之"封禅大典"圆满成功。

大赦天下，包括在"常赦"规定遇赦不赦的，也全部赦免。

内外诸军比照南郊祭祀酬赏加给。

文武官员都有"进秩"，增加俸禄。已经退休的官员按照其退休时的品级，赐一个季度的全俸。京官升级，改易服色。

泰山附近州郡免来年夏秋两税和房屋税，并免两年替代工役的税赋。从京师到泰山，所过州县免来年夏税、屋税的一半。河北、京东军州供应东封物资者，免来年夏税、屋税的十分之四；两京（汴梁、洛阳）与河北全境，免十分之三，其他诸路，免十分之二。德清军、通利军在这类免赋税之外再免一年。

命开封府及车驾所过州军，考送有学问的举人，有怀抱材器但沦于下位，以及年高不仕但德行可称的人物，要由所在地报到朝廷。

两浙地区的钱氏，也即前吴越国钱镠后人，泉州陈氏，也即前清源军陈进后人，过去伪蜀国孟氏后人，以及江南李煜后人、湖南马氏后人、荆南高氏后人、广南与河东的刘氏后人，他们的子孙，没有享用国家俸禄的，要选用。

赐给天下三天聚饮。

泰山下之乾封县改为奉符县。

泰山下周围七里禁止樵采。

随后，大宴于朝觐台下的穆清殿。再于殿门内宴近臣及泰山父老。赐给父老们时装（时服）、茶叶、布帛。

甲寅日，车驾离开泰山。


## 真宗一人吃素


当晚，在泰山西几十里外的太平驿驻跸，真宗开始"进常膳"，停止斋戒，恢复进用荤食。

用膳时，真宗还慰劳王旦等人，说各位都跟着我一起斋戒，吃了好多天简单饭食和蔬菜，都辛苦啦。王旦等人都再拜，感谢皇上表扬。只有签署枢密院事、一路上扈从大驾的总管、名将马知节独自一人揭老底说道：

"蔬食唯陛下一人耳，臣等在道，未尝不私食肉。"守斋吃素只有陛下您一个人罢了，臣等这一路上，没有不私下吃肉的。

真宗愕然，回顾王旦等人说：

"知节言是否？"马知节说得对吗？

王旦等人又一次拜谢道："诚如知节之言。"

王旦虽然一路支持真宗各种"美梦成真""拜迎天书""封禅大典"，甚至还奉诏撰写了《封祀坛颂》，但他还是用违背诏令、坚持吃肉这种方式曲折地向真宗的"神道设教"行为表示了异议。有意味的是：真宗居然并不震怒，更不定罪，似乎也没有谴责。史不载下文，这事就这么过去了。

"神道设教"，祭祀天地神祇祖宗神灵，皇帝要求全员吃素，结果，只有皇帝一个人吃素。这事，意味深长。

## 京师张灯群臣欢宴

车驾浩荡，开始返回京师，路上还特意前往曲阜拜谒了孔夫子，内中一个关节是封赐孔夫子的夫人亓官氏为"郓国太夫人"。此事亦有意味，容当后表。且说銮驾这一路上，宴赏不断，祥瑞不断，乃至于有一位名叫彭攀的扈驾士卒也有了故事。他向上司汇报说：

"日前在社首坛时，曾遇见一个老叟，衣冠甚为伟岸，对我说：

117

'升山之路，与往日不同；动不动就有感应，这都是圣德引来的祥瑞啊。'又说，'跟从皇上的臣辅多是唐代皇帝祭祀东岳泰山的官员后身，只有八个人不是，但这八个人有四个在，有四个不在了。'"

这一番话荒唐之处显而易见，报上之后，真宗没有回应。

车驾来到近畿附近的陈桥驿、再到含芳园驻跸。一路上，全国各地，远至京东、河朔、江浙等地，从泰山到汴梁，一路上奔走围观，要见见"天颜"的士庶，史称"道路不绝"。

第二天，回到京师后，下诏令扶侍使丁谓奉"天书"归于大内。

真宗登上乾元楼，召近臣看着扈从卫士甲马还营。赐给百官放假三天，但中书官员、枢密官员只给一天假。

据说车驾往还总四十七天，不曾遇到下雪天。严冬时节，居然景气恬和，而且各种祥瑞感应不断。于是，朝廷内外都认为这是"精诚"之心感动了上苍，史称"天意助顺"。

不久，就是真宗的生日，朝廷将这一天设为"承天节"，契丹派左武卫上将军萧永等多位高级官员前来称贺。几天后，正月初三，又是第一次"天书"降赐日，真宗特意将这一天设为"天庆节"，休假五天。在上清宫建道场七天，宰相及重臣们轮流值班，宿于上清宫。道场完成后的第一天，文武官员、内臣官员都集会在一起，赐宴。当晚，京师张灯，五天之内不得用刑，同时禁止屠宰。诸州也建道场三天，群臣也有宴饮聚会。

丁谓又上一道奏章，要求将"天书"降临之后所有的祥瑞之事，都编次为图赞，要于正在兴建的昭应宫内绘制壁画。真宗同意，下诏要众多文采出众的官员协助丁谓来做这一件大事。

大宋，沉浸在连续不断的喜庆之中。

名流才俊，各逞奇才，写出了一篇篇堂皇之文，宋真宗也不落后，写了《登泰山谢天书述二圣功德序铭》，王旦则写了《封祀坛颂》，王钦若写了《社首坛颂》，陈尧叟写了《朝觐坛颂》，每一篇都洋洋洒洒，调运绮丽壮美的汉语词汇，铺演为大宋盛世歌功颂德的文章。这四篇大文章至今尚存，翻阅之下，佶屈聱牙之间，但见雍容华贵之声，皇家威仪之象。有意味的是，几篇文字也有明白晓畅之语，讲述了大宋人的见识。如真宗这篇文字就说道：

不有神武，多难何以戡？不有文明，至治何以复？

没有神武之霹雳手段，群魔乱舞的中原何以平定？没有文明之德政推演，太平天下的治理何以恢复？

不可辞者天意，不可拒者群心。天意苟违，何以谓之顺道？群心苟郁，何以谓之从人？

不可以推辞的，是天意，不可以拒绝的，是群心。如果违背天意，怎么能称之为顺应天道？如果拂逆民情，怎么能称之为顺从人心？

真宗这类文字，堪称道出了政治治理的大智慧。"神武"革命，"文明"守成，正是太祖赵匡胤的写照，也是传统中国"商汤灭夏""武王翦商"两大"革命"之后，致力"守成"模型的写照。汤王、武王、宋太祖，都是"以下犯上"而得天下，此之谓"逆取"；但"逆取"之后，紧接着的就是"顺守"，随后而有长时段和平建设，令吾土吾民得以欣逢休养生息之时代、中原文化得以欣逢流畅呈现之机遇。而顺天意、从民心，也正是合法政府正当治理的合理性所在。


## 汾阴"后土神"之争


泰山封禅之后，真宗又一项"神道设教"活动是"祀汾阴"。

所谓"汾阴"，乃是"后土神"所在。地当今天的山西汾阴县（今属山西运城），有一个"汾阴脽（音谁）"。《汉书》中记录，汉武帝时"立后土祠于汾阴脽上"。唐人注释说："脽者，以其形高如人尻脽。""尻脽"，就是屁股。是说此地这个大土丘，形状如人之臀部。后土祠，就在这土丘上。

祭祀"后土神"，自汉武帝始。

关于"后土神"有多种不同说法，一般以为就是"大地神"，但也有人认为乃是"开辟神"女娲，女性，可以将"后土"更通俗地理解为与"天神"相对的"地祇"。这是"阴阳"传统下对"后土神"比较合适的理解。汉代即有将"阴阳神"视为开辟神的说法；而"祀汾阴"，又起于汉武帝，所以，昊天上帝可以是"阳"，汾阴地祇就可以是"阴"，如此理解，可以大略接近传统对"天神地祇"的讲述。但"后土"是否因为属阴而即为女性，则可不必胶着。神所示于人的可有多种面目，如观音菩萨，可以是男性也可以是女性。对"后

120

土"性别的甄别，无意义，因神超越于性别之上。

近世以来，人多谓"中国无信仰"，此言不确。由文字记载考察，殷商有"鬼神信仰"，周人有"祖神信仰"；而"上帝"也即"天帝"，自殷商周秦至明清民国，始终在吾土信仰中。不同的是，吾土信仰与今日日本相近，为"多神信仰"。且自东汉道教兴起后，"多神"开始"谱系化"。但由于传统中国"祖先神""英雄神""地方神""自然神"的介入，令这种"谱系"呈现为神的位阶的种种矛盾。王钦若对"神谱"的"调整"，就是试图令"神谱"位阶统一起来。现在看，这是一个不可能的任务。中国神，不可能精准地统一谱系。这也恰恰是"多神信仰"的宗教形态特点所在。"多神信仰"也是信仰。在信仰自由的条件下，一个人，可以同时信仰多个神。现代日本，在统计本国信仰者时发现，"信仰者"人口远远超过了本土实际人口，这是因为，一个人可以选择多个神祇信仰，于是，统计出现了重复。

在中国，在大宋，人可以信"昊天上帝"，也可以同时信"玉皇大帝""五方神""如来佛""观音菩萨"，还可以同时信仰汾阴的"后土神"。假如统计大宋帝国的信仰人口，恐怕也将超过实际人口。"多神信仰"的信仰对象可以五花八门，尤以自然神灵为多，"山神""树神""水神""海神""河神""云神""雨神""门神""灶神""龙神""虎神"……难于统计。我在日本京都游历时，曾见一所清幽美丽的神社，里面供奉的是一头野猪，塑像在一个高高的台基上，已经做了拟人化处理，穿着汉服，温文尔雅。

因此，汾阴的"后土神"究竟居于"神谱"中哪一品阶，是男是女，与泰山社首山祭祀的"地祇"是否是同一神灵，可能是一个言人人殊的文化课题。

## "民意"之下真宗"侈心起"

大宋有司不少人不愿看到国家陷入疯癫一般的庆典中，他们担心"东封"之际再"西封"，于是大中祥符元年八月，也即"泰山封禅"前两个月，他们就上书说：

"西汉祭天在甘泉泰畤坛，祭地在汾阴后土祠。后汉开始定南北郊祀祭祀五方神，那么今天的汾阴后土，本来就是汉代以来的地祇所在。不久我大宋东封泰山，还要在社首山'禅地'，也就等于是祭祀了地神。如此，汾阴的后土祠不应该同时再祭。再说，唐开元十二年、二十年虽然在汾阴雕祭祀后土，但在十三年泰山封禅时，并不另外祭祀后土。臣等愿意东封车驾出京后，派遣官员到汾阴告祭，封禅之日不再到汾阴同时祭祀。"

真宗更知道一场祭祀大典耗费国帑不菲，因此同意有司意见，即在泰山同时祭祀天神地祇，就不再专程赴汾阴西封了，甚至以后也不再西封。所以，最初，真宗是没有祭祀汾阴后土神的打算的。

但，究竟在哪里祭祀地祇算是正宗？

山东地界的社首山上社首坛？

山西地界的汾阴雕上汾阴祠？

这事不免纠结。

纠结中，更出现了"不可违"的"民意"。

民意认为，东封了泰山，也应该抽出时间再来西封汾阴。

真宗开始为民意所迫。


大中祥符三年（1010）六月，知河中府（永济县，今属山西运城）杨举正向朝廷报告：河中本府父老僧道1290人联名上书，请求车驾亲自来汾阴祭祀后土，并且还要到朝廷来亲自请求。当时的宁王，真宗的兄弟赵元偓"领护国军节度使"，而护国军镇所就在河中，所以也接受河中父老拜请，来撺掇皇兄驾幸汾阴。但真宗下诏不允，又诏告河中：不要让父老来朝廷。

但是满朝文武已经被"泰山封禅"这一场大典煽动起来了，热情不退。于是，到了七月，文武官员、将校、僧道、耆老三万多人"诣阙"，即到朝廷请求祭祀汾阴后土。

真宗仍然不许。

他还是担心动用国帑太多，毕竟各种兴作都要用到钱帛。

丁谓似乎看透了真宗心思。

有一次，真宗召集近臣到龙图阁观书，翻阅到一部唐代的旧书《元和国计簿》，这是一册关于财政方面的档案。三司使丁谓趁机对真宗说：

"唐时，江淮地区每年漕运米粮到长安，不过四十万石，现在，运到汴梁的达到五百余万。府库充盈，仓廪满实。"

真宗听到这个数字，大为高兴，就对丁谓说：

"民间康乐富有，实在是有赖于天地祖宗降下祥瑞啊；但是国家有如此储备，也与你这个财政部长尽心尽力有关系啊！"

这件事让真宗觉得国家似乎有花不完的钱。于是，当年李沆担心的事出现了：真宗皇帝"侈心起"。

于是，八月间，诸臣表章上到第三次时，真宗心动，让大臣陈彭年搜寻历代关于祭祀后土的兴衰记录，然后，拿着这个记录给臣辅们看后说：

"以前的历史记录，说'郊天'而不祭祀地祇，有失阴阳对偶之大义。朕这次既然东封了泰山，汾阴雎上的祭祀，恐怕不能缺少，何况河中父老又多次申请。我只担心，泰山封禅事刚刚完毕，这才几年，就要行这个大典，岂不是又要因为地远人众而又劳费了吗？"

众大臣几乎异口同声，都说："陛下为民祈福，不怕栉风沐雨；圣上之心一定，已经上达于神明了！"

真宗说："朕但希望万民能够因为祭祀祈福，而获得大吉大利，朕是不怕什么风雨劳顿的。"

真宗认为如果不去汾阴，确可成就帝王谦恭之德，却违逆了万民心意。最后答应了这个事，史称"诏以来年春有事于汾阴"，下诏告知天下，明年春天，将在汾阴有活动。

## 西祀汾阴

规模不亚于泰山封禅的一场大典开始了。

又是选任活动总管、总监；派员充实中府官员力量；调拨国库粮草钱帛；发动河中周边郡县工役兴修土木建设；组织翰林文书队伍详细制定"仪注"；安排地方警卫和随驾扈从；推演天象选定吉祥时日；挑选才兼文武大臣留守京师；拟定各类注意事项，如汾阴路禁止射猎，车驾不得侵占民田，诸如此类，一如东封之制；还要征召玉匠、石匠等各类手艺人，制作玉柜、石礤之类。

道路选择也颇费周折。西幸之路多山、多水，较东封险途为多。一般行动，从京师汴梁到河中府，有两条路，一条经陕州过浮桥翻山；一条经三亭渡过黄河。司天官员认为，这两条路都不佳，山路险峻、水流湍急；不如过洛水、渭水，出潼关，直抵河中，这里道路比较平坦。虽然要在渭水、洛水兴工，但不过几十里路，过去后就是平川。

真宗要陈尧叟等人讨论决定。陈尧叟选定了司天官员的意见。

但是这几十里工役也不是简单事，渭水有很多滩涂石坎，因此要从此地往南而绕出十几里路，遇到渭水狭窄之处，可以联舟捆缚为浮桥。洛河之上，也可以做浮桥，而后抵达河中，但路上村落稠密，桑田遍布，车驾行过恐怕不方便。旧路则靠近山崖之南有峭壁，有些已经年久失修，泥石流毁坏道路，行走不易。于是换一条路，从灵宝县南进入虢州路，到函谷关，与汉武帝庙前的当年旧路汇合。

汾阴脽上的祭坛开始建设。恰好脽上庙北有两株古柏，就在古柏旁起坛。

"仪注"规定，在正式祭祀后土之前的七天，要派官员到河中府境内祭祀伏羲、神农、黄帝、禹、汤、文王、武王、汉文帝；还要祭祀周公庙；汉唐时有六位帝王祭祀过地祇，这次也一并祭祀这六位帝王。

各种神迹、瑞应开始不断出现，一如泰山封禅之前。

十月，就有河中府庶民王沼来见州官。此时陈尧叟恰判河中府，就接待了他。

王沼说他的五世祖王诚，在大唐德宗时曾经夜里有梦，梦中人对王诚说：中条山苍陵谷有"灵宝真文"帛书，用黄金缠绕。明天应该去取。等到以后有"天书"红色的篆字降世，可用来互相参验。这位王诚就到山里去寻。据说来到苍陵谷地三四里路，晚上看到了黄色的光芒。到光耀处，发现下面有块石头，敲碎后，看到了帛书。缠绕帛书的黄金有一斤多。帛书藏到家中，王诚亲手写了封条。后来两百多年，世上屡屡有兵荒马乱和灾害饥馑，但是因为有黄金一斤，所以家里没有吃太多苦。

帛书长两丈，宽九寸。河中府另一位通判曹谷审视后说："这是篆文，但不是寻常书体；文词类似道经。"

有中使到河中府，陈尧叟就让中使返回时带上这份帛书，献给皇上。

真宗下诏，王沼命为本府助教，赐给衣服、银带、器币。

群臣得到消息，纷纷"诣阙"上表称贺国家得到"灵宝真文"。

河中府附近的宝鼎县有黄河流过。黄河，千年浑浊，这一天，忽然变得澄清透亮。经度制置副使李宗谔赶紧将这个"祥瑞"报告给真宗，古语有云："圣人出，黄河清。"真宗高兴，为此而作诗，近臣都来唱和。

……

种种"祥瑞"，难于穷尽细说。

"祀汾阴"程序一如泰山。

车驾之盛令汾阴父老为之振奋，祭祀大典完成后，远近来观光的士庶甚至有人为天下太平感动得哽咽。有父老说：

"河东这个地方，自五代以来，就是战场，现在看到天子巡祭，这种太平景象，'实千载一时之幸'啊！"

大典顺利成功，恩赏也一如泰山封禅之时。

回程时，真宗发现诸处递解来的犯人脸上刺字，且是很多大字，几乎等同于毁形。他认为这事不文明，令人悯伤。于是下诏："自今不得更然！"从此以后不要这样。并且规定："律令编敕内条目失于重者，宜令法官详定闻奏，务从轻典。"即使是《宋刑统》大法和修正条款规定的条目，有此类刑罚过重之处，也要令法官重新"详定"报上来，能够轻刑就务必轻刑。

"祀汾阴"之后，真宗又有重修北岳庙的"神道设教"活动，将北岳恒山之神由"王"升格为"帝"。五代之际称北岳神为"公"，唐时称"王"，宋时称"帝"。但这种由人给神封号的行为，逻辑上似乎不通，所以到了大明时期，朱元璋改了规矩，不再对北岳以及诸山诸水之灵称"王"称"帝"，一律重新回归"神"位。假如正经论"封神之礼"，窃以为，朱元璋的"礼"合"理"。神，无以命之，所以称"神"，为"神"上人间帝王公侯爵位，不伦。

## 玉清昭应宫

"北岳神"封"帝"之后，大宋帝国开始建造"玉清昭应宫"。

当初要建造玉清昭应宫这个道家宫观时，丁谓负总责。

丁谓报上来的规划极为浩大，史称"欲殚国财用"，要用尽国家钱财。于是，朝廷审议时，近臣大多认为这事不能干，规模之大，太恐怖了。真宗召丁谓，告诉他诸臣的反对之声。丁谓回答：

"陛下富有天下，建一宫崇奉上帝，有何不可！且今未有皇嗣，建宫于宫城之乾位之地，正可以祈福。群臣不知陛下此意，或妄有阻止，期望用这个道理晓谕诸臣。"

建造宫观，一是为了置放"天书"，二是为了"求子"，特别是后面一个理由，让诸臣望而却步了。果然，王旦给皇上上了密疏，要求停止宫观建设，真宗兜出丁谓的一番议论，史称王旦"遂不敢复言"。于是，特意为宫观建设设了一个使名，"修昭应宫使"，并铸了"使印"，可以专权使用。这个"使"也即总管、主任，就是丁谓。

于是，真宗在拜谒赵氏诸陵后，开始动工修建史上规模最大的地上建筑——玉清昭应宫。

有些批评意见，主要来自朝臣。真宗"原则上"都没有接受，但意见中有关于暑热之际不宜施工的建议，所以，昭应宫役夫们夏季施工问题引起了真宗重视。他下诏说，执作土石工程的役夫们，三伏天全部暂时停工；其余工匠，如果天气转凉，可以不必停工。

丁谓不同意，他督工严厉，务必期求早日完工，所以请求三伏天也不放假。宰辅王旦说："当顺时令。"真宗同意王旦意见，说："理固然也。"大宋的工程建设不是"奴隶制"。

从大中祥符元年（1008）夏四月开始兴议建造昭应宫，二年（1008）四月正式动工，到七年（1014）冬十月落成，原来规划要用15年时间完工，但在丁谓严格催督和科学管理之下，每天3万多人同时服役，只用了7年时间。宫观在皇城西北天波门外，建成后房间总2610楹（按古来计算房屋，一楹即为一间）。占地，东西310步，南北430步。按古人"一足为跬，两跬为步"，"一步五尺"的说法，一步约等于1.5米。如此，则玉清昭应宫的面积为465×645=299925平方米，近30万平方米。

这就是玉清昭应宫的建成规模。

宋人洪迈在《容斋随笔》中，说到秦始皇作阿房宫，隋炀帝造宫室，都很奢靡，于是说到丁谓造宫观，所用木材、石料几乎来自全国各地，有秦、陇、岐、同、汾、阴、潭、衡、道、永、鼎、吉、温、台、衢、吉、永、沣、处、越、郑、淄、衡、莱、绛……遍及数十州郡，更有吴越之奇石，洛水之石卵，宜圣库之银朱，桂州之丹砂，河南之赭土，衢州之朱土，梓、信之石青、石绿，磁、相之黛，秦、阶之雌黄，广州之藤黄，孟、泽之槐华，虢州之铅丹，信州之土黄，河南之胡粉，卫州之白垩，郓州之蚌粉，兖、泽之墨，归、歙之漆，莱芜、兴国之铁。京师则置专局化铜、冶金、锻铁。天波门外土地多黑土，土质疏松不佳，于是又在汴梁东北取良土调换。挖土自三尺至一丈六尺不等。书中又引用沈括《梦溪笔谈》说："温州雁荡山，前世人所不见。故谢灵运为太守，未尝游历。因昭应宫采木，深入

129

穷山，此境始露于外。"这意思就是：今天作为旅游景区的雁荡山，乃是因为修建玉清昭应宫而伐木，才被人发现景致幽美的。

洪迈评价此事说："是时，役遍天下，而至尊无穷兵黩武、声色苑囿、严刑峻法之举，故民间乐从，无一违命，视秦、隋二代，万万不侔矣。然一时贤识之士，犹为盛世惜之。国史志载其事，欲以为夸，然不若掩之之为愈也。"这一场工役，用遍了天下的人力和财富，但是因为真宗没有穷兵黩武，也不爱好声色、狩猎，更无严刑峻法，所以民间乐于兴工，没有一人抗命怠工。这方面与秦始皇、隋炀帝比起来，要合情合理得多，根本不能相提并论。但尽管如此，真宗时的贤良俊才们，还是认为盛世有此劳役，德行有亏，不免为之痛心、可惜。国史记载此事，还当作好事夸耀，但实在是不如遮掩一点更好啊。

这么大的工程，民间没有反对之声，还"乐从"其事，其中有道。

此道有三：

一、真宗恪守"敛天地之杀气""召天地之和气"，以史上最为优厚的待遇给役夫和官员。除了"暑假"之外，前后更是赏赐不断。动工兴建的七年间，史料上屡屡可见赏赐记录。全部工役，几乎只动用了中央禁军和地方厢军，没有骚扰黎民。大宋从来不在高调标格噱头之下"白使唤人"，更不在高压威权之下"白使唤人"。这事，大宋不干。禁军、厢军都是雇佣军，本来就有薪俸，参与工役更有奖赏。而役夫们的工期，禁军开始每个季度一换，史称"更代"。后来改为一个月一换，因为真宗要让更多人都得到赏赐。换句话说，兴修昭应宫，是人人都想干的活儿，只有缩短"更代"时间，才能让更多人轮到机会。而厢军则到了冬天要休息。所以，昭应宫工役不是苦役。劳有所得，人有期待，故天下无怨气。

二、整个工役，黎民不动，不误农时，故天下无怨气。

三、"神道设教"对役夫们也有"化成"之功。玉清昭应宫，主要功能是祭奉"天书"，此事几乎可以无言激励役夫。这不是在为盘剥私财的藩镇做工，也不是为贪图享乐的皇室做工，而是为"昊天上帝"做工。人有敬畏，乐于祈福，故天下无怨气。

除了上述种种，真宗大帝雍容大度、和气宽宏的人格力量也让役夫们口服心服，前后无数父老"诣阙"请求封祀的记录可以证明这一点。真宗之外，"鬼才"丁谓的管理才能，也让役夫们钦佩。

三司使、修昭应宫使丁谓，虽然催督严厉，但从未有过刑罚役夫的记录，而且他在土木工程方面，也有不凡的天才设计。

宫观建设需要大量泥土，京师平敞，无山无丘，何处可得？到郊外掘取，增加运距，工程量就要翻几番。还需要大量石木建材，往往从外地水路运来，但是到达汴河后就要离岸，一搬一卸，工程量又要增加；再由陆路运往天波门外，再增工程量。最后，工程前、工程后的建筑垃圾，山一样积存，如何处理？

丁谓的办法是：先挖一条人工沟渠，直抵汴河。这样，外地到汴河的船只不必停留，直接到天波门外指定地点，石木建材上岸即用。大船进不来的地方，就用小舟或木排将石木物资运到工地。而人工沟渠挖出来的泥土又恰好作为工程用土。所有物资运输完毕，即开始排掉沟渠存水，将各类建筑垃圾填入沟渠。全部工程完工后，沟渠重新成为平敞之地。三项工程目标，一个系统内完成。

泰山东封前，也是这个丁谓，发明了"随驾使钱头子司"，保障了士卒在京家属能够及时拿到赏赐钱帛。现在的役夫们，有不少就是当初扈驾士卒，不免心存感激。

遇到这等人物来主持这个"神圣工程"，江湖间传扬开来，几乎只有赞美。我几乎能够听到，天波门外，工地上，几万役夫看到丁谓这个瘦小的财政大臣、总设计师，佝偻着腰身走过时，那些充满钦敬的窃窃私语。

# 王旦·丁谓

叁

宰辅之位，系国之安危。王旦最后在进退失据中，下决心隐忍于相位，撑持起这一番必将"遗后世之羞"的运动。王旦在做"不得已"的大事。寇准之后，他在孤独地撑持大局。

## 反对派们

由真宗、王钦若、丁谓三人为核心推导的"神道设教"活动，士林反对，但敢于直言反对的声音，不算多。寇准曾经反对，但后来也主动加入进来；王旦开始反对，但后来成为重要赞襄力量。能够提出异议的大宋臣僚，很少，尽管"腹诽"者比比皆是。

这些少数"反对派"，其实代表了士林的基本意见。

孙籍是一个。他是一个普通的进士，真宗东封泰山回来后，他向朝廷献书，同时进言："封禅是帝王的盛事，但臣希望陛下要在满盈有成之际能够谨慎，不可因此而恃功自满。"

这是提醒真宗"神道设教"事可以就此终了，不要继续扩大开来，没完没了。

周起是一个。他是当时的政府秘书知制诰，泰山大典后，他不怕煞风景，真诚地对真宗说："天下之形势，常常因为恬于安逸而忽于兢畏，导致祸患。愿陛下不要以大典告成为精神上的仗恃。"

崔立是一个。他是朝廷小官大理寺丞，负责执法工作。泰山封禅之后，士大夫争着来献"符瑞"、献"赞颂"，崔立却上言说：

"现在徐州、兖州连续有水灾，江淮之地连续有旱灾，无为郡有烈风，金陵州有大火，这些都是上天用来警戒骄矜的兆头啊！朝廷内外却来奏上云露、草木、禽虫诸物的什么'祥瑞'。这些'祥瑞'何足有益于国家治道呢？期愿下诏，敕令有司，草木之异，虽大不录，水旱之变，虽小必闻。"

崔立前后上书四十多事。

张咏是一个。他就是多次治理巴蜀，历经太宗、真宗两朝的大宋名臣。大中祥符八年（1015）秋，他年老病逝，当时真宗已经完成了"天书降临""泰山封禅""祭祀汾阴""建造宫观"四件"神道设教"的大事。张咏临终时，呈上最后的奏疏，批评真宗道：

"陛下不应当造玉清昭应宫，竭天下之财，伤生民之命。此皆贼臣丁谓诳惑陛下，乞斩丁谓的脑袋放置在国门以谢天下，然后斩我张咏的脑袋放置在丁氏之门以谢丁谓。"

这都是对"神道设教"中"怪力乱神"事不满的人物。

但在"反对派"人物中，最坚定的是孙奭（音是）。孙奭的理性批判声音和激情反对姿态，是真宗朝整个"神道设教"运动中，最富光彩的圣贤亮色。

## 大儒孙奭奏疏

当各地纷纷呈献"祥瑞"时，大儒孙奭实在忍无可忍了。

他已经忍很久了。

在他看来，"神道设教"可以，但不可以"怪力乱神"，后者是孔孟之道不赞同的政界现象。时任龙图阁待制的孙奭，从做官那天起，就"守道自处"，这个"道"就是"孔孟之道""圣贤之道"。道是他的终极依归，因此他的所有言论，都不离大经大法，必在孔孟格局中论仁，必在圣贤苑圃中取义，即使面对皇上，他也不愿意苟苟且且，史称孙奭所言"未尝阿附取悦"。

早在"天书"事件之初，连宰辅王旦都被"收买"，真宗更希望这位大儒也能支持他一下，不料当真宗向他咨询时，孙奭回道：

"臣愚所闻：'天何言哉。'岂有书也！"臣虽然愚笨，但也听过圣人教诲说："天何曾有过言语。"由此而观，哪有什么"天书"！

孙奭此言，好比一针见血，更似一剑封喉，确是一矢中的，话是说到了点子上，一语击破了"怪力乱神"的命门，更有意味的是：这话也映射出儒学内部之紧张所在。一方面，"神道设教"有族群自我教化的功能；自汉代董仲舒以来，赋予天道与人事以互相感应之功能，史称"天人感应"，并演绎为不仅教化天下，也同时制约皇权的超验维度；但另一方面，"神道设教"也有了让谋略家们以此为方法，敢于挑战神祇的性质，终于令谶纬流行，淫祀蜂起，迷乱之信胜过正大之信。"怪力乱神"的局面下，天道神意与权谋造作混同难辨，真实敬畏与工具理性纠缠不清，政治治理与宗教信仰合而为一。这样，就让中原文明在丰富中呈现为昏妄，在清明正大之主流中支离出浑浊芜杂之一脉，神圣，从此不断面临亵渎与流失；道德，从此不断面临蚀毁与危机。

孙奭一言，不啻癫狂之际的棒喝，但真宗已经被王钦若蛊惑得不能自已。

孙奭的意见已经不能纠正这位受过圣贤教育的真宗赵恒，皇上在清醒中继续推演疯癫。

主张"纳谏、恕直、轻徭、薄敛"四事的孙奭，对民生看得极重，"祀汾阴"那年，恰恰赶上"岁旱"，京师附近的郡县粮价开始上涨，冬天的时候还打了一个炸雷，孙奭坐不住了，在家中拟定好一篇措辞尖锐的奏疏，递了上去。

奏疏大意是说"祀汾阴"之事有十个理由不可施行，约略为：

一、先王在祭祀征战后，要有五年的修德时间，现在东封才毕，所以不适合去西封。

二、"汾阴后土神"这事，经书不载；汉武帝不过是在封禅泰山之前做热身，所以"优游其事"，但最后还是以东封终结。现在皇上已经东封，所以不适合去西封。

三、自周代以来，就有"郊祀天地"的传统。郊祀可以替代祭祀土地神，所以不适合去西封。

四、汾阴遥远，京师为天下根本，不应远离，所以不适合去西封。

五、唐代之所以祭祀汾阴，是因为汾阴所在河东为大唐事业起家之地，与我们大宋龙兴之地迥然不同，所以不适合去西封。

六、遇到灾害要有敬畏，今年以来，水旱相继，陛下应"侧身修德"来回应"天谴"，岂能远劳民庶，忘民生这个社稷大计，而羡慕那种弄着箫鼓，借祭祀理由去游玩的昏庸之主？所以不适合去西封。

七、冬天打雷，这是人君"失时"的象征，这个奇异天象乃是上天对人君的叮咛，"陛下未悟"，所以不适合去西封。

八、民，乃是"神之主"，所以先王都是先成就民事而后致力于祭神。现在国家土木之功，多年没有停息，水旱灾害、饥馑不少，这样还要"劳民事神"，神能享用你的祭祀吗？所以不适合去西封。

九、陛下必行此礼，不过效法汉武帝、唐明皇，刻石颂功而已，这都不过是些"虚名"。陛下英明，应该效法尧舜二帝、夏商周三王，岂可模仿这种虚名？所以不适合去西封。

十、朝臣引用唐代开元年间"祀汾阴"的故实认为是一种政治"盛烈"，以此来倡导陛下，臣，"窃为陛下不取"，所以不适合去西封。

孙奭这十条，尤其是最后一条的理由是"我孙奭认为不可"，口气很大。但真宗毕竟气量更大，所以根本不计较他，当然，也不听他的。

孙奭更在奏疏后面说：臣还是担心所说的这些不够充分，愿陛下能继续来问，我想说个痛快。奏疏中的说法就是："以毕其说"。

真宗果然派内侍皇甫继明来晓谕孙奭，说你要是还有话，尽可"具条上之"，罗列出来，写成奏疏给我。

孙奭狠狠心，再上一篇，这一篇文字说得就更重了，内中说道：

"往往大兴土木之际，就有劫夺盗匪之行。黄巢起事是因为灾后的饥馑；陈胜倒秦是因为异地的徭役；隋炀帝贪图远方之功，导致唐高祖借机成事；后晋疏于边防，导致契丹侵略中原地区。陛下现在听从奸佞之言，远离京师，不顾民生疲敝，不念边境隐患，非要到河东那个连年饥荒之地，去修什么长久废弃的神祠，怎么能知道此时饥民之中没有效法黄巢那样的巨贼呢？役徒之中没有类似陈胜那样的图谋呢？肘腋之下没有仿佛唐高祖那样的英雄窥伺呢？边疆之外没有天骄可汗那样的劲敌在等待机会呢？就说这契丹，陛下祭祀后土，驻跸河中，如果敌骑猖獗，忽然来到澶渊，现在的魏咸信，这位河北行营都部署，能坚守黄河吗？周莹，这位边防大帅能摧锋却敌吗？"

这一番话把个真宗赵恒，这位太平天子，比配成了"乱世暴君"秦始皇、"浊世昏君"隋炀帝、"末世庸君"石重贵！但真宗并不恼。

孙奭意犹未尽，更在奏章中直接对王钦若、丁谓这一辈人开骂，他说：

"群臣不过是借着'神道设教'来'出奇'。过去太宗因为恭谨而畏惧，看到天灾流行，而停止泰山封禅，所以群臣就怂恿陛下力行东封，所谓'继成先志'。当初太宗往北要追讨幽州等失地，往西要追歼西夏等顽寇，这个'大勋'还没有完成，要留给陛下去做，群臣却不在这方面献一谋、划一策，以'继成先志'，而是卑辞重币，向契丹求和；封地姑息，向西夏让步。于是，'主辱臣死'的忠荩大义成为空言，'诬下罔上'的奸佞行径成为现实。他们伪造祥瑞、假托鬼神，东封西幸，轻易就来劳烦圣驾，虐害饥民，只是寄希望于往还顺利无事，就可以自谓大功已成。这是将太祖太宗艰难中所创之基业，当作了奸佞邪僻为个人谋利的资本，臣所以为此而长叹痛苦啊！"

直斥奸佞之际，还不忘夹枪带棒，奚落真宗皇帝。但真宗并不恼。

孙奭觉得还不够犀利，最后甚至给出了带有诅咒的警示，他说：

"天地神祇，聪明正直。一般来说，人间作善，神祇会降下各种吉祥；人间作恶，神祇会降下各种灾殃；但这种感应，并不在陈列各种礼器的祭祀大典中啊！古圣贤有言：'国之将兴，听于民；将亡，听于神。'这话可不是愚臣敢于随便议论的啊！"

他说真宗皇帝如果一意孤行，非要"祀汾阴"，没完没了地去犒劳神祇，那也到了大宋"将亡"的边缘了！但真宗还是不恼。

史上没有记录真宗对孙奭这一番泣血进谏的回应，但没有接受他的意见是事实。于是，孙奭不满，更借助后来群臣不断上奏"祥瑞"的事，再上奏疏，痛陈一家之见。他说：

"相隔五年做祭祀封禅，虞舜有此常典；观察万民成神道设教，伏羲有此明文；但哪里需要什么这个那个'祥瑞'，才能做这种庄严的大事？但现在，来个野鹰山鹿，也算'祥瑞'，还要弄成国家档案记录；有个秋旱冬雷，也叫'祥瑞'，还要相率上奏集体称贺！这是要欺骗上天吗？但上天不可欺！这是要愚弄下民吗？但下民不可愚！这是要糊弄后世吗？但后世必不信！只要有点智识，就会'腹诽'，就会'窃笑'。这样一来，玷污圣明，不是小事！"

但是奏疏呈上去了，真宗的反应是：不报。不回应，既不批评反驳，也不虚心接纳，就当什么事没有。

修建玉清昭应宫时，孙奭这位老儒继续反对，他上奏疏说：

"陛下封泰山、祀汾阴、躬谒陵寝，现在又要修建昭应宫。陛下可知道外议纷纷，都认为陛下事事都效法唐明皇。难道您以为唐明皇是一个有美德的君主吗？那个唐明皇种种祸乱败亡的行迹，不仅仅是臣一个人知道，近臣不说这个事，那是怀着奸邪之心在侍奉陛下啊！那个唐明皇的无道之事，居然没有人敢说。可知他被安禄山追赶着跑到马嵬坡，军士已经诛杀了佞臣杨国忠，唐明皇这才下诏说自己识人不清，见理不明，所以流离失所。当时虽然有这么个罪己之言，但是觉悟已晚，还能挽回什么呢？臣，愿意陛下早早觉悟，抑制贬损自己的虚荣浮华之心，斥退远离身边的邪佞奸宄之人，罢兴土木，不去效法那种危乱的故实，不要再做唐明皇那种不及的悔恨！"

真宗正是在唐明皇之后"祀汾阴"，所以孙奭有此联想。


## 真宗的学术成果《解疑论》

史上记录曾有八位皇帝，先后十九次祭祀汾阴祠。

汉武帝祭祀次数最多，先后五次，唐明皇先后两次。有意味的是，唐明皇祭祀后不久，安史之乱发生，诗人李峤看到国家兴衰，联想到汾阴祠，写了长诗《汾阴行》。诗中只说汉武帝为了求长生而祭祀土地神，后来还乘着"玉辇金车"去求黄老，但最后还是一

去不还而死掉。即使"四海为家",求取长生之事也没有可能。最后,诗人感叹道:

> ……

> 自从天子向秦关,玉辇金车不复还。
>
> 珠帘羽扇长寂寞,鼎湖龙髯安可攀。
>
> 千龄人事一朝空,四海为家此路穷。
>
> 豪雄意气今何在,坛场宫馆尽蒿蓬。
>
> 路逢故老长叹息,世事回环不可测。
>
> 昔时青楼对歌舞,今日黄埃聚荆棘。
>
> 山川满目泪沾衣,富贵荣华能几时?
>
> 不见只今汾水上,唯有年年秋雁飞。

唐明皇读到这首诗时,心中当有"哲学式"的感慨。

此外,唐明皇时,还曾在洛阳城北翠云峰上建造著名道观上清宫。

真宗紧接着唐明皇祭祀后土神,又紧接着唐明皇建造昭应宫,此事让孙奭不得不展开联想。但他一番话,将唐明皇的"下场"摆在那里,几乎等同于诅咒。真宗却很学术又有风度地回复他说:

"封泰山,祀汾阴,谒祖陵,祭老子,并非始于唐明皇。唐明皇之前就有啊。这些大礼,在《开元礼》中都有记录,今世所循序而用,不可以唐代天宝之乱,就认为丁谓所做是错误的。譬如,秦代，无道甚矣，但今天的官名、诏令、郡县都还在袭用秦代的旧制。岂能以人而废言乎！"

甚至，真宗还为此特意写了一篇学术文章《解疑论》，像个学者一样条分缕析，来说明虽然与唐明皇行动相似，但并不能因此而说今事为非的道理。后来他还把这篇论文出示给群臣看，仿佛在与孙奭"商榷"一个学术命题。

至于孙奭的言辞峻烈，指斥皇上，态度上的"狂妄"，真宗不做任何评价。

孙奭是真宗朝与杜镐、邢昺齐名的大儒。他的经学成就在整个中国思想史上也占有不俗的地位。他著作不少，而且很多都流传了下来，其中最著名的是今天的《十三经注疏》中的《孟子注疏》。东汉末年的经学大家赵岐著有《孟子注》，但注文深奥，且年代久远，已经很难为时人认知，孙奭在这个注本基础上，再做疏解，于是成为"十三经"注疏本的一部经典。孙奭喜欢孟子，更认同孟子，他身上，有那种"说大人则藐之"的浩然正气，对校正大宋"歪风邪气"有重要的德业功勋。

宋人笔记中记录孙奭一事，颇有意味。

千年以来，朝廷礼官祭祀天地神祇，主神往往难定，到宋代真宗时，总算命名为"昊天上帝"。但在"昊天上帝"之外，又有"东西南北中"之"五方神"，无论郊祀还是封禅，都要同时列出神位祭奠。孙奭认为：这六位天帝，只不过是天帝的六个名号，实则为同一个天神。现在名号重复，不合典礼。因此他主张祭祀活动中罢掉五帝名号，只祭祀"昊天上帝"即可。并希望以此与群臣议定。

但当时修习礼制的官员很少，一般又担心改作太麻烦，结果没有实行。

孙奭这个意见，其实质，是由"多神信仰"转为"一神信仰"，意义重大。假如宋代能够借着孙奭这一番议论成就单一神信仰，则中国在"唐宋变革"这一场世界史意义上的大转型中，有希望在信仰天地开辟出更具现代性的前景来。但这个机会稍纵即逝，应该属于人类永久性的遗憾之一。

真宗的学术文章《解疑论》发布后，孙奭感到人家皇上似乎也有道理，不再多言，但还有反对之声，这个人就是知制诰王曾。

王曾感觉这个事似乎不是"学术问题"，而是国家治理问题。因此他不同意真宗意见，再上一篇奏疏，反对大规模建造宫观。他认为虽然宫观工程已经动工，似不能全部停工，但万一能采用他的建议，能够省出工用，减少预算，也是利国利民的大事。王曾的意见前言后语不算，干货共有五条：

宫观建筑所用的名贵木材，在全国各地收购，搬运到京师工地，所费人力太大。虽然说用的都是军人，不去烦扰黎民，但军人也是从黎民中来的啊。此为不便建宫观理由之一。

泰山、汾阴两场大典刚刚结束，颇花费了国用经费。现在又造宫观，尤其耗用资材。虽然说府库之中，货宝山积，但这些都是历代之积藏，所有钱财都是出自生民之膏血，花出去很容易，积攒起来很艰难。国家财帛丰盈，但更应该珍惜。此为不便建宫观理由之二。

圣人贵于谋始，智者察于未形。灾祸往往起于隐微，危乱往往生于安逸。现在京畿之间，万众毕集，如此劳作，役使的诸杂兵士，多是不逞小民，如果有人流窜城郊，有偷有盗，很容易令圣上忧虑。此为不便建宫观理由之三。

王者抚御天下，自当顺承天地，举动必遵于时令，规划不失于万物当然之态。按古来传统，孟夏之际，不要发动大众，不要兴起土木工役。现在又是开挖地基，又是砍伐树木，冲冒郁蒸之暑气，惊扰安谧之厚土，不免违背古训。何况近来屡有旱灾、雨灾、风灾，这不正是天人感应的明效吗？此为不便建宫观理由之四。

臣听说陛下得到的"天书"，内中符命之文，有"清净育民"的训诫。现在所修宫阁，距离这个训诫很远，各种倾力之功，雕镂之巧，即使用尽人力物力，恐怕也未能符合天心。此不便建宫观理由之五。

王曾的意思是：即使一定要建造这座宫观，也希望能够减损规模，削减用度，不取"瑰奇"，但求"朴素"。只要内心"诚明"，祭祀"严洁"，会更符合天意。而节俭从事，四海之内，也更会知道陛下"爱重民力"之意。

真宗似乎觉得自己辛苦研究的学术成果《解疑论》已经回应了这类问题，于是不再回复王曾，只管盯住丁谓，努力建造玉清昭应宫。

## 真宗不吝赏赐

有一个数据。

陈尧叟、李宗谔在"祀汾阴"之初，作为朝臣到河中府充实官员力量，后来他们回到朝廷，告诉真宗说：他们在汾阴，经度这一场大典，一直到礼毕，土木工役总三百九十万人次。整个过程，只役使了军士辇运粮草供应，没有搅扰地方，没有调动"编民"服役出工。

对这个结果，"上称善"，真宗认为很好。

但事实上国家花费主要钱财不在此处，而在赏赐。

东封、西封，真宗赏赐文武大臣士卒，极为丰厚，以至于三司使丁谓也感觉到了紧张。他上书说：

"东封及汾阴赏赐亿万，加以蠲免各路的租赋，除掉很多个税，恩泽如此宽大，臣恐有司经费不给。"

真宗说："国家所务，正在泽及下民。但敦本抑末，节用谨度，自当富足！"

大宋帝国是不吝于赏赐的邦国。从太祖时代起，就有这个传统。

太祖时，有一个将军叫周仁美，在关南边帅李汉超麾下，多次抓捕契丹间谍，打仗曾负伤，有战功。有一次到朝廷，太祖赵匡胤奖励了他，并命宦官王继恩带着他在宫中转悠转悠，太祖一时也来了兴致，跟着转。走到一座国家仓库时，太祖忽然问周仁美："哎，你能负重多少铜钱？"周仁美吹牛："臣能背负七八万。"太祖道："可惜压死。"算了吧，七八万压死你，怪可惜的。说着，让他扛了四万五千钱，算是奖励。

按宋代铜钱，太平兴国年间，"七十七钱为陌，每千钱必及四斤半以上"。读史，常见多少多少钱为"一陌"这种说法。解释起来很麻烦，大意是：市面流行各种钱，但一般都越来越不足，或是分量不足，或是成色不足等，于是，根据古来的"五铢钱"作为标准，大致估算流行的钱币多少枚可当"一陌"也即"一百"。按七十七钱为"一陌"，则"十陌"当"千钱"，也即一贯，实际上就是七百七十钱，意思就是这样的一贯也要到四斤半以上。如此周仁美所说的七万钱即七十贯，也要三百一十五斤，如果是足钱，还要增重，一般人根本背扛不动。


太宗也不吝于赏赐。

淳化四年（993）春正月，祭祀太庙，又有郊祀。大典之后，太宗给军士赏赐，当时的度支副使、负责财政的副部长谢泌经过统计后，一条条地将应该颁赏的名单和数量报上。太宗看后即行批准，他说："朕之所以爱惜金帛，正是要用它们来准备赏赐啊！"谢泌说："大唐德宗时候，后唐庄宗时候，都因为赏赐不丰，让军士不满，有过叛乱。现在陛下自己生活供应如此菲薄，赏赐却如此丰厚，真历代王者之所难也！"

孔夫子曾有名言："出纳之吝，谓之有司。"应该赏赐人的时候，却出手吝啬，有关部门这么做就是算计过分。

孔子将这种行径视为官吏"四恶"之一。

太祖赵匡胤曾引用过孔夫子这句话，拒绝接受国营场务的"羡

"余"也即年终结余进入国库。因为他认为预算中的钱财是要按计划发放给场务工人的，现在有结余，就是克扣的结果。国家不应该与民争利，尤其不得与民争这种不义之利。现在看出，真宗与太祖太宗都是格局宏敞的人物。

但是国家财政用在如此赏赐方向上，而不是用在更急迫更重要的民生方向上，宋真宗还是过于大手大脚了。这与他生于皇室、长于皇室有关。钱帛，对他不过是些数字，至于锱铢粒米之来源，那种辛苦，与"祖宗"比起来，他的感觉还是隔膜了许多。花钱，他不心疼。

有一天，真宗对王旦等人说："最近朕阅览四方奏章，都说今年物价甚贱，草料三钱可以买两束，麦粟一斛才百余钱（按一斛有五斗，或十斗说，一斗约合今重十斤以上）。这正是民间储蓄的时机。年头有丰收有歉收，当然是常理。古人之善于教化士庶，不如提早备预。我们'澶渊之盟'后，就需要备预。现在北边契丹愿意保持和平，已经能看到他们的真实意思了。只要固守边疆，就足以安顿我大宋士庶的民生。有的人说什么敌人很狡诈，形势危急时就会来侵略，这是没有看到更远——契丹也不想打仗了。"

王旦说："国家接受契丹和好以来，河朔生灵，方才获得安居乐业。我们虽然每年要给他们三十万赠遗，但和年年用兵的费用比较，不及百分之一。日前，陛下东封告成，天地帮助我们如此顺利，这就是'人事和、天象应'啊！"

这一年，大宋版图内，有户 7908055，人口 17833401。近 800 万户，只有不足 1800 万人，每户平均只有 2.26 人不到。此事也可以约略见出真宗时代的大宋帝国多是小户人家。

国家赋税，就出自这 800 万户，以及部分国营专卖。

如果按照王旦所谓，赠遗契丹 30 万，为一年战争经费的"百分之一"，则战费当为 3000 万。大宋人户平均需承担 3.75。但大宋每年收取的夏秋两税和专卖收入，具体数字很难统计，但有人曾有估算，认为北宋年度财政总收入当在 1 亿以上。如果这个数字的单位是"缗"，也即"贯"，则每户平均需要负担 10 缗以上。

按照"一斛百余钱"统计，一斛 50 斤，假定 150 钱，则 100 斤为 300 钱，须 300 斤以上，值钱 1 缗。如果每户缴纳 10 缗，则须缴纳 3000 斤粮食。有统计资料显示，北宋粮食产量曾经最高达到 1000 亿斤，如是，则每户人家平均生产 1.3 万斤左右。缴纳赋税，约等于年收入的 20% 以上。但事实上，户均可能远低于 10 缗，因为还有一笔财政收入就是国营专卖。这部分也没有具体数字，但约略可占到财政收入的 1/4 到 1/3。所以，扣除种种出入，从直觉判断，农户缴纳赋税可能占到家庭年收入的 15%。


## 三司假内藏

一场封禅大典，花了多少钱？整个"神道设教"活动，花了多少钱？都已经难于统计，但各种史料记录这一时期事件，开始频繁出现一个词语："三司假内藏"。

可以统计的记录就有——

三司假内藏库银十万两，从之。

三司假内藏库绢二万匹，从之。

三司假内藏库绢三十万疋，从之。

三司假内藏库钱三十万贯，从之。

三司假内藏库钱五十万贯。

三司假内藏钱四十万贯。

三司假内藏库钱五十万贯。

三司假内藏银九百两。

三司假内藏钱二十万贯。

三司假内藏银十万两。

三司假内藏绅万五千疋。

三司假内藏库银一十三万。

三司假内藏钱五十万贯、绢十万疋。

三司假内藏钱帛二百四十五万。

三司假内藏金二千七百两。

三司假内藏绫万三千七百四十匹。

这意思就是国家财政部向皇家库藏借款。"三司"是大宋财政机构，"内藏"是皇室用度库藏。

宋代的国库系列在记录中有不同，考核各类说法，可以大略得到如下印象：

三司也即财政部管辖下的国库，因为在宫城之左，故称左藏库。到了太宗太平兴国年间，左藏库分为三个大库，分别贮藏钱币、金银、匹帛。淳化年间，又分置左右库藏，所以史上有个右藏库。但右藏库存在时间很短，一年后废除，不论。

太祖时，左藏库分出一个分库，为左藏北库。左藏北库再分一个，就是内藏库，而左藏北库的余下部分就是封桩库。

国家每年财政结余的财帛，大多存入这个封桩库。按照太祖时的意思，这里的钱财，主要用来充作收复燕云十六州的经费。后来封桩库改名为景福内库，与内藏库一起，均属于内藏，由皇室管理。

后来又有各种藏库，但国家藏库大略为左藏库、内藏库、景福内库。而后面两个均源于左藏库分出的左藏北库。

其中的内藏库多为从全国各地收复"僭伪"之国后的收藏。这些"僭伪"之国就是吴越、南唐、南汉、后蜀、后汉等。太祖时有规定，整个左藏北库，是为了"军旅、饥馑"两件大事，属于"预为之备"的国家基金性质的储备，就是为了有事时急用，"不可临事厚敛于民"。

皇室用度在内藏库中支取。

国家用度在左藏库中支取。

但有规定：国家有巨费，左藏库积存暂不足给，则发内藏库佐之。

景福内库则为基本储备，基本不动。

天下财富多在左藏库，这里是国家税赋的集散之地。但流动性很大，今日收入，明日支出是常态。"神道设教"以来，侍奉神祇需要庞大支出，以至于左藏库往往一时难于拨款，于是开始向内藏库假借。

上述，我很费力地做过统计，从大中祥符元年开始，迄真宗晚年，即从 1008 年到 1022 年，总 14 年间，"三司假内藏"的记录总 16 次，共借出钱帛如下：

黄金 0.27 万两，白银 33.09 万两，钱币 240 万贯，绢 42 万匹，绫 1.374 万匹，绅（绸）1.5 万匹；另有"钱帛"混合 245 万单位（贯、匹）。

这个数字，按通常换算，将黄金折合成 2.7 万两白银，每两白银折合 1 贯铜钱，总数则近 280 万贯钱；绢、绫、绸则统称为"帛"，总数近 45 万匹。二者之和即为 325 万，加上混合的 245 万"钱帛"，总数就是 570 万。这个不完全统计的数字，虽不中，当也不远。当时规定每年赠遗契丹岁币也即钱帛"30 万"，那么钱帛 570 万则可以支付 19 年。

三司假借的这些钱帛，主要用来支付"神道设教"以来的各种支出，其中大部分假借发生在大中祥符元年。

大宋帝国的 800 万户士庶，就要在 14 年中，承受这份财政负担。

但还不止于此。需要知道的是，用于"神道设教"的钱帛远远超过 570 万。这些，只是左藏库一时周转不开，暂时从内藏库借出的钱帛，至于左藏库正常的支出，当超过这个数字几十倍不止。其中，最大的支出项目是建造玉清昭应宫以及赏赐官员和军士，二者估计用度，14 年间，超过 2 亿。

## 百姓日用而不知

真宗"祀汾阴"回程时，在河中府辖境的河神庙附近，登上一个亭子远眺（真宗似乎喜欢远眺），但见黄河之上有渔夫在驾驶小船捕鱼，岸边田野有农夫在操练耒耜耕耘，不禁说道：

百姓作业其乐乎？使吏无侵扰，则日用而不知矣。

真宗这一段话，很"哲学"。"日用而不知"，是《周易·系辞上》中的话头。一般以为《系辞》等解释《周易》的文字为圣人孔子所作，今天已经很难考证，但这类文字确实藏有高妙的生命智慧，值得现代人慢慢玩味。

《系辞上》中的完整话语如下：

一阴一阳之谓道，继之者善也，成之者性也。仁者见之谓之仁，知者见之谓之知，百姓日用而不知，故君子之道鲜矣。显诸仁，藏诸用，鼓万物而不与圣人同忧，盛德大业至矣哉！富有之谓大业，日新之谓盛德。生生之谓易，成象之谓乾，效法之谓坤，极数知来之谓占，通变之谓事，阴阳不测之谓神。

解释这番话，很麻烦，可以通过几个事实帮助理解。

世界处于阴阳变化之中，这种变化乃是"大德"所在，很难测知；但其正道在"生生"之际，因为天地之"大德"是"好生"。故天下万有"生生不息"，是圣人也是神祇的愿景。

而"生生不息"，是不需要被打扰的。因此圣人与神祇都期待"无为而治"，也即在民间自发秩序原理下，百姓自发呈现生命活力。但达致这个生态，以抢劫、盘剥私有财产为能事的"非生产性掠夺集团"就是一种祸害，如官司聚敛，如墨吏榨剥，如藩镇割据，如契丹南侵……圣人作为邦国精英，百姓将自身权利让渡于他们，很大程度上就是寄希望于他们制止各种"非生产性掠夺集团"的巧取与豪夺。而百姓可以不必知晓此中逻辑。

仁政，也即合法权利的"体"就是致力于"无为而治"，"用"就是达致安居乐业——安居乐业，是一切合法权利最重要的民生诉求。君子之道在到达此一境界的日用伦常中，几乎看不出它的使用，所以称之为"无用"。但正是这种"无用"才彰显出"无为而治"的"大用"。

真宗读书颇勤，对《周易》有心得。可以说，这话头，扣着了圣贤之心，也接近了神祇之道。邦国治理中，"百姓作业其乐"，是公序良俗条件下的最优生态；"使吏无侵扰"，是通往无为而治的法治成效；"（百姓）日用而不知"，是圣贤放弃种种自我旌表后的天下浑仑之象。此象，元、亨、利、贞。

这一段话，透露出大宋君王"以百姓之心为心"的总诉求，是传统中国"天视自我民视，天听自我民听"的正大自律。所以，他的"好大喜功"，确实如洪迈所说，与秦始皇、隋炀帝不同，基本不动用黎民力量，不因大典或工程而延误农时，更不像无耻帝王们那样打着冠冕堂皇的种种旗号"白使唤人"。大宋用人，就有赏赐，也即嘉奖，也即报酬，而且还很丰厚。大宋，讲理。因此，他的大典、大工程，几乎相当于开辟了特殊的临时就业渠道，用一种劳役方式给予文武士庶以足够犒赏。这事带有相当程度的"富民"政策性质。

当他面对天神地祇，像孩子一样宣誓，并以"受命于天"的"代表"资格，为天下祈福时，我相信他的真诚。


## 受命于天

帝王与帝王不同。

大宋帝王与历代帝王不同。

真宗更不同于其他大宋帝王。

他一方面需要按照时代给定的精神资源、思想资源和知识资源寻求超越于自我的力量，以"神道设教"的模式"恫吓"可能的异族侵略者，最大限度地争取国家安全；另一方面，他也虔敬地相信：这个超越于自我的力量一定存在——虽然他还不可能知道，这个超人力量，这个绝对力量，是单数还是复数，他更无以名之，这个力量究竟是"昊天上帝"还是"玉皇大帝"还是"太一真君"还是"后土神"还是"五方帝"。但他知道的是：在"我"赵恒之上，定有一种力量。能够庇护大宋帝国的不是"我"赵恒，而是这个"力量"。为了获取这个力量的支持或恩典，"我"赵恒必须"爱民"！从《尚书》以来的传统，就已经早早告诉了他：天心即民意。天下人都应该是天之子，而"我"赵恒，不过是"受命"来管理这方民庶而已。

简言之，"我"赵恒"受命于天"，对天而祈请的是"佑民之道"。

这种真诚，了解真宗一朝种种故实，就知道并非虚言。

说到"受命于天"，安于百年激进思潮的人物往往认为这是统治阶级欺骗民众的措辞，认为这是一个"天大的谎言"。但在我看来，这类讲述或书写，乃是一个"天大的文明"。

在世界范围内搜索，会发现，自诩"受命于天""天赋人权""以上帝的名义"，开始讲述正当性、合理性、合法性的政治文本，很多。这类讲述，就是"政治文明"。理解人间秩序的"超验性"前置，需要一点植根于人类心底，也即植根于"集体无意识"的冲动。抱持一点敬畏之心，抱持一点对人类"理性有限性"的感觉，甚至不必一定是多么深刻的认知，对这种"超验性"的肯认也会获得趋近它而不是背弃它的能力。真诚说：谦卑，敬畏，对超验的肯认，是一种能力。在"无法无天"流行长久的时空，一些人渐渐失去了这种能力。

真宗很可能明了中原衣冠文明，其源头，是接续《尚书》《周易》传统的。在那里面，有敬畏，是在"畏天"感觉中，试图对人间的混乱做出神圣的救赎。所以，"神""天""帝"总是频繁地被讲述、被推演，甚至，被建构。

但是，中原，自嬴政以来，将封建制破毁之后，万代承袭秦制，而诞育于先秦封建制的天道敬畏，在离散中不断稀释，吾土渐趋一统，而吾民渐趋散分。领主庄园的消失，集权冷酷的高压，让社会也一点点分离。"绝地天通"在秦后成为现实，吏治无情而冷硬，民间苍白而无助。很多官员少操守，不少士庶无信仰，普遍社会不自治。是不是可以回归《尚书》《周易》传统，召回敬畏感，在秦制千年传统下，重新凝聚散沙而成磐石？

自从"五胡乱华"之后，中原迭经战乱，异族入侵成为中原不得不防的祸害；而藩镇更往往借助异族力量一逞私欲。如是，中原，现在已经越来越呈现为异于"他者"的存在，这是古圣没有遭逢的格局。但天下可以由契丹来安排吗？可以由西夏来安排吗？可以由大食、占城、蒲端、日本来安排吗？契丹人的殉葬制行径，井下投毒残害大宋子民的行径，射鬼箭行径……让真宗大帝感到不安。他能想到：当我"受命于天"开始治理中原天下时，事实上，正承受着一种沉重的责任。中原如果是"散沙"而不是"磐石"，就没有力量；而在我之上，更有一种无限而绝对的"大能"，我需要寻找这个"大能"来启示我、保佑我、推动我，救赎秦始皇嬴政以来"散沙"化的中原，也救赎遍布野蛮勃敌的世界。

当我这个"受命于天"的帝王与祭司一般的士大夫们共同治理这个帝国时，遭遇了他们那么多的批评和反对之声。我，赵恒，是正确的吗？在赵恒"这个人"那里，他自己存在于此岸的"成"与"败"，不是他行事的主要考量，"是"与"非"才是。做重要的事，但要做正确的事。如果这件事正确，也很重要，那"这个人"可以不畏惧失败。

"受命于天"，说明世俗的权力并非至高无上，甚至，连江山社稷也不是图腾，不是信仰对象，不是无条件效忠的实存。终极至高之绝对，在人类精神结构中，只能是神。"受命于天"之后，可以藉此而生成或培育超验信仰的萌芽。通往信仰的逻辑在此。真宗似乎有意要将"大宋帝国"由一个"世俗帝国"漂洗为"神圣帝国"。而"神圣帝国",乃是恺撒与祭司合为一体的宏大叙事。当萨满巫术传统已经式微,而"一神教"还没有机缘进入世俗世界时,这种宏大叙事是建构性质的,而不是演绎性质的。因此,它先天性地缺少神恩惠顾与时间浸淫,没有支撑这种叙事的根脉、逻辑与普适精神;相反,在"多神信仰"久远而又辽阔的背景下,不过又添加了一种信仰而已。

当他不自觉地试图将"大帝"与"祭祀"两副担子同时挑起时,事实上是力不从心的。

所以,我相信这位 11 世纪的帝国统治者,有一种为他朦胧感知但无法指陈的隐秘的悲壮感。他用"神道设教"的方式去相信神。他对神的最高吁请,就是"天佑大宋"。他已经被他推演的逻辑萦回旋绕得进入了圣洁的迷狂,也许,他以为这种感觉就是"神召",是神在他自造的"天书"中,召唤他成为合格的"受命于天"的俗世统治者。而他的"使命",就是救赎这个混乱的天下,在与"他者"共存的世界上,安排中原华夏以"敬畏"为主题词的未来。


## 辽阔而顽厚的隔膜

敬畏,以及敬畏的对象,不是假象。那是金星与火星之间,人类能够感觉到的基本实在,就像一个人感觉到了晕眩和坚硬一样。

对星辰大海，对天命神道，对上帝或昊天上帝的敬畏，并非简单的"假设"，那同时也是人类对宇宙真相和"绝对"力量的知性理解与实在感觉。

嘲笑宋真宗"神道设教"是可以理解的；嘲笑他是否真的"受命于天"也是可以理解的；但同时嘲笑他的虔诚敬畏之心，就如同嘲笑英王约翰、美利坚总统杰斐逊和"五月花号"上的一百多位大不列颠清教徒一样，实在是没有认清人性源于自然求索真相的真相。政治文明之所以需要"超验"前置，也即对"绝对"的敬畏，是对文明的一种自动趋近，是对野蛮的一种自我剥离和制衡，是走出犬儒和厌世藩篱、不可承受但必须承受之"重"。当"敬畏"开始照耀时，生命会获得一种赏心悦目的感恩。祖荫或是神创，生命之来源会与当下共时存在。于是，一种克己性质的道德律令让敬畏者变得洁净而又丰富。即使他在积建的大厦注定失败——如玉清昭应宫，那"敬畏"的道种还是会氤氲存在，游荡于大地、升腾于天空，在大海星宿之间迤逦穿行。所以，神享用的不是"太牢"，不是"燎火"，不是"大典"，不是跪拜匍匐，而是——敬畏。

有此敬畏与无此敬畏，中间横亘着的，（如我曾经说过的那样）是"辽阔而顽厚的隔膜"。

基于此，我甚至愿意同情理解真宗大帝以"敬畏"为主题词，大搞"神道设教"这一场"劳民"而"不伤财"的求神祈福运动了——之所以说"不伤财"，是因为借助真宗毫不吝啬的赏赐和蠲免，以及种种商业性购买，财富已经重新回到了民间。

## 左藏库大火

但神祇似乎有意给予这位"受命于天"的地上君王更多考验和锤炼。

玉清昭应宫落成的第二年，大中祥符八年（1015）夏四月壬申日，荣王赵元俨的府邸忽起大火，火势太大，扑救无效，燃烧了十二个小时，一直蔓延烧到左藏库、内藏库，以及朝元门、崇文院、秘阁。难以计数的财帛和文物化为灰烬。

王旦听到消息，急忙驰入宫禁。

真宗对宰辅说："太祖太宗两朝积累，朕不敢随便乱用，不料一朝殆尽，实在太可惜了！"

王旦安慰他说："陛下富有天下，财帛不足忧；所虑者政令赏罚之不当。臣备位宰府，天灾如此，臣当罢免。"

王旦更担心的是朝臣对管理国库的人动杀机，怂恿皇上杀人。于是特意强调："我听说这次火灾，主管国库的官吏都在收拾、抢救钱帛，诸班军校也都奋力向前，人人都使出了百倍的勇气。很不简单！"

真宗说："朕所忧者惟军储尔，钱帛所伤不多，至于大礼赏给，亦可以渐致，若军储不足，须至累民，此朕所甚忧也。"

显然，这一场大火，由于库守抢救及时，钱帛损失不算太大；但大典礼仪物资和军备物资，各类布帛、帐幕、油伞、服装、旗帜之类，损失严重。

按照天人感应的传统，这是上天示警，宰辅首当其责。王旦将责任揽在自己身上，于是开始上表"待罪"，听候真宗发落。

但真宗认为责任在帝王，不在宰辅，于是检点近年来的所作所为，降下一道"罪己诏"，并请求朝廷内外直言得失，以求改进帝国工作。

君臣抢着承担责任，这种政治风景，罕见。

朝廷开始调查失火原因，后来知道是荣王府邸大火"延烧"所致，不属于天灾，因此需要厘定责任。

专案组成立后调查发现，这一场大事故中，应有百余人要获极刑。真宗不忍，在犹豫。

王旦请奏，说："开始大火时，陛下已经降下罪己诏，昭示天下；臣等也都上章待罪。现在反而将这一场灾祸归咎于他人，如何向天下昭示诚信？何况，大火虽然有延烧的痕迹，但又怎么知道这不是一场'天谴'呢？"

史称"当坐者皆免"，应该判处死刑的人全都赦免了。


## 江湖妄人说宫禁之事


王旦与赵普以来的大宋宰辅一样，都是负有"以天下为己任"道义担当的人物。他们与宋帝一道，在推演天下太平时，特别注重"和气"。所以，与历朝历代相比，大宋帝国是最少酷毒戾气的时代。"杀头""灭门"这类狠戾心机，似乎很难出自帝国精英之口。他们很难说一句"拉出去杀了"，很难潇洒一挥手，说什么"该杀杀，该抓抓",尽管他们有这个权力。在这方面,就像王夫之评价太祖赵匡胤用过的那句话,"蹈仁者之愚而固不悔",他们宁肯陷入"仁者之愚",也不愿意一逞"凶暴之气";宁肯因为"仁者之愚"而贻误良机、而面临不测、而遭遇后人视为"迂腐"的嗤笑,也不愿意在当下启动杀机。

流血,对帝国精英而言,是一种感同身受的疼痛。

曾有懂阴阳、习八卦的江湖妄人,上书说宫禁之事,无非是说谁当立、谁当潜,谁的天命在某时,谁为邪、谁为正,谁的八字藏天机,诸如此类。这类事有蛊惑性,是特别容易酿成宫廷政变的"舆论"。在一个谶纬流行的邦国,此事为重要禁忌。于是,按大理寺拟定,这位妄人犯罪当诛。更严重的是,他还与朝士有往来书信,而书信内容大多为占问吉凶祸福之说。

真宗罕见发怒,要将这些朝士付御史审讯。

此事大案一成,就要流血。

王旦不安,于是上书说:"占问之事,乃是人之常情;何况这些书信并没有涉及朝廷,不足以定罪。"

但真宗怒气不解。王旦于是将自己与江湖术士曾经有过占问的书信呈上,说:"臣年少时,也不免于此。如果一定要为此而定罪,请将臣一道付之于大狱。"

真宗沉吟道:"此事,朕已经发下诏令去了,怎样可以免掉?"

王旦说:"臣为宰相执国法,哪里敢将诏令随便下达。幸好,臣还没有下发而让这么多人获罪。"

皇上的诏令要发到中书也即政事堂,由宰相签发。如此宫禁与中书一体，可使国家政令统一。诏令一般由翰林拟写（政令则由知制诰拟写），到了中书，遇到"不合"之处，可以"驳回"重拟。此一层意思，是保证国家法令的严肃性与妥当性。所以王旦可以"压"下皇上诏令，暂时不发，来争取圣意变更。

史称"帝意解"，皇上不再坚持己见。而王旦回到中书，将江湖妄人与朝士往来的书信全部焚毁。不久，皇上又想反悔，想看看那些书信到底都写了什么，就派人跑来调取。但是书信只剩下了一堆灰烬，于是众多朝士们都得到了保全。王旦此举，得到士林赞誉。


## 王旦留守京师

与李沆相似，王旦也不喜欢多事。

有一位都尉，很好与士人交游。有一天，都尉招呼从官，叫了几位官妓吃酒，一直吃到夜半。这事似"有伤风化"，于是有台官也即负责监察的职官准备弹劾之。王旦的好友杨亿在上朝的闲暇说到这个事。王旦不发表意见，退朝后，用红笺写了一首小诗给这个都尉，并且注明以未能参加这个风流夜会为遗憾。第二天，真宗将台官弹劾都尉的章疏拿出来给王旦看。王旦说：

"臣知道这个事。也曾经给都尉写了诗，遗憾的是臣没有去参会。人们总说天下太平，但太平是什么样子的？人们不知道。这事可能就是太平之象吧！"

真宗一听也是，多大个事啊！于是这事也就过去了。

就像古今中外，很多国家不禁妓女卖淫一样，宋时也不禁此类事。

王旦在宋太宗晚年时，就已经做到兵部侍郎。到真宗践祚，即拜为中书舍人，几个月后，又调任翰林院学士兼知审官院、通进银台司兼门下封驳。前者是吏部事，负责官员考核升迁，后者则属于门下，直接归中书省即宰辅管理，是掌受天下奏状的机构，而封驳则是银台平行机构，主要负责封还皇上有问题的诏令，驳回朝臣有错误的奏章，每天的工作就是审核重要文件，国家的尊严在政令之确当与否。王旦掌管此事，成就不错，所以真宗很能理解他的贤能。名臣钱若水也很欣赏他，曾认真推荐王旦，说他适合做大事。真宗后来就一步步提拔他，直到做成当朝宰相，平章事。

圣贤人物大多都有孔夫子"温而厉"并"恭而安"之相，温和而又庄肃，谦恭而又安静。王旦也在这一行列。他很少对家人生气、发火。有时遇到饮食落了尘埃或被污染，他也不去追问责任，只不过不吃而已。家人恶作剧，曾试着将少许墨汁投放到肉汤中给他。王旦一见，只是吃饭，不吃汤。家人问他为何不吃汤，王旦从容道："我今日偶尔不喜欢吃肉汤。"后来家人又把墨汁投放到米饭中，他就对家人说："我今日偶尔不想吃米饭，可另外备点米粥什么的。"

"澶渊之盟"前，真宗亲征，王旦开始跟着真宗一道，后来京师留守患病，王旦驰回京师"权东京留守事"。临行前，王旦见契丹举倾国而来，形势莫测，就对真宗说："期望陛下宣召寇相，臣有重要陈述。"寇准到后，王旦正经奏请道："我离开澶渊，如果十天之内，没有得到捷报，臣应该怎么办？"这话说得实在令人惊悚，笔者读史至此，也感到行宫气氛瞬间紧张起来。

真宗听后，也是一惊，沉默很久后，说道：

"立皇太子。"

一言既出，大事已定。国家已经不必担心最高权力之一日空白。王旦飞马驰回京师。

他到了京师之后，带着皇帝手谕直接进入宫禁，下发命令，不准任何人传播"留守换人"的消息。真宗返回时，王旦的家人子弟以为他就在凯旋的队伍中，都到郊外去迎接。没料到身后有了巡警的呵斥，原来是早就到京师"权东京留守事"的王旦也来迎接凯旋大驾了。


## 契丹来使"借款"

王旦与大宋以及史上所有受过圣贤教育的大臣、社稷臣一样，也是"民生主义者"。有一位官员要到江淮去做转运使，临行，向宰辅王旦辞行。王旦没有更多话，只是说："东南民力已经很困乏了！"这位转运使退出后说："这可真是宰相应该说的话啊！"另一位官员调到江西去做转运使，也来辞行，王旦说："国家专卖这事利益很大啊！"这位转运使在任期间，想到王旦这句话，从来不敢以权力谋求私利。后来大家都夸赞他，说这个转运使"识大体"。

东封泰山之前，契丹得到消息，来使请求岁币之外再"借"些钱币。真宗不明白契丹何以要到大宋"借款",问王旦。王旦说:"东封事很紧张,车驾就要出发,他们这是在试探朝廷的意思,以为我们钱多得花不完。"真宗问:"如此,怎样答对他们呢?"王旦说:"只需要用微小的数量表示我们并不重视借款这件事,即可。"于是,让有司报给契丹,可以在岁币三十万这个数量之外,分别再"借"钱币、布帛各三万,总六万;但要从第二年的数额内扣除。

契丹拿到六万后,感到很惭愧。

第二年,诏令再下,说:"契丹所借财帛六万,事情很微小。今年可以依照原定常数三十万给他们。但要告诉他们,以后不许如此。"

契丹因此而知道大宋"有人"。

西夏对大宋反复无常,宣誓效忠大宋,又背叛大宋。当时首领叫赵德明,有一次忽然来表,向大宋求粮一百万斛。朝议的意见是:赵德明总是敢于违抗朝廷,请下诏责备他;粮食,不给。皇上问王旦。王旦说:"请让有司在京师粮库准备百万斛粮粟,指定囷位,下诏要赵德明来取。即可。"赵德明得诏,哪里敢来京师,于是惭愧得向来使下拜,说:"朝廷有人。"

朝廷议论,王旦就是这样,话不多,但说出来,往往朝议即定,事后看,他还真就说得对。有一次,天下闹蝗灾,近臣得到一些死了的蝗虫揣在袖子里,朝议时出示,认为蝗虫已经死了,蝗灾结束了。于是有宰臣级别的官员就要率领群臣"称贺",只有王旦不同意。第一宰辅不同意,只好作罢,但在群臣和真宗那里,这事多少有点让人扫兴。但是过了几天之后,正在上朝,忽然间,飞蝗蔽天,从大殿前密密麻麻地扫过天空。真宗见此情景，叹息道："假使那天百官称贺，现在飞蝗忽然而至，岂不为天下所笑！"


## 荐寇准不遗余力

王旦的雅量也让这个宰相在历史上"得分"不少。

他家中养着厨子，可能有克扣肉食的毛病，于是王府子弟就向他告状，说一家人吃肉总觉得不够饱。

王旦问："你们一天吃多少肉？"

子弟答："一斤。但现在只能得到半斤。"

王旦又问："如果满一斤，能饱吗？"

子弟答："那就应该能吃饱了。"

王旦说："以后每天准备一斤半肉。"

有一次，他在朝还没有回府，皇上派人给他家里送来十壶御酒。王旦的哥哥马上让人见王夫人，取了两壶。

王夫人说："这是皇上赐给的，要等相公回来看看再分。"说罢，又将那两壶酒拿了回去。

这位哥哥大怒，拿了根棍子过来，把十个酒壶全部打碎，美酒流了一地。

王夫人很窝火，不让人收拾，留着这个局面给王旦看。

王旦回家看到，听左右说了来龙去脉，就对夫人缓缓说道："人生光景几许时？其间何用较计！"

只有这一句话，其他的话不说。

事情也就如此不了了之。

在很多时刻，"不了了之"是最好的结局。读书、读史，也应该在这类"故实"的字里行间看到生活的艺术和智慧。能看懂、参透王旦这种雅量，以及"不了了之"背后的吉凶祸福，是智者。

但这种雅量还不算什么。他最宏旷的雅量是对寇准的姿态。

他与寇准先后为相，但他在寇准罢相后，还是多次推介寇准。

寇准在枢密院时，王旦在中书。中书有文件送往枢密院，格式上违反了制度规定，寇准就拿着中书的文件向真宗汇报；王旦被皇上责备，同列被责罚，王旦只是拜谢，不解释。

之后不久，枢密院也有文件送往中书省，也犯了同样的错误。中书朝臣很兴奋，拿着文件给王旦看，意思是要王旦也送给真宗，报复那个"寇老西"！

王旦很安静地说："送回枢密院。"

寇准接到后，很惭愧，见到王旦时不免真诚地夸赞了他，但王旦不做回应。

寇准被免去枢密职务后，又托人私下找王旦，求官，而且还求做地位极高的赠官：使相。

王旦感到不可思议：将相这么高级的任命，怎么可以强求呢？他对来人说："我不接受私人请托。"

寇准得到消息后，不免对王旦有了恨憾，多次说王旦坏话，王旦一律不计较。王旦深知寇准是不世之材，当朝无人可及，而且也理解寇准这种"敢以天下为己任"，无所深藏的性格，所以还是很认真地推荐了他。

不久，寇准出任节度使，并同中书门下平章事，再次入相。寇准入朝向真宗拜谢，说："如果不是陛下了解臣，哪能到此！"真宗于是告诉他来龙去脉，王旦怎么怎么推荐了他。这次，寇准对王旦有了深深的愧服。

宰辅之职，哲学一点说，是"燮理阴阳"，也即让国家阴阳和谐，人才各得其用，万物各得其所。王旦撇开寇准的"小德"亏惭不论，全以大宋国运为考量，故推荐寇准不遗余力。

但寇准是个不拘小节的人物。他在外郡任职，自己生日那天，建造巨大的喜棚，大宴宾客，所用的服饰奢侈不说，还出现了制度僭越。他得罪人太多，于是被他人告发。

真宗很不愉快，对王旦说："寇准这厮事事都想仿效朕，这可以吗？"

王旦很安静，仿佛在听一件无关紧要的小事，缓缓答道："寇准贤能是贤能，但对他的'傻呆'，您说有什么办法！"

一番话，说得真宗心意疙瘩全消，也说道："对，这正是'傻呆'而已。"

一场可能的大狱消弭于无形之中。

这就是避免"焦头烂额"的"曲突徙薪"之举。一代名相，为护持大宋的人才和元气，为推动大宋帝国"敛天地之杀气""召天地之和气"，堪称不遗余力。

寇准再次拜相，也源于他的临终推荐。

王旦病重时，真宗命人抬着轿子将他请入禁中，让王旦的儿子和近侍搀扶着他，在延和殿讨论未来的宰辅人选大事。真宗问他：

"爱卿现在病情这么严重，万一有不讳，让朕将天下事付给谁呢？"

王旦感谢皇上信任，但他觉得任命宰辅还是应该皇上自己拿主意，就说：

"知臣莫若君，惟明主择之。"

真宗再三问他，王旦就是不回答，他就是要知道一下真宗自己的心思。当时，名臣张咏、马亮都是尚书，都可以是丞相平章事的人选。

真宗就问他："张咏如何？"

王旦不回答。

真宗又问："马亮如何？"

王旦还是不回答。

真宗再恳求他："爱卿试着说说你的意思啊！"

王旦这才勉强坐起，费力地举起朝笏，说："以臣之愚见，宰辅一职，莫若寇准。"

真宗一下子流露出失望的表情，对王旦说："寇准性情刚猛、偏执。爱卿再想想，还有谁？"

王旦很肯定地说："他人，臣所不知也。"

说罢，就请求道："臣病得厉害，不能这样硬撑了。请允许臣回府。"

王旦不久病逝，真宗思前想后，最后还是任命了寇准为相。

寇准与王旦没有私交，且曾经多次"诋毁"王旦，但王旦知道这位"寇老西"实在是难得的大才，由他支撑大局，应该能够抑制住王钦若、丁谓之辈不至于祸害天下。这种"以天下为己任"的姿态和品质，从第一代名相赵普而来，已经逐渐成为大宋帝国的宰辅传统。

## 王旦隐忍相位

王旦为国家进荐的人才，很多都被真宗起用，很多都成为大宋栋梁。但他也会区别对待。寇准毛遂自荐，可以，他人就不可以。承认人与人之间的差异性存在，就知道此事无关"平等"，乃是史上屡见不鲜的"英雄惜英雄"。王旦所"惜"者更在"英雄"之上。王旦重"品"。

有一位谏议大夫名叫张师德，是太宗朝名臣张去华之子，有文采，很想做中书省的知制诰，就两次到王旦家来"访问"，都没能见面。于是认为是有人在王旦前毁谤了他。他找到好友，当朝大臣向敏中帮忙。

等到议论选用知制诰时，王旦对向敏中说："可惜了，张师德。"

向敏中问他，王旦说："我多次在皇上面前推荐张师德，说他是名家子弟，很有士子的操行。没有料到，他却两次到我家中。这可不好。已经状元及第，前程已定，就应该静候。他这么为名利而奔竞，那些没有门路求官的人怎么办呢？"

向敏中于是告诉王旦，说可能有人"潜毁"张师德。

王旦说:"我这里哪有人敢轻率毁谤他人! 这不过是张师德这位后进, 待我轻薄而已。"

向敏中坚持自家意见, 说:"如果有知制诰的空阙, 希望您想着这事。"

王旦也坚持自家意见, 说:"必要暂且缓缓, 要让张师德知道, 奔竞无效, 以此来劝诫那些贪图进用的人, 更因此而激励一下世俗的浮薄。"

王旦这个儒臣, 不乏"五常"仁义礼智信之德, 尤其不乏"智", "明智""智慧", 但是当他知道皇上一定要迎"天书"之后, 就有了局促不安。当皇上在没有任何名义下赐给他一壶珍贵的明珠时, 他知道, 事情已经不可挽回, 皇上是不可能回转心思了。王夫之在《宋论》中就分析道: 真宗"欲有所为, 而厚贿其臣以求遂, 则事必无中止之势"。如果王旦力争, 不但没有结果, 反而会令事情变本加厉, 那些怂恿真宗的人就会编发出种种"潛毁之言", 危及禄位, 也玷污令名。如果辞职不干, 则王钦若、丁谓、陈彭年等人就会上位, 将国家交给那种人, 则"国益危"。宰辅之位, 系国之安危。王旦在进退失据中, 最后下决心隐忍于相位, 撑持起这一番必将"遗后世之羞"的运动。

王旦在做"不得已"的大事。

寇准之后, 他在孤独地撑持大局。

就在这个格局下, 王旦应该能够回忆起"圣相"李沆的远见卓识。那时节, 李沆告诫他不能让皇上优哉游哉, 要经常用一些水旱灾异之类的"小事"来提醒年轻的真宗, 以免皇上生出"侈心"来。

那时节，王旦还不能深信李沆所言，直到"天书"之事兴起，封禅大典开始，他才觉悟到李沆就是李沆，远远胜过自己的判断。

这不是王旦的自家感觉。史上自有"责备贤者"的春秋笔。

南宋史家王称，在他的《东都事略》中就说：李沆、王旦相继出任真宗朝的宰辅之职，二人执政，阴阳和、风雨时、水土平、草木茂，外患不兴，中原富有，天下安居乐业，可以说是称职的宰相；但李沆还是在太平时日每天上奏一些水旱盗贼之事，以此来防备君主的"侈心"，他的"先识远虑"已到这种地步。与李沆相比，王旦"于此有愧于（李）沆"。

元代史家脱脱，在《宋史》中就说：王旦当国最久，许多事迹他人不及，很多大事，都能一语而定，堪称"伟哉宰相才"；唯有接受王钦若之说，演成"天书之妄"，"斯则不及李沆尔"。

但王旦违心来做这一场神鬼妖妄活动，内心一直很郁闷。

那时，真宗皇帝很信任他，更倚重他，遇到大臣有所请求，真宗必定要说一句："王旦会以为如何？"但是王旦还是不高兴。史称"（王）旦与人寡言笑，默坐终日"。在中书，他常常默默地坐着，一言不发。即使在朝廷奏事，群臣有不同意见，议论纷纷，他也等到静下来，说一句话就定下，不再多言。回到家里，有时会顶着冠带、穿着朝服，进入静室独坐，家人谁也不敢见他，也不敢问。王旦的兄弟王旭知道这事后，很担心哥哥，就去问好友赵安仁。赵安仁说："朝廷议论一件事，你哥哥不愿意推行，但是还没有最后决定。这情况，估计一定是他在为朝廷事忧虑。"

## 生民膏血，安用许多？

王旦不慕虚荣。

有人要卖一副玉带，很漂亮。王旦的弟弟王旭相中，就拿来给做了大官的哥哥看。

王旦让王旭戴上，问他："还能看到漂亮吗？"

王旭说："我系着它自己怎么能看到？"

王旦说："自己戴这么个沉甸甸的东西，让观看的人称好，这不也太劳烦了吗？"

王旭赶紧将玉带退了回去。

他人的毁誉不是评判自我的尺度，足够自信的人物，不会在意他人东说西说。王旦就用这个方法教育了弟弟。

东封之前，中书、枢密二府讨论要为官员"增饰车服"，以此来让这场法事更为盛大。

碍于众意，王旦没有反对，但他自己也不做准备，不干这个活儿。

王钦若等人不放心，就派人每天观察王府，看他是否在"增饰"什么。始终没有动静。王钦若就让人做了一副"绣鞯"，也即刺绣精美的鞍鞯给王旦送去，附信说："前此二府曾议论此事，我怕大人忘记，已经让人做了这个给您。"

王旦让人按照市场价格给王钦若付了银钱，但将"绣鞯"搁置起来不用。

王钦若问他，王旦说："我平时骑跨的，都是君上所赐，已经不算不华美了，岂可以更做奢靡、超越制度规定。"

王旦此举，一来是不喜欢虚荣，花里胡哨的东西在他看来并不美；二来是他在用"克己"功夫约束自己。至于他人，不问，不用这种道德标格去约束他人。这就是圣相提倡的"身教"。史家之所以记录此事，自有"史心"。中国史家，多是儒家。

王旦做事专注，他的视野、思虑都为天下意识所占据，与李沆一样，他也是个不愿意为琐事分心的人物。他家中大宅门年久失修，有一次门坏了，修门时，人只能暂时从廊下侧门出入，王旦就骑马俯伏在马鞍上，等到从侧门进入；大宅门修好后，再从大宅门进入，根本不管不问。他脑子里压根就没有这事。

有一个执鞭坠镫的控马士卒，到了任期，来辞别。

王旦一看，不认识，就问他："你给我控马多长时间了？"

控马卒说："五年啦。"

王旦说："我不记得有你。"

控马卒遗憾地告别，转身离去。

王旦招呼他回来，说："你就是某某某啊！"于是给了一笔丰厚的赏赐。

原来，这个控马卒，每天牵着马走在前面，王旦在马上看到的总是他的背影。现在，他辞别转身离去，王旦再见他背影，才想起他是谁谁谁。

像李沆一样，王旦也不治家产。他说："子孙应该都想着怎么独立，不要试图分沾祖上遗产。何况田地第宅，不过会让后人陷入争夺财产的不义之中而已。"王旦对财富之类，不是不重视，是不关心。

真宗后来知道他的宅子很简陋，就想为他修整一番。

王旦想了一个很好的理由拒绝："臣这宅子乃是祖宅，为先人旧舍，不忍动。"

真宗这才没有替他翻盖。

胸中自有万千丘壑之大格局者，不仅视财富为身外之物，生活趣味也往往在财富之外。他们不会为财富所累。这类话头听上去像是"大言"，但对古来为数不多的圣贤人物，如李沆、如王旦而言，实是"实言"。财富，对他们个人而言，实在是太不重要的东西了。

他的哥哥早逝，但他承担起侍奉寡嫂的责任；抚养弟弟妹妹们也都很尽力。朝廷的赏赐，以及他的俸禄，他都会拿出来，与宗族共享。家中生计全部委托给兄弟王旭管理，他对此类事"一无所问"。

甚至，财富、名望经常让他心生畏惧。他晚年时，经常被加官，每次加官，家人都要祝贺，每次祝贺，他都立即要求中止，并因此对他的兄弟王旭说：

"遭遇如此，愈增忧惧，何可贺也？"遭逢际遇到了这一步，更让我增加"满招损"的忧惧，哪里值得庆贺呢？

功名利禄之前保持"谦抑"，而不是"骄狂"，是美德，事实上，也是智慧。儒学论"五常"，仁义礼智信，这之中的"智"，就包括了"谦抑"的智慧。道理浅显，但践行者不多。所以，史上无数"满招损"的故实，依然挽救不了现世的骄狂之败。考古今之"谦抑"，不得少时庭训谕导，必得幸遇圣贤教化。没有此等经历、阅历，寒酸措大骤然富贵，人性中陡然而起的贪欲往往在"节制"与"当位"缺席之际，自我膨胀而"骄狂"，于是，败德而后败身……王旦警觉者在此。他的"忧惧"源于对人性贪欲的"节制"，而在自省中，复归于"当位"，圣贤应当静居的位置。

但他对财富需求的节制，也因为他懂得民生不易。

传统道义中，节俭，尤其是官员的节俭，具有"民生"的意义。有记载说，朝廷经常会有赐予，而赐予的财帛器物，往往就由有司派员直接送到府上。而王府家人得到这类宫廷赏赐后，喜欢在大厅中迤逦摆开，慢慢欣赏。这也是人之常情，王旦不愿意拂逆；但他不愿意像个守财奴一般，点检、看视。有一次，他闭上眼睛，听凭家人欣赏，自己叹息道：

"生民膏血，安用许多？"

于是，他在朝官外放时，总不忘当面训诫他们：爱惜民力。

到了垂暮之年，正是老人贪财的年龄时段，但他有一次面临真宗皇帝给他的巨额赏赐，上表谢绝了。表章中说："已恨多藏，况无用处？"臣已经很遗憾，家资太多了，何况这类赐予，对臣没有什么用处。真宗不允，他最后还是没有接受。

他平时自奉非常俭约，吃的、喝的都不多，史称"饮啖全少""清苦如此"。


## 不信"怪力乱神"


王旦，在真宗朝执政十八年，为相十二年。"天书"降临时，他是总管，天书仪仗使；封禅大典时，他是总管，大礼使；玉清昭应宫建成时，他也是总管，玉清昭应宫使。他从头参与了真宗一朝"神道设教"活动。天禧元年（1017）因为病重罢相，但以太尉职务继续掌领玉清昭应宫使。当年深秋，王旦病逝，赠太师、尚书令兼中书令、魏国公，谥文贞。文贞，与文正相近，都属于一等一的谥号。有人认为王旦谥号是"文正"，误。是因为初谥"文贞"，但他死后，宋仁宗践祚，与仁宗名"赵祯"犯讳，故在书写时改为"文正"。

王旦临终时最后悔的事，就是未能阻止真宗"神道设教"系列行为。

王旦病重，真宗亲手调制汤药给他，派内侍一天到王府三四次来探望，给他送来宫中的山药粥。王旦告诫子弟说："咱们老王家，一向盛名清德，你们应致力于俭朴，以此保守门风，不要过于奢侈。我死后，不要厚葬，黄金财宝不得入棺。"王旦留给家人的最后一句话是：

"我别无过，惟不谏天书一节，为过莫赎！我死之后，当削发披缁以敛。"

王旦非常后悔参与从"天书"开始的一系列"怪力乱神"活动，这些都与他受过的圣贤教育相距太远。所以，想用死后削发，按照僧道模样入殓，来消除俗世罪愆。但是后来儿子听从了时贤的意见，没有这么做。

王旦不信"怪力乱神"。当初，他中进士及第后，出任平江（今属湖南）知县。据说，当地官舍一直有怪物占据，而且还时常弄些恶作剧出来，使人无法居住。王旦到任前一晚，看守官舍的官员听见群鬼呼啸，说："相公到了，我等该避开离去啦！"据说从此怪物绝迹。

这类传说映射出的，不仅仅是"以正压邪"的评价，也包含了对王旦不信"怪力乱神"的清醒认识。

王旦做事谨慎，对人也很有一点识别能力，往往有预见。

大中祥符五年（1012）时，真宗曾经梦见赵氏始祖赵玄朗，据说他是"人皇"九人中的一人，曾经转世为轩辕黄帝；到了后唐时，奉玉皇大帝之命，赵玄朗于七月一日再次降世，主管赵氏家族，总治下界。于是，赵玄朗被真宗封为"九天司命保生天尊大帝"，庙号"圣祖"。为此，"玄朗"二字还成为后来的汉字避讳，名将杨延朗就为此改名为杨延昭。赵玄朗的夫人也被真宗追尊为"元天大圣后"。即将建成的玉清昭应宫，主要是奉祀玉皇大帝和"天书"，它的后殿，就成为祭祀赵玄朗的正殿。但为了崇奉这位"圣祖"，真宗特意在兖州界的曲阜附近建造景灵宫，祭祀轩辕黄帝也即圣祖赵玄朗。

王旦，就出任"景灵宫朝修使"，负责到兖州去监修景灵宫宫观。

与王旦同行者为宦官周怀政。此人乃是真宗朝最重要的大宦官，精明果敢。他在后来真宗病重时，联系当朝重臣杨崇勋、杨怀吉，密谋刺杀佞臣丁谓，拥立仁宗皇帝，奉真宗为太上皇，最后事泄，被杀。

王旦很可能预感到了此人气场的某种危险性，或者也因为他是一个宦官，不愿意落一个"交结内侍"的污名，所以，一路上对他始终保持敬而远之的姿态，不做私人情感联络。周怀政倒是很愿意结交这位名动天下的宰辅，所以有时候会找由头"请见"。王旦得到门人通报，就要随从们都来陪见，而且他会在后堂一本正经、冠带整齐地等待，等随从们都到了，他才出来到大厅接见周怀政。

人们都认为王旦这种以礼相见、不通私情的做法有点过。但是后来周怀政"谋逆"事发，人们才意识到王旦的深谋远虑和识人之明。

与危险的人、倒运的人、小人相处，都需要特殊的智慧。王旦此案，可以给予涉世不深的君子以启发。

王旦虽然不及李沆那般富有洞察力，但对人的识别也超越流俗甚远。

他的好友、大才子杨亿，有一次论及正在风头上的丁谓。王旦说：

"丁谓才能不凡，但治理朝政之道就未必。将来他居于高位，如果有德者能帮助他，可以保终身吉祥；如果他独揽大权，必为自身牵累。"后来的事实，证明了王旦的预见性。

王旦厌恶丁谓，对他耗费公帑，推动玉清昭应宫的建造，更心怀不满，但碍于真宗"神道设教"的"总体设计"，他无法中止此事，并且还要跟着一块推动，因此，内心极为郁闷。到了玉清昭应宫建成，丁谓令人准备酒食在宫观门前的帐幕中，为游人免费提供。但游人越来越多，负责饮食的官员备下的各类免费食品质量很差，史称"多薄恶，不可食"。于是有人到丁谓这里来投诉。

丁谓就到相府宰辅办公室向王旦请示应该怎么办。

丁谓说了一遍，王旦不答。

再说，还是不答。

连说三四遍，王旦就是不答。

丁谓此时已经做到参知政事，副宰相，只比王旦官低一级，他见王旦如此"傲慢"，不禁鼓勇变色，质问王旦："相公何以不答？"

王旦这才徐徐回他："此地不是与人理会馒头、夹子处。"

中书省、政事堂，这个地方是讨论军国大事的地方，不是跟人讨论馒头、夹子、二锅头的地方。

丁谓对王旦怀恨在心，多次败坏王旦。

但是王旦德高望重，丁谓要扳动王旦，还没有可能。丁谓也是权谋家，王旦直道而行，要抑制丁谓，也有难度。最后让丁谓倒霉，替王旦扳倒丁谓的，是另一位谋略家，王曾。这是后话。


## 祸害大宋的"五鬼"


丁谓并不是邪恶之徒，此人治国有术，关注民生，也忠心耿耿；但他在史上的地位，以及史家的评价，很低。

他是大宋帝国第二十位宰相。与他先后出任宰相的王钦若一样，也是南方人。前此十八位宰相都是北方人。地域不同，是否存在着气质上的差异？是史上聚讼不已的问题。宋太祖似不相信南方人，所以他有遗训："不得令南人为相。"但真宗不信这个，他越过了太祖的这一道"家法"，连续任命两位"南人"为相。真宗以后的大宋，南人为相的数量超过了北人。事实应该是，自从真宗之后，太祖"遗训"并没有得到"贯彻执行"。但令人讶异的是，真宗朝这两位"南人"，加上林特、陈彭年、刘承珪，被时人谴称为祸害大宋的"五鬼"，似乎证实了太祖"遗训"的"远见"。

事实是否如此？

称之为"五鬼"的"时人"其实乃是"士人"，更具体说，它源于名相王曾的一次奏言。但因为王曾后来的影响力不下于王旦，故"五鬼"说得到了有效传播。但是，当我进入史料中检点这五位大宋名臣时发现，"五鬼"这种评价，作为贬称、严论、"春秋笔法"，可能狠了点。

## 财务次官林特

且说林特。

林特出生在今天的福建，年少时聪明好学，曾在十岁时带着文章觐见南唐中主李璟。李璟很惊奇，当场出题让他作赋，林特顺利完成。于是被授命为兰台校书郎。进入大宋后，太宗时做到大理寺丞和陇州（今属陕西）通判。名相吕蒙正欣赏他，推荐为三司户部勾院通判。

真宗朝时，有一位财政官员管理陕西盐政，有制度变革，地方褒贬不一。真宗就命林特调查此事并给出意见。林特送上来的报告认为：制度变革不佳，既不利民又不利国，请恢复旧制。真宗欣赏这个意见，擢升了他的官职。他在后来管理茶政时，又据实情做了制度调整，让宋代的茶税每年增加收入百余万。

林特从此进入大宋帝国的财政官员系统，成为丁谓的副手，在整个"神道设教"活动中，他都是跟随銮驾的财务次官。

工作中，他发现了丁谓的才干，出于内心的尊敬，他每次见到丁谓一定要施拜见礼，一天之中有时要见三次，每见一次就要拜见一次。这种毕恭毕敬被后人称为"巴结"。丁谓得到知音，也很受用，于是对待林特也很关爱，总是在真宗面前推举他、表彰他。

王钦若颈上有个大肉瘤，人称"瘿相"；丁谓则长相很猥琐，像个猴子；林特更是身体瘦弱，弱不禁风。这几个人都是一副病态模样，却个个才华出众。林特精敏，做事称职，丁谓几乎离不开他。而林特虽然病弱，却没有请过一天病事假，每天伏案工作，对大宋财政状况了如指掌。真宗也很欣赏他。但史称此人"天性邪险，善附会"，与丁谓、王钦若结为"朋党"，对不满意的人物，会有些小动作。真宗有时要向林特咨询朝廷大事，他们几人就借此机会巧妙地诋毁、中伤同僚，为人所惧怕——不知道他们会对皇上说些什么"潜毁之言"，于是，朝中有了"忧谗畏讥"之象。

翰林学士、工部侍郎杨亿，乃是当朝一等一的大才子，而王钦若、陈彭年也是不遑多让的才气纵横之人，互相间不免有了"文人相轻"的恶习。而杨亿从一开始就反对"神道设教"，虽然后来也参与，但那是不得已的违心介入。他与"五鬼"的对头寇准、王旦又是好友，这就让王钦若一伙儿对他有了不满。有记录说，杨亿做翰林时，曾有"新幸近臣"试图拉他入伙，对他说：

"君子知微知章，知柔知刚。"意思就是要知道隐幽之秘，也要知道明显之势；知道该低头时低头，该耿直时耿直。

这是要他懂得进退之道，争取跟"我们"做成"同党"。但读过圣贤书的杨亿不吃这一套，于是"正色厉声"回答他们说：

"小人不耻不仁，不畏不义。"小人是没有羞耻、没有仁心，不敬畏天道、不施行正义的。

这位"新幸近臣"没有留下名姓，但应该就是士林"春秋笔法"下的所谓"五鬼"之一，而林特也在其中。

根据后来的事实推演，可以知道，杨亿遭遇了反对力量的"倒杨"运动。

说有一天，杨亿在学士院值班，忽然夜里被真宗召见，来到一个小阁。见面后，吃茶，很私密地聊了会儿天，真宗拿出几箧文稿来给杨亿看。杨亿看时，都是真宗手迹。随后，真宗静静说道：

"爱卿认识朕的手迹，你看看，这些文件，都是朕亲自起草的，可没有让他人代笔啊！"

很显然，有人在真宗前进了"潜毁之言"，大意应该就是杨亿认为宫禁传出的旨令、诏书，很多都是他人代笔，真宗没有那文采，诸如此类。而真宗只是向杨亿证实一下：我赵恒也会写文章呢！

说起来这事有点"孩子气"，但帝王有此举动，让敏感的文人不免心惊。本案真宗不计较，以后别的案子呢？那些"潜毁"者，还会有什么举动呢？莫测。这就是宫廷内耗中，进谗言的基本模式。

如果"天性邪险"的林特参与了"倒杨"运动，这事可做一注脚。但如果林特没有参与此事，则"五鬼"的标签安在他头上，可能不合实际。


## 九尾狐陈彭年

陈彭年是丁谓的另一位"死党"。

他是江西人，也是一个爱读书、"幼而岐嶷"的神童，而且是独子。母亲疼爱他，不让他夜里读书，他就设法在密室遮住油灯偷偷读，常常读书到天亮。显然，这个孩子对世界有强烈的好奇心。他关心治道，十三岁时写下讨论天下大事的《皇纲论》。江西在南唐管辖之下，后主李煜听说他的事迹后，就召他入宫陪伴皇子读书、交游。进入大宋后，他跟从著名学者徐铉修习"小学"，也即"文字学"。后来他著的《大宋重修广韵》，成为中国历史上最重要的音韵学专著之一。

他才华太出众了，因此两次科举都被黜落，原因是他曾写诗讥讽时贤和人事，主考认为此人年纪轻轻太轻浮。科考时正赶上京城喜庆，有聚会宴饮，他骑着驴，从东华门到城墙下，一边走一边吟诵作赋，就像当年王勃在众目睽睽下书写《滕王阁序》，一句句被人接力书写传递，短短的一段路，居然成赋数千言。此事在考生中传为佳话。

第三次考中进士后，好容易做了小官，但因为受某案牵连又被罢官。直到真宗践祚，他才渐渐做了朝官和知州。

陈彭年也是一个颇有"社稷臣"格局的人物。

真宗朝时，居安思危的臣辅们大多能在繁华的背后看到国家弊端。就像西方不乏"理性批判"的知识分子一样，大宋帝国也总是不缺乏批评朝纲的人物。陈彭年也在这个谱系中。

他看到了国家的问题，提出了五条"改革措施"，包括官员铨选、慎择法吏、简化格令、汰省冗员、公开选举等，都能切中时弊。

他与真宗还一起探讨儒学与国家治理的关系，以至于真宗提出了"君之难为，由乎听受；臣之不易，在乎忠直"的观点。国家统治者对不同意见，首先是和气倾听，而后是选择性接受；国家精英对天下之弊，首先是忠诚进言，而后是直道而行。这类局面，从太祖以来就开始推演，历代不乏"明君"与"贤臣"反复讲述，互相戒惕，几乎成为大宋帝国三百一十九年的优良传统。陈彭年为了使真宗这个意见足以训诫后人，就鼓励真宗写成两篇文字《崇儒术》与《为君难为臣不易》。拿到这两篇御制后，他当即请求辅弼大臣，在国子监刻石永存。

大儒杜镐也看出陈彭年学识渊博，就推荐他进入崇文院，修《起居注》，更与王钦若等人一起修《册府元龟》。

后来，他在主持贡举时，还提出了"糊名制"，就是将考生考卷的籍贯姓名等个人资料做"弥封"处理后，再交文员誊录，然后交给主考官判卷。这样就从制度上避免了可能的科场舞弊。显然，这是实现公正的制度化规定。

像林特一样，陈彭年也是个"工作狂"。他后来升入内阁，事务更为繁忙，以至于精疲力竭，衣服都会穿颠倒。他应该是患有严重的神经官能症。家中常年培植的石榴花他都一时忘记这是哪儿来的什么东西。"神道设教"以来，他从头到尾参与了"天书""封禅"等活动。朝廷改元天禧时，他陪同真宗祭祀天地神祇，又祭祀"天书"、祭祀太庙，结果在走向太庙途中，晕眩倒地，不久病逝。这样的人物，怎么会被纳入"五鬼"之列呢？

犹有意味的是，他不仅被人纳入"五鬼"，还有一个更糟的绰号——"九尾狐"，意思是说他"非国祥而媚惑多歧也"，不是国家祥瑞，又足以迷惑人心，诡计多端，高深莫测。

那个不识自家庭院石榴花的公案，就被人解读出了另外的意义。记录者认为他被真宗信任，就竭尽忠诚和思虑，以求巩固这份恩宠。于是大力赞襄佞臣王钦若、丁谓之辈的"符瑞"运动，急求能够被重用。在他困思焦虑试图大展宏图之际，即使是寒暑燥湿也都置之度外，完全感觉不到。所以有一天到了"休沐日"也即洗头洗澡的休假日——顺便说，宋代的公务员假日可能是历朝历代最多的，各类假日五花八门，加在一起，每年约在百日以上——他洗漱完毕，在自家庭院转悠，忽见红英坠地，竟惊讶问家人："这是什么花啊？"

家人告诉他："石榴花也。"

他更惊讶："这个地方有石榴啊？"

史称他"锐进专一如此"，一门心思想着能做一番大事业。

但我是没有看出这个故实与"九尾狐"有何瓜葛关联。

我也试图从野史记录上去搜寻他的"劣迹"，但发现的一些也不是什么了不起的大事。《梦溪笔谈》《墨客挥犀》记录了他同一件事，说他博学书史，对礼制文献尤其熟悉。他在做太常卿职官时，有一次行仗的导驾走在了皇帝出行的黄土铺街的御道上，被有司制止。没有想到陈彭年很严肃地说：

"自有典故。"我这走法是有典故、有根据的。

有司一见，想想他的渊博，估计是真有典故，于是不敢再问，放过去了。

这事是否有典有据不论，即使无典无据，此举也无非是大言欺世，强辩搪塞，不肯认错而已，距离"五鬼""九尾狐"似还有距离。野史中很多皮里阳秋的指责，也不过是些猜测动机的诛心之论，不足为凭。

考陈彭年一生行迹，应该是因三件事得到士林不满。

第一件事，陈彭年主持贡举制定科场条目。

这事对推动科举公正自不待言，但也有弊端，就是对士子腾达的"荐举"通道可能造成不良影响。寇准就是主张"荐举"人才重于科场考试的。王旦也有此类认识。他一生举荐人才不少，重要人才尤其不是科举能够得到的。因此，官员任命全赖科场，可能并非万全。事实上也不存在万全。在官员擢用方向上，各类制度都不过是"次优方案"。

但就像寇准当年与人争执一样，王旦也看不惯陈彭年的这类"文牍主义"。

有一次，陈彭年将拟定的《科场条目》呈给中书王旦审阅，王旦直接将文案丢在地上说："翰林先生你做官才几天啊，就想要隔断天下进士吗？"

陈彭年心高气傲，但对王旦还是敬畏三分，吓得惶恐而退。

第二件事，陈彭年大力推进"神道设教"运动。

当时向敏中也在中书，有一次就拿出陈彭年的文案给王旦看，王旦居然闭上眼睛，拿出一张纸将这文案遮住，表示根本就不想看。向敏中请求当朝宰辅看一看，过过目，万一有可取之处呢？

王旦说："不必看。无非就是要说兴建符瑞，以图进献罢了。"

显然，王旦对"神道设教"的来龙去脉看得很清楚，他自己参与，是不得已，已经很羞愧，并成为终生憾事；他人有此行径，必是躁竞图进无疑。于是不看。

第三件事，陈彭年到真宗那里状告王旦。

王旦在中书政事堂，做事直接负责，有文件拿来往往批示后就执行。这事在陈彭年和几位同事看来未免大权独揽，且不经请示皇帝就执行，未免独裁得可以。所以，在他任参知政事之后，就向王旦提出了这个意见。

王旦极为自信，只是对他们的批评表示感谢，但坚决不改。

随后，这几位同僚就在向皇上奏事时，不退。

等到王旦走后，真宗发现他们不走，就问："你们有什么事，怎么不跟王旦在一起？"

几个人就向皇上说了王旦不经皇上御览就批旨奉行的事。

这事要是遇到秦始皇、汉武帝、明成祖、清世宗，估计王旦危矣，但真宗对当朝宰辅的信任真是无以复加。他听后对这几个告状者说：

"王旦在朝廷多年，朕知道他在政府，从无丝毫私欲所求。自从东封以后，朕已经告诉他一些小事可以独自裁定奉行。你们就去恭敬谨慎地奉行好了。"

现在来看，这几件事都与王旦有关。没有办法，王旦在史上人望太高了，千秋之下仍然能够感觉到他的气场。陈彭年不幸与丁谓走得比较近，又没有得到王旦的尊敬，他还向皇上告状，这就有了"害人"的嫌疑。这些事，又加上他对"神道设教"事过于热心，试图经由这一场"怪力乱神"运动谋求事业宏图，结果就得到了士林的轻鄙。

甚至几十年后，大宋士庶间居然开始流传一个故实，这个故实由宋英宗时的名流张舜民在他的《画墁录》中首先讲述。作者说，他在太学时，曾看到一个名叫陈迿的人，带着一个孩子来卖书，这个孩子又冷又饿，几乎难以支撑，而陈迿带来的书也很一般。有人说：这个陈迿就是当年参知政事陈彭年的嫡孙。陈迿的父亲陈彦博做汀州太守时，因为贪渎败露，受了杖刑后，流放海岛，所以他的后代就这样落魄了。当时张舜民很年轻，不知道陈彭年的为人，后来见到一个名叫刘贡父的人，知道了陈彭年乃是"所谓'九尾狐'者"，并认为这是陈氏作恶的报应，所谓"乃知天之报也不差"。据说后来陈迿更加贫困，就跟他的兄弟一起挖掘了祖父陈彭年的坟墓，取出随葬的金带，分了钱财，用以"抵罪"。

讲述这个故实的人将陈彭年褒贬得一钱不值。但陈彭年究竟"恶"在哪里，实在找不出更多线索。就"春秋笔法"这个历史场域而言，将陈彭年列入"五鬼"，且赋予一个"九尾狐"的差评，可能有点冤。

# 刘承珪修订"秤法"

"五鬼"之一刘承规（本名刘承珪），江苏人。

此人乃是一位宦官，地位相当高。他出入禁中，更多工作是负责外联，经常代表皇上意旨出京做事。太宗时，他甚至带过兵，率师屯驻定州接应大军。天雄军修筑城垒时，他也前往规划。西北兵力部署问题，他也提出了建设性意见。真宗咸平六年（1003），契丹来犯，高阳关守军前往望都增援，失利，刘承珪前往按问，处理了几个失职的将军。景德二年（1005），宋军在瀛洲打败契丹，他前往核实，朝廷据此嘉奖了几个立功的将军。黄河决口时，他也曾奉命治河，有功。他还制定"茶法"，有《茶法条贯》呈给真宗。内藏库的管理制度，也在他任职时，有了制度规定，后来管理这个内库，都按照他制定的《内藏库须知》执行。国家修《册府元龟》，他与王钦若、杨亿等人都是重要编修人。

刘承珪最大的贡献是修订了"秤法"。这是优化度量衡的一个技术工作。太宗淳化年间，刘承珪时任内藏库崇仪使，在"详定秤法"中，做了极为细致的推演，将称量单位精密化，在中国科学技术史上，是有章有节的人物。

他死后被赠为左骁卫上将军、镇江军节度使，谥号为"忠肃"。大中祥符七年（1014），玉清昭应宫建成后，他又被追赠为侍中。宫观中有太祖太宗二圣殿，真宗特下诏，要塑刘承珪的像，立在太宗像旁，接受祭祀。宦官得谥号，更在祖宗像旁同享祭祀，罕见。

这样一个功臣，为何也被列入"五鬼"呢？

原来，他也是在"神道设教"活动中配合丁谓，推演种种"怪力乱神"的主要推手之一。建造玉清昭应宫，敬奉"天书"、玉帝、赵玄朗、列祖列宗，这么"光荣"的工程，丁谓主持，刘承珪为副，二人都有"精益求精"之心，决计将史上罕见的这一超级大工程做到尽善尽美。而刘承珪比丁谓甚至有过之而无不及。他花起国库的钱帛来，那种大手大脚，令知情者无不咋舌。工程中，他在现场督导，已经建成的屋舍，尽管已经有了金碧辉煌的模样，但如果他看到哪个地方稍稍有点不合格或不称意，就要毁掉，重新建造。下属二级主管根本不敢跟他理论费用问题。有材料记录说，宫观中的长生崇寿殿，内中的三座塑像，因为多次返工重塑，就用去了黄金一万两、白银五千两。即使按照今天的黄金价格计算，也超过了一亿元。他虽掌管内藏库，但就这样的挥霍，是所有反对奢靡，并"以天下为己任"的士子们无论如何都看不惯的。在后来的宰辅王曾那里，除了王旦，他人参与"神道设教"活动，挥霍国帑，几乎成为"原罪"，所以，他不客气地将刘承珪列入了"五鬼"。

但这事从另外一个方向考察，等于他在追求工程质量，似不算太大的过错，更不是什么邪僻罪恶，与"鬼"是不搭不靠的。

若从"动机"考察，他则是实心实意地效忠于帝国的人物。与真宗皇帝一样，他也有"敛天地之杀气""召天地之和气"的宅心仁厚之举，与帝国精英们一起，在推演太平天下的国家工程中，尽心尽力。

他本来很精明，对部属的各类"鸡贼"小九九都看在眼里，了解他的人都很怕他，他却以一颗"恕心"在慢慢软化这可能的戾气。

甚至在"情与法"的冲突中,他可以以一种个性化的智慧,向"情"倾斜。

督造玉清昭应宫时,有一位铸铁工匠向他告发本监,说这位铸造监先后盗取黄铜几千斤,都暂时埋藏在地里。此事一旦进入司法程序,监工必死,且连累不知多少人。刘承珪听罢,不动声色,令人秘密地将盗铜取走,归公,好像不曾发生这种事。工地一切照常。这位铸造监虽然没有受到追查,他心中对刘副总管却更加畏惧,但同时也更加感激。

整个宫观工程,就这样,在一片祥和气氛中,夜以继日,进度加快,人无怨言,原定十五年的大工程,结果只用了七年即告完工。

"神道设教"活动中,封赏有功臣僚时,刘承珪功高,却谦逊地要求退休。真宗不允,还写了诗给他,敦勉他留下来,继续为帝国服务。

这样的人物,列入"五鬼",我是持有异议的。

显然,"五鬼"是名相王曾的"创意",林特、陈彭年、刘承珪是沾了丁谓的晦气,所以史上有了如此并不靠谱的编派。

# 真宗之死

　　此刻皇上伸出五根手指，又加三根手指，颇费思量。
而就是在这种"思量"中，史上有了种种刀光剑影、血
雨腥风。大宋帝国，即使"奸佞"如丁谓，也不期望看
到这类风景。但是青萍之末已有风起，祸患很可能起于
不可测度的某个微末节点。

## "神道设教"并未"祸民"反而"惠民"

"五鬼"之中，丁谓比较复杂。这是一个史上褒贬参半的人物。理解大宋帝国的"神道设教"，就要理解真宗，理解王钦若，还要理解丁谓。他们三人身上，含有太多奇诡丰富而又理性清澈的信息符码，解读这些符码，可以最大限度地认识"澶渊之盟"以后的大宋帝国，以及中原的精神世界、政治生态，甚至，认识人的多重变异性格与面目。

"神道设教"运动中，丁谓与王钦若先后为相，二人都在心照不宣地"献瑞"。王钦若是始作俑者，"功"高盖世，丁谓应该明了这一格局，于是紧随其后，不断地花样翻新，将一个个"祥瑞"上奏真宗。如果说真宗赵恒是"神道设教"运动的主角，王钦若就是运动的首倡者，而丁谓，则是运动的后期推手。

当真宗犹豫不决，担心此一运动将动用太多国帑时，丁谓奉上了"大计有余"的定心丸，鼓舞了真宗的决心，催动了真宗的行动步伐；更在随后的日子里，不断完善了运动的细节，让更多"祥瑞"也即"怪力乱神"频频出现在帝国记录中，欺骗天、欺骗地、欺骗士庶、欺骗君主，也欺骗自己。帝国在一片巫术与谎言交织的格局下，走入了前所未有的癫狂。这是任何接受孔孟之道熏陶的史家人物不愿意给予丁谓正面评价的主要原因。

大中祥符五年（1012）六月壬子日，修玉清昭应宫使丁谓上言，说正在修建中的"天书阁"前方，水池上面，桥梁栏板间的望柱忽然腾起"真气"一千多条，黄白相间。望柱似乎有了生命，又吐出银丝一般的白光，上有轻轻的白云覆盖。正观察时，忽然变成五色云。

这一"祥瑞"汇报给真宗，真宗高兴得专门作了《瑞应》诗，赐给群臣。

玉清昭应宫，主要功能是祭祀，祭祀的主神是玉皇大帝，其次还有圣祖赵玄朗以及太祖太宗，"天书"也要在此祭祀。正殿要造像，最初令江淮发运使李溥在江南各地寻访巧匠，得到杭州工匠张文昱等人，就在建安军（今属江苏仪征）西北小山建造一个冶炼场，由李溥管理。一年多以后，李溥上奏，说冶炼场有"神雀""异光""庆云"等"祥瑞"。真宗就令丁谓驰往建安军建坛答谢天地神祇、宴犒江淮官民、赏赐役夫缗钱。丁谓随后即与李溥"相为表里"——丁谓在朝廷，李溥在地方，开始搜寻奇木怪石以丰富玉清昭应宫；更招揽东南巧匠以附会真宗潜意识。为了让真宗信任李溥，丁谓向真宗汇报，说李溥自从领受冶炼道场之职后，一直在坚持吃素。真宗很高兴，下诏嘉奖。

玉皇大帝、圣祖、太祖、太宗四尊神像铸成，由四艘巨舟从建安军运往汴梁西北玉清昭应宫，那种舟船的豪华、庄严，一路上动用的人力物力之巨，宋代历史上，都是不多见的。

我在这里要为宋真宗和朝臣包括丁谓在内，不怕重复地说句公道话：在运送神像以及所有的"神道设教"活动中，大宋都没有"加赋"征调，更没有"摊派"聚敛，相反，总是为了上报天恩，多次为地方蠲免赋税，哪里有活动，就在哪里蠲免。有时蠲免夏税，有时蠲免秋税，有时两税皆免；有时蠲免部分，有时蠲免全年。除此之外，还常常给活动主场地区和车驾经由地区的士庶、役夫、工匠赏赐，有时赏赐器物，有时赏赐钱帛，有时赏赐粮米。蠲免的数额极大，以至于财政管理者丁谓都觉得吃不消，担心国库钱帛捉襟见肘，但真宗坚持民生理念，坚决蠲免；赏赐的数额更高，但真宗仍然坚持赏赐，先后"返还"于民间的钱帛，巨亿不止。所以，就"民生"这个主题而言，"神道设教"整场运动，不但没有"祸民"，反而是在"惠民"。

"祀汾阴"的回程路上，真宗在洛阳附近的巩县祭拜了太祖太宗和赵氏祖先的陵墓。离开洛阳向汴梁走时，他对辅臣说：

"顷者朝陵，车舆所过，并从官给，其不得已，或假借于州县。朕潜遣使询访民间，皆云无所搔扰，此甚慰朕心也。"

这几天朝拜祖陵，车驾所过之处的钱帛财力需求，都从国库调用，遇到不得已的时候，偶尔向附近州县假借。朕担心因此而有聚敛摊派行为，于是暗中派出使者去寻访民间，得到的回馈是：都说没有官方骚扰。这是很让我欣慰的事。

王旦说："朝廷每举大礼，或议巡幸，闾阎小民，无不搔动。比闻群情妥帖，信不扰所至。"朝廷每次准备举行大典，或者讨论巡幸大事，黎民百姓受五代乱世影响，以为又会骚扰民间，因此总有不安。但是臣等得到群情安定、秩序井然的报告，相信这就是我们没有骚扰民间的结果。

王钦若说："车驾所至，民但忻闻舆马之声，鼓舞道路，岂复有所劳扰耶？"皇上所到之处，黎民听到车马之声，人人高兴，在道路上围观跟随，欢欣鼓舞，哪里有劳烦、骚扰民间的举动？

"神道设教"活动中，"劳民"是"劳民"，但是有报酬；"伤财"是"伤财"，但是民间很安静。没有了战争，国家税收，大多用在了"神道设教"中。钱帛如流水，从民间流向左藏库，再从左藏库流回民间。所以，大宋帝国的"好大喜功"，修宫观、做大典，与传统中"劳民伤财"的大兴土木之类，是两种性质。大宋是"市场行为"，所有的劳役、器物，皆来自购买。花费基本都由三司从国库支取；国库暂时不足，就从内藏库假借；车驾在路，一时经费不足，动用地方财政，也是"假借"行为，而不是摊派。大宋帝国，不是掠夺集团，不会借着"崇高"旗帜巧取豪夺。这也是真宗一朝弄出这么大动静，却没有引发社会矛盾、社会危机的主要原因。

这位被"天下目为奸邪"的财政总长，后来的当朝副相、宰相，丁谓，依仗着对国家财政的熟悉，有效控制住预算，将这场"游戏"一直陪真宗"玩"到了真宗晚年。总评一句就是：花钱不少，动静极大，但海晏河清，天下太平无事。

## 冒险入溪蛮营寨

丁谓在真宗朝先后出任右谏议大夫，权三司使，加枢密直学士，礼部侍郎，参知政事，工、刑、兵三部尚书，最后做到同中书门下平章事，也即宰相之职，但还同时兼任昭文馆大学士，监修国史，太子少师，封为晋国公，故史称"晋公"。丁谓成为大宋帝国权势极重的第一宰辅。

他算是平江军（今属江苏苏州）人，督造玉清昭应宫之后，命为平江军节度使，这就等于"衣锦还乡"了。真宗对他有"知遇之恩"，他回报给真宗的就是尽心竭力。

考大宋诸相，丁谓的才艺也是出类拔萃的。他通晓天象，明了占卜，士人的雅玩、琴、棋、书、画、诗词、音律之类，他也可以信手拈来，文章写得也棒，时人认为可以上追韩柳（韩愈、柳宗元），有"今之巨儒"之美誉。

他的诗学杜甫，对杜甫留下的诗篇很多都能背诵。一次，真宗问诸位："唐代的酒，卖什么价啊？"

别人一时答不上，丁谓脱口而出："每斗三百钱。"

问他何以知之。

丁谓说："杜甫诗为证：'速宜相就饮一斗，恰有三百青铜钱。'"

这类"急智"，他一生多有。

某日，真宗臣仆们在后苑赏花钓鱼，一些莺鸟见车驾来到，纷纷穿过花丛飞走，鱼也久久不来上钩。真宗大约在内心以此境卜算某事，钓不上来鱼，不免气馁。

丁谓笑着赋诗道："莺惊凤辇穿花去，鱼畏龙颜上钓迟。"

真宗见他这两句诗道出眼前景、当下情，很高兴，欣赏玩味了很久。


丁谓不仅是个才子，他还是个懂大局、善于处理复杂局面的政治家。

太宗时，峡路（今属四川东部，治所在夔州，为北宋省级行政单位）往往有"蛮族"起事，丁谓以太常博士身份前往察访、监察、奏报，"体量公事"。到任后，他没有诉诸武力，而是反复晓谕，最后兵不血刃，平定地方。

真宗践祚后不久，咸平三年（1000），益州（巴蜀）有王均之乱。而地方更有小股边民趁机作乱，可是此际北部契丹正在与大宋展开"五年战争"。形势一时有了莫测的风险。

靠近川东的高州（今属湖北宣恩），五代时曾有一位名叫田景迁的溪蛮人在此创建割据势力，也算一方藩镇，名义上属于后蜀，但后蜀的军事力量达不到此地，于是田景迁乐得做了多年土皇帝。归宋之后，太祖赵匡胤对此地施行"羁縻"政策，田景迁死后，其子田彦伊承袭父职，为高州刺史。

真宗时，依旧对此地施行"羁縻"政策。但这时，王均之乱正在势头上，高州附近几个州郡以担心贼军战火东播为由，召集数州兵众并高州溪蛮子弟预先做出战略"捍御"姿态。"捍御"不过是对外的理由，事实是，田氏所据之地的食用盐一直需要四川井盐供给，但川盐管理的地方官员制定盐税过重，致使盐民流离，川盐产量下降，无法外供。而朝廷又同意了川盐暂不外供的请求。地方无盐，土民恐慌。田彦伊于是请命朝廷，但朝廷并未重视他的意见，田彦伊无奈，不惜顶上"叛逆"罪名，率众掠夺。一股武装起来的军人不仅需要食盐，也需要解决财政问题，他们匆促之间无法从事生产积累，就像古今各路盗匪一样，只好开始劫掠生涯。

真宗了解到这种情况后，派出夔州转运使丁谓来解决问题。

丁谓认为田氏归附大宋已经近四十年，似乎没有据此偏僻一方谋夺天下的道理；而食盐问题，也应有解决之道。于是，他先到施州（今属湖北恩施），找地方官员寇瑊开始调查，并研究和平解决的办法。调查中，丁谓得知：多年以来，夔州、万州的军饷从外地转运，道路险峻，很是艰苦。

寇瑊顺势提出一个"和籴之法"，也即由高州向夔州、万州转运粮草，以盐作为补偿，如此，兵食皆足。

丁谓大加赞赏，高州距离夔州、万州不远，等于就地转运粮草，方便多了！再恢复川盐生产，调剂给高州，岂不万事大吉？

办法奏报朝廷后，真宗同意。丁谓于是冒险进入溪蛮营寨，赠给他们从朝廷带来的锦袍、银帛，并与田彦伊开始谈判，很耐心也很诚恳地向他讲述了"祸福之道"和解决办法，并肯定地告诉他："诏赦不杀。"

田彦伊被丁谓感化，哭泣着宣誓：世世代代供奉粮草，不敢怠慢。丁谓还与他刻石为盟，这个柱形石碑就立在溪蛮与中原之交界处。刻石上还有皇上手谕的几个字："以粮易盐"。史称"咸平石柱"。

田彦伊还派出他的儿子田承宝到朝廷贡献方物，自言"不敢犯边"。不久，田彦伊死后，田承宝还率领地方头目官族共一百二十二人，上表归附朝廷。真宗下诏，允许入朝，赐给器币冠带之外，任命田承宝为管辖区域之内的"九溪十洞抚谕都监"。至此，高州取消世袭制，正式归于大宋帝国的郡县制度管辖之下。

高州无事，归并大宋，丁谓为帝国保住了一方平安。此功不小，于是，夔州路转运使、工部员外郎、直史馆丁谓，得到朝廷嘉奖，再加刑部员外郎，赐白金三百两。

但是西南边境，还是有别的部落起事，丁谓与地方剿抚并用，慢慢平息了一些小规模"叛乱"。

真宗有一次手诏问丁谓：如何可得边防久远安宁？

丁谓上言道："若所委之官，不邀功，不生事，以安静为胜。凡所制置，一依前后诏条，则群蛮必不敢抵冒，妄干天诛矣。"

如果朝廷所委任的边防官，不好大喜功，不打造政绩，实行无为而治、清静之法；凡是已有的制度，都依照前后的规定去做，那么当地土著就一定不敢抵抗朝令，狂妄地自寻死路。

我欣赏丁谓这个意见，真宗也欣赏，史称"上然之"，皇上认为他说得对。


## 景德免税记录

丁谓对帝国的一大贡献是整顿国家税收。

当时的粮赋虽然承袭唐两税制而来，但人口变动大，粮食单位产量不一，地方官员的征收标准不同，往往就在随意性中增加了农户的负担。丁谓出任三司使之后，与几位财经官员，经由调查，将每户的税收条目和臣民反映上来的农田利弊分析，以及皇帝批示的敕令意见，编成书，命为《景德农田敕》五卷。

真宗看后，诏令雕版颁行，以此规范赋税制度。此书，事实上成为真宗朝征调农赋的"案例法"汇编，史称"民间咸以为便"，民间都认为从此以后纳税有章可循，很方便。

不止于此。丁谓还上奏说：

"景德三年，新收纳税户332998户，流移者4150户，总旧实管7417570户，16280254口；比咸平六年计增553410户，2002214口。农户赋税总收入63731229贯、石、匹、斤。此数比咸平六年计增3465209。期望降诏，自今以后，以咸平六年户口赋税收入的比例为标准额度，每年在此基础上比较赋税浮动的幅度。然后，将收入总额报到史馆留存档案。"

按此数据，咸平六年（1003）人均缴税额度为4.22贯左右。而景德三年（1006），人均缴税额度为3.91贯左右。

这样算下来，咸平六年之后，农户的负担人均轻了不少。但丁谓知道，咸平六年的赋税均额并不高，之所以后来人均缴税额度降低，事实上是连续蠲免的结果，不可作为常法。


景德三年，有很多免除赋税的记录。

"人赍钱（赠钱）两万，给复（免除赋税）三年。"

"诏缘边归民（归附大宋的边民）给复三年。"

"免随州光化县民贷粮二千石，已纳者复给之。"

"免升州江宁县柴荻务（柴薪场务所）所欠咸平四年已前租课钱物二十八万。"

"免简州居民造舍所输竹木税钱，每岁四百三十余贯。"

"诏地课钱特免一万贯。"

"诏东、西两川商税盐酒课利（专卖税费）所纳二分金宜罢之。"

"除两浙州军税鹅鸭年额钱。"

"令京城税炭场，自今抽税特减十之三。"

"度支副使李士衡，言关右自不禁解盐已来，计司以卖盐年额钱分配永兴、同、华、耀四州军，而永兴最多，于民不便，请减十分之四。诏悉除之。"

……

除此之外，真宗皇帝在景德三年的仁政还有：

夔州路有人上奏，说居民占了官用土地，可以每年收纳"地课钱"二万三千贯，诏下：免一万贯；又奏夔州城中创建官舍侵占了民田，诏下：所侵占的民田数额多少，要尽快报上来，侵占部分要免除租赋，另外还要将这部分私田按照市场价格给农民土地补偿费。

下诏：沿黄河两岸役使的工匠、兵匠，从今后，除了每人发给"月廪"也即月薪之外，还要"别给口粮"，即每日津贴。

下诏：诸州"职田"招募的佃农，如果有灾伤，也如普通农户一样，要照例蠲免租税。

"五鬼"中的林特、刘承珪曾经管理茶税，并厘定了一个茶叶等级和收茶标准。这种"条制"，应该也是标准化作业的制度性规定，但史称"过为严急"，也即标准极为精细、严格。茶农雇用没有采茶经验的贫民采茶，可能因为茶叶质量达不到标准，就被二位官员斥退。

真宗听闻这个事之后，大为不满，对宰辅说：

"茶农采撷茶叶，肯定需要人力啊。他们采来的茶叶如果符合等级，就给人家茶钱，不符合等级的，也不必让他们私卖，也都纳入官买。如果一切都特别精细，岂不伤了茶园茶户？再说他们雇用的采茶的人，大多都是贫民，如果不允许他们采茶，没有了收入，哪里知道他们会不会聚为寇盗呢？这种事，要马上重新衡定裁损规章制度，一定要让制度方便、有济于民。"

……


## 天下目为奸邪


丁谓作为帝国财政总管，心中自有一本账，他在比较咸平六年和景德三年的数据后，以咸平六年而不以景德三年为准，是合理的。他没有一力减免税赋讨好真宗，而是以国家利益为重，以赋税常法为据，厘定税制，政治正确。

这样一个人，却得到时人一个评价："天下目为奸邪"。

为何？

考丁谓一生，被人"目为奸邪"之由，约略可因如下几件事。

第一件事。是否要做一场"神道设教"之政治游戏？当真宗心思未定，尤其担忧动用钱帛太多影响国计民生之际，丁谓怂恿他："大计有余。"国家有的是钱帛，花不完。从此，"神道设教"开始了。

第二件事。"神道设教"活动中最大的一场土木工程，玉清昭应宫，是否应该建设？当真宗犹豫之际，丁谓再一次怂恿他："陛下有天下之富，建一宫奉上帝，且所以祈皇嗣也。群臣有沮陛下者，愿以此论之。"陛下拥有天下的财富，建造一个宫观祭祀上帝，并因此而祈祷上天早降皇嗣，有何不可？群臣如果有阻挠此事的人，臣愿意跟他们辩论辩论。果然，此议一出，无人敢言。宰辅王旦开始给真宗上"密疏"，主张停止玉清昭应宫的建设，真宗将这番话一说，王旦也不敢再劝谏了。于是，动用国帑上亿的浩大工程开始了。

但这个工程得到史上"清流"人物的不断攻讦。


丁谓做"玉清昭应宫使"，担任工程总监、总指挥、总设计师时，曾在斋厅宴请僚属，内中有一位后来享有大名的人物，知制诰夏竦。

宴会中，有杂技戏法演员来助兴，无非舞弄拂尘、瓷碗，就地搬运、挪移，变幻手法，吞吐珠丸之类。丁谓看得高兴，就对夏竦说："古来还没有歌咏这类杂耍的诗，舍人先生，可以作一篇。"

夏竦也是才子，即席赋诗道：


舞拂挑珠复吐丸，遮藏巧便百千般。

主公端坐无由见，却被傍人冷眼看。

这首诗表现说的是杂耍，暗中所指却是丁谓遮藏自家迎合上意的曲折心思，不惜花费金钱来做这么大一个工程，造假，讨好君王，但他就像庭下那位变戏法的演员，自以为别人不知道他的手法，其实旁观者看得很清楚。

史称丁谓"览读变色"。

## 丁谓尚禨祥

但是夏竦认为丁谓造假，即不相信"神道"事，可能不是真判断。史称丁谓"最尚禨祥"。所谓"禨祥"，就是今人所谓的"迷信活动"，观察变异，寻觅先兆，趋吉避凶，祈禳求福，诸如此类。

古有所谓"镜听"占卜法，一般在岁末或岁首一天的夜里，用一个勺子放在水上，祷祝后，轻转，看勺柄所指方向，然后抱着镜子出门，悄悄地听路人所言。听到的第一句话，就是要做的事的"兆头"。但丁谓几乎是天天玩"镜听"，而且自搞发明创造，就像信养生的老人往往自己发明一套养生操一样，每天叩齿 66 下，甩臂 48 下，踢腿 27 下，转腰 108 下……丁谓的发明是：每天早晨起来第一件事，听庭外鸟叫，吉凶变化都在鸟叫的频次中；又常常夜观灯芯，看火花变化，试图从中推出吉凶兆头，犹如吉卜赛人看水晶球；每天出门，要密听路人的第一句话说啥；每天归邸，也要密听路人的第一句话说啥。

他这类"尚禨祥"的心理被时人所知，结果还被人利用了一次。

有一个无赖名叫于庆，贫寒而不能自立，冻馁中，向一个落第的老儒求计。老儒说："你要想自振、改变命运，必须改名才可以。我可以告诉你怎么做，但你将来得志，不要忘了我。"于庆答应，拜听，于是，"于庆"不存在了，改做了"丁宜禄"。然后老儒让他投身到丁谓门下做杂役。

丁谓一听他的姓名"丁宜禄"，大喜，收入门下。

巧的是，不久丁谓果然拜相。随后，丁宜禄也享有了不可思议的富贵，做到一个大郡的太守。老儒也得到了引见。

"宜禄"，就是"应该享有官禄"的意思，这是汉代以来宰相府的仆人常常被人呼叫的吉祥名字。老儒深通此道，丁谓读书渊博，一见姓"丁"的"宜禄"来投，以为天降头彩。

丁谓信这类东西。

但夏竦说他"遮藏巧便百千般"，也不是捕风捉影。丁谓确有遮藏真实意图，耍动心机以求一逞的阴鸷一面。

说他以随驾三司使的身份跟从车驾东封，礼成之后，有诏要赏赐辅臣玉带。当时辅臣有八人，但车驾行在的临时金库只有七条玉带，除此之外，就是一条更珍贵的玉带在尚衣监，价值数百万。

真宗为了足额奖赏八位大臣，就想将尚衣监的这条御用玉带拿出来。但丁谓一核计，这条玉带如果在此时发放，似乎很难轮到他，那一定是给当朝第一宰辅的东西。

丁谓于是就对有司说：尚衣玉带不必发放，我自有小一点的私人玉带，可以足数；等到回京后，再另行颁赐给我即可。

有司将他的意见说给真宗，通过后，别人都荣耀地有了宽大而又漂亮的玉带；等到上朝时，皇上一看，丁谓的私人玉带只有一指宽，对比强烈，想想丁谓的功劳种种，真宗就对近臣说："丁谓的玉带跟同列太不一样了，赶紧找一条来给他换上！"

有司报告："都发光了。现在只有尚衣玉带。"

皇上说："那就给他吧。"

于是，丁谓得到了宫禁所藏最珍贵的玉带暨御带。

这事为沈括《梦溪笔谈》所记录。


## 鹤相献龟


第三件事。"神道设教"过程中，屡上"祥瑞"，推演种种"怪力乱神"故实，愚弄真宗皇帝，愚弄朝中臣僚，愚弄天下黎庶，愚弄清明理性。

这方面，史上流传了他不少故实。

他献白鹿、献灵芝，说现黄云、现真气，但他最有名的是讲述"仙鹤来翔"的故实。

丁谓奏上的"祥瑞"中，动辄有仙鹤出现。

仙鹤，是传统中国的吉祥大鸟。殷周时，已经有仙鹤的图案和器物造型；东汉时，道教张道陵天师学道的地方"鹤鸣山"，享誉天下，而他骑鹤往来的故实也广为人知。从此，仙鹤成为中国动物图案中仅次于龙凤的公侯级别的瑞鸟。龙凤无品，属于帝王；仙鹤一品，属于高官。群鹤来翔，象征拥戴皇权，大吉大利。要紧的是宋代皇帝多信道教，仙鹤故实几乎贯穿帝国始终。宋太宗赵炅，就曾因为精注读书感动仙鹤来翔（见《载入史册的驴车》），到了百余年之后，一个傍晚，汴梁上空竟然出现群鹤飞鸣，更有盘旋着的仙鹤落在宫殿鸱吻之上。据说宋徽宗亲眼看到了此情此景，于是欣然作画，命为《瑞鹤图》，此图至今尚存。

丁谓对仙鹤这种道教吉祥物、国朝一品鸟，更是情有独钟。

道教崇奉的仙人中，有一位大名鼎鼎的丁令威。

据说，西王母宴请周穆王（或汉武帝）时，神仙麻姑弹琴，丁令威唱歌来作陪助兴。说这个丁令威是辽东人，远道赴灵虚山学道成仙后，化为仙鹤，飞回故里，落在城门前的华表柱上。有少年操弹弓想射它，仙鹤就飞到天上徘徊，并作人言念诵打油诗一首：

有鸟有鸟丁令威，去家千年今始归，城郭如故人民非，何不学仙冢累累！

念罢，一飞冲天而去。

这个故实千余年来流传不衰。

丁谓自称他是"化鹤之裔"，也就是丁令威的后裔。

他也许是真心喜爱，也许是投真宗所好，也许是真的感动了上天，反正他与仙鹤有了不解之缘。

史上记载，"天书"《大中祥符》降临那天，有十四只仙鹤来翔，丁谓更上奏说有两只仙鹤在供奉"天书"的特制辇车上"飞舞良久"。帝国还从此由"景德"改元为"大中祥符"。

不久，丁谓又上言，有仙鹤二百余只在供奉"天书"的大殿上盘旋，还有百余只飞集在太清楼上。

丁谓做江宁府知州时，上言说：中使来人做道场，有七只仙鹤在法坛上飞翔。真宗闻讯高兴，写了诗给丁谓。

……

而仙鹤，似乎对帝国也有特殊的喜爱，总是频频来访。

真宗向太庙告知"天书"这一特大喜讯时，行礼之际，庙室之上，又有仙鹤十四只来翔。

真宗祭祀玉皇大帝后，赐酒给百官时，有"神雀"和两只仙鹤来翔。为此，真宗还写了诗记述此事。

从浙江往河南运送圣象的船头，"有鹤回翔"。

皇上到玉清昭应宫拜谒时，紫云如盖，覆照在大殿之上，有三只仙鹤飞集到大殿的门槛上。

……

"瘿相"王钦若似也不甘落后，曾在很多要紧时刻对人讲述，说他出生在黄鹤楼，就是那个"昔人已乘黄鹤去，此地空余黄鹤楼"的黄鹤楼。

仙鹤作为"祥瑞"，在真宗朝推演得几乎成了"大宋吉祥物"，为此，主要推手、神仙丁令威的后人丁谓，落下一个绰号："鹤相"。

道教论养生，其中一大诉求就是求长生。仙鹤之所以被视为"祥瑞之物"，还在于它被崇奉为长寿之鸟。与仙鹤同时被视作长寿象征的还有龟。至迟在晋代，从道教那位半人半神的葛洪先生开始，就已经将"龟鹤"同举并称。

真宗"泰山封禅"回到京师之后，在延寿寺连续两天宴请百官，丁谓拿着几只很小很小的小乌龟来进献，说这些小乌龟居然爬上了当地儿童的衣袂之上，吉祥。皇上在"延寿寺"，又有"寿龟"，而且还是"幼龟"，而且还与"儿童"有了联系，这不都意味着未来还有很长很长的"遐龄"空间吗？于是由内侍拿着，向群臣出示。

丁谓甚至设计了"老子转世为龟"的故事。

他家里养着一个女道士名叫刘德妙，丁谓对她说："你所做的事，不过都是巫术。你不如干脆就假托太上老君之言来说人间祸福，这样做，就很容易影响人啦！"

刘德妙认为不错。于是丁谓在家中设神像，夜半在后园中打醮，设坛念经做法事，请老君下凡赐言。

有一个心怀叵测的宦官雷允恭也多次来到丁府，参与了刘德妙的"法事"。

真宗病逝后，丁谓弄了只从河塘里挖出来的乌龟，通过雷允恭由刘德妙带到宫中，说这龟是太上老君的化身。

丁谓对这位女道士说："如果皇上或太后问起你，说你怎么知道这乌龟是太上老君。你就说丁谓相公不是凡人，他应该知道。"

丁谓还写了两篇"颂"，题目是《混元皇帝赐德妙》。所谓"混元皇帝"就是指太上老君。这两篇"颂"有很多"妖诞"的胡话，无非是借着表彰刘德妙的功德，转弯抹角地赞誉丁谓有德有能之类。

但这位刘德妙就是个凡人，并没有清心寡欲的本事，反而勾引上了丁谓的儿子，不免做了些或恩爱或龌龊的情事。

这些"罪证",都是刘德妙亲口供述。

因为这个刘德妙,丁谓的宦海生涯走到了头。


## "溜须"典故的由来

丁谓最大的"奸邪"是打击异己。

让他最后负担不起的是,他打击的这些异己中,有李迪,有王曾,还有寇准。这些人,个个都不是简单人物。丁谓在一片祥和气氛的帝国官员场域中,制造了麻烦。大宋后来兴起的"党争""内斗",丁谓这里都算是一个起点。

丁谓生相不佳,带着"猴形",瘦弱,很像没吃过饱饭一样。但他文章写得好,可以称为才华盖世。

年轻时的丁谓与名流孙何齐名。孙何做过两浙转运使,坐镇杭州,据说柳永写那首著名的《望海潮》"……千骑拥高牙。乘醉听箫鼓,吟赏烟霞。异日图将好景,归去凤池夸",就是投给孙何的"干谒词",也即试图依附请求提拔的典雅投名状。太宗时,孙何中第一名,丁谓第四名。二人带着各自的文章来拜见当时名满天下的文人王禹偁。

王禹偁看后,惊叹赞赏道:"自唐韩愈、柳宗元之后,二百年始有此作!"

随后还给二人写了诗:"二百年来子不振,直从韩柳到孙丁。如今便可令修史,二子文章似六经。"

寇准早年也很欣赏丁谓，觉得他猥琐之相的后面，有着不凡不俗的见识，就多次向名相李沆推荐。

李沆就是不起用他。

寇准问为何。

李沆说："顾其为人，可使之在人上乎？"你看他为人处世的样子，可以让他居于他人之上吗？

寇准不服气，回应李沆道："如谓者，相公终能抑之使在人下乎？"像丁谓这样大才干的人物，相公您能始终压抑他，让他久居人下吗？

李沆难得笑了起来，对寇准说："他日后悔，当思吾言也。"

但随着丁谓对"神道设教"事的大力推行，寇准对他有了轻鄙。

"天书"事后，丁谓总是奏报吉祥大鸟仙鹤飞舞，这时的寇准遭贬在陕州做太守。一天坐在山上亭子间观赏风景，忽然有乌鸦数十只飞鸣而过。寇准笑着对僚属们说："要是丁谓在此地看到这些老鸹，就会当作黑仙鹤奏报祥瑞了！"丁谓应该是知道此事，但他对寇准内心有敬畏，知道这个"寇老西"不是等闲人物，所以诸事尽量让他三分。

到了真宗晚年，寇准再次拜相，为中书侍郎兼吏部尚书、平章事，这是宰相的正职；丁谓为吏部尚书、参知政事，这是宰相的副职。从此，寇准与丁谓同在中书政事堂工作。

丁谓侍奉寇准相当谨慎小心，尽力做到礼数周全。有一次中书臣僚们在一起会餐，寇准的胡须不慎被羹汤沾污，丁谓当即起身来为寇准擦拭胡须。

寇准笑着说："参政，国之大臣，乃为长官拂须耶？"参政，你是国家的大臣，竟然为长官清理胡须啊？

这就是"溜须"典故的由来。

丁谓当时羞愧得无地自容，史称"由是倾诬始萌矣"，从此有了"倒寇"的心思。

此事史上记叙历历在目，今日来看，此案，二人各自丢分。

丁谓，不说以副手的身份为宰辅拂须有失体统，即以寻常士庶身份来为国家重臣拂须，也不成话。胡须被污，自家擦拭即可，这类过度关爱非礼非情，士不可为。

但此事也透露了丁谓厚道的一面。史称丁谓虽然险诈，但也有长者之风。有一次真宗对一位朝士很不满，甚至很愤怒，就来跟丁谓反复说此人可恶，意思是寻求宰辅支持，办他个什么罪过，贬一贬那个家伙。但丁谓稍稍退退，就是不回应。真宗作色道："如此叵耐，辄问不应？"你这厮如此可恨，真没法忍受，朕这么说，你就是不搭腔！丁谓这才进言道："雷霆之下，臣若更进一言，则其人齑粉矣。"皇上正在雷霆之怒中，臣如果附和陛下再进一句什么话，那人估计就完啦，粉粉碎啦！真宗听了这话，阴转晴，史称"欣然嘉纳"，很高兴地接纳了他的意见。所以，丁谓拂须，也可做厚道理解。

下级官员，或真诚或虚伪，或谄媚或厚道，放下身段，为之拂须，已经在自我贬损的低调行为中付出了场面上的敬意，寇准此际正确的做法乃是婉拒致谢，其次可以坦然受之额首示意，最次也不过是严词拒绝，也算维护士子尊严。他却讥笑讽刺，将一位国务大臣最后的尊严剥离得干干净净，可称过于骄狂。

春秋责备贤者，同是丢分，寇准所丢为多。


## 不学无术，暗于大理

寇准一生的"畏友"是张咏。

张咏是大宋历仕太宗、真宗两朝的大臣，蜀地难治，他治蜀功勋极高。他待民有宽有严，民待他则有爱有畏。苏轼评价他时就说："以宽得爱，爱止于一时；以严得畏，畏止于力之所及。故宽而见畏，严而见爱，皆圣贤之难事而所及者远矣！"张咏不愧为大宋栋梁，人中龙凤。仁宗朝名相韩琦评价他说："魁奇豪杰之材，逢时自奋，智略神出，勋业赫赫，震暴当世，诚一代之伟人也！"此人一生做事奇逸，但合理得法，几乎不越雷池一步；深通圣贤之道，又能明哲保身，做成一番异于常人之功业。所以，他在几十年间，得到朝野赞誉不少。《载入史册的驴车》中有此人专章。

寇准心高气傲，但唯独对张咏毕恭毕敬。寇准拜相之初，张咏在成都，听说这个消息后，一面为寇准高兴，一面为寇准担心。

他对亲密僚属说："寇公乃是天下奇才，可惜学术不足。"

后来寇准出知陕州，张咏正好从成都回京路过，寇准就准备了盛大的仪式欢迎他。张咏离开，寇准一直将他送到郊野，并诚恳地问他："张公就要走了，有什么要教训寇准的吗？"

张咏慢慢说道："《汉书·霍光传》不可不读。"

寇准接受这句话，回来就翻看《霍光传》，内中说到霍光这位大汉权势人物"不学无术，暗于大理"，意思是说：霍光没有学问因此不通官场智慧，等于不明事务大局道理。

清代学者汤鹏著有《浮邱子》一书，第一卷就有史论，说到霍光与寇准的关系。汤鹏是一个富有保守主义精神的人物，他认为要向古人学习，"不学者否，善学者臧"，不学古人的人，结果恶；学习古人的人，结果佳。又说："灭古者灾，则古者祥。"颠覆古人经验的人有灾；效法古人经验的人吉祥。他认为国家治理，"任人"必须辨别其才干类型，"理政"必须考察其学问方向……而寇准不读《霍光传》，所以"其功不终"，这是因为"短其术而陋者也"，任人、理政的方法短缺而且过于浅陋了。（按："不学无术"的"不学"，不是"不学习"而是"没有学问"的意思。）

霍光乃是名将霍去病的同父异母兄弟，辅佐汉室，主导"废立"——废一个皇帝、立一个皇帝——人称有功。但他生前提拔亲党，遍及朝廷；以至于新立皇上对他都有所忌惮。古人乘车，主人居左，警卫居右，御者居中。汉宣帝乘车去汉高帝庙祭祀时，因为霍光居右，甚至觉得犹如"芒刺在背"而不安。霍光死后，家人亲党以为仗恃往日门阀，可以继续骄狂，最后在汉宣帝时遭到满门抄斩，"家无噍类"，霍氏家族几乎没有留下活口。史称"孝宣亦少恩哉"，汉宣帝也太少仁慈恩典了！

张咏对寇准了解得透透的，他要寇准读《霍光传》，应该是一桩"友道"经典。按寇准的行事，对太宗，他敢拉着皇上的袖子，"令帝复坐"；对真宗，他敢居功自傲，讥讽皇上说："使臣尽用诏令，（澶渊之盟）兹事岂得速成！"到了真宗晚年，寇准甚至也有了近似于霍光的"废立"嫌疑。这等做派，即使在现代民主邦国中，也是罕见的非礼傲慢。寇准一生"左右天子"，能量、气场都超过了霍光。张咏期待的是寇准不要出现霍光式的悲剧。他甚至知道寇准的天敌就是丁谓，所以临终时还对真宗上书，试图扳倒丁谓，保住寇准。作为朋友，张咏堪称仁至义尽；作为大臣，张咏堪称竭忠尽智。

寇准读《霍光传》，读到评论霍光"不学无术，暗于大理"八个字后，也能感觉到张咏这"哥们儿"的诤言分量，感恩一笑道："此张公谓我矣！"

经验，往往是不可借鉴的。寇准秉性难移，到老未改，最后还是吃亏在这八个字上。幸亏他遇到的是"敛天地之杀气""召天地之和气"的大宋帝国，如果他在汉昭帝、汉宣帝时代，恐怕凶险莫测。

真宗朝，寇准第一次被罢相在景德三年（1006），出知陕州，"幕后黑手"是王钦若等人。第二次罢相在天禧三年（1019），流放海南，"幕后黑手"就是丁谓。


## 寇准献"天书"

天禧元年（1017）年底，有两个巡查皇城的亲从官，发神经一般动了怪心思。

他俩被玉清昭应宫的"天书"和各类法物、珠宝、金银诱惑得忘了生死，决计要"盗宝"。很难设想他们盗了这类东西要做何用场，放在家中，胆战心惊；倒手出卖，没有市场——谁敢买？但这两个不逞之徒，却要做这么一场泼天大胆的梁上事业。在夜宿长春门时，他俩用一把钢刀，慢慢撬开了墙壁，进入玉清昭应宫，居然还就将"天书"等物盗走了！但大宋神探很快破案，盗贼被砍断双手示众三日，而后正法，二人所部主管将校降职处分，皇城司官被罚铜。

"天书"之事，举国上下沸沸扬扬，但除了朝廷重臣、近臣之外，很少有人看过"天书"的模样。这俩监守自盗的家伙，有没有可能是想见识一下"天书"的长相，而后也来如法炮制，"发现天书"？很有可能。不然就无法理解干吗要盗走拿到手里毫无用处的"天书"。

此事很有可能启发了一个叫朱能的人。

朱能本来是一个团练使家中的仆人，史称此人"性凶狡"，不是善茬。当时宫廷的大宦官周怀政正在内庭用事，很得真宗信任，不少人都在巴结他。朱能就想尽办法贿赂周怀政的亲信，得以见到这位大宦官。在"神道设教"的举国气氛中，朱能也开始大谈神鬼怪异之事，周怀政被他诱惑，就推荐他来做官。当时真宗晚年身体欠佳，朱能做了御药使，领了一个刺史。

朝廷有命在陕西终南山兴修道观，朱能以永兴军巡检身份，经营其事。跟他在一起的还有一个殿直刘益，他俩在一起就开始施行"头脑风暴"，大搞神怪创意，造作"符命"，假托"神灵"，指点社稷之"吉凶"，评说臣辅之"善恶"，凡此种种，仿佛在朝廷之外，另外设立了一个带有巫术性质的清议机构。

终南山所在地，恰是寇准第一次罢相外放的永兴军暨陕州辖境。朱能知道寇准大名，又在寇准麾下，很是讨好老相公。

寇准一生自信，喜欢人来趋附于他，所以对朱能这类"怪力乱神"行为，"依违"而已，或赞同或反对，不做更多干预。朱能却想借助寇准的名望，将神道事坐实，因此一力拉寇准下水。

天禧三年（1019）三月，朝廷收到了寇准的一份奏章，说有"天书"降在辖境乾祐山中。朝廷内外一看这奏章，就知道不应该是寇准干的事，因为寇准一向反对"神道设教"。但真宗不怀疑。

史上记录此事，多种文本互有出入。例如有人记录说，"天书"为朱能所献；有人说为寇准所献。甚至史家刘攽曾有《寇准传》说，真宗得到永兴军也即陕州来献"天书"消息后，问宰辅王旦，王旦说："开始不信天书的人，就是寇准；现在来献天书的地方，就在寇准所在地，可以让寇准来献，如此百姓将会更加信服。"真宗于是派出周怀政去晓谕寇准，要他而不是朱能来献"天书"。而寇准开始不答应，是女婿王曙来劝导，寇准这才答应。按此记录，乃是永兴军寇准来献"天书"。但考诸史实，王旦病殁于天禧元年初，而永兴军来上"天书"在天禧三年。所以《续资治通鉴长编》作者李焘认为刘攽"误甚"。但李焘猜测，说这话的人不是王旦，很可能是王钦若。

我认为这也不可能。

考王钦若行状，此时虽然"同平章事"，但只是虚衔，实衔乃是"判河南府"。而河南府治所在洛阳。有意味的是，此时的王钦若已经与丁谓有了矛盾。王钦若的时代已经过去，现在是丁谓的时代。鉴于王钦若此前的"功勋"，丁谓有忌惮，所以史称王钦若"与宰相丁谓不悦"。步入老年的王钦若身体欠佳，多次要求回到京师汴梁养病，朝廷没有答应。这事也很可能是丁谓在阻拦，不想让王钦若在京师影响他的仕途。丁谓转弯抹角给王钦若一个信息，说皇上很关心他的病，很想尽快看到他。等到王钦若私自"舆疾"，病中乘着轿子回到京师，丁谓反上奏说王钦若这是"擅去官守"，朝廷于是下命御史中丞薛映到王府来按问。王钦若惶恐伏罪，受到了降职处分。

所以，永兴军献"天书"一事，不可能是王旦鼓励真宗"收买"寇准，也不可能是王钦若。最有可能的是参知政事丁谓。

丁谓明白得很，如果寇准来献"天书"，真宗重新起用寇准，寇准就会对我丁谓感激涕零。而寇准"洗心革面"，由不赞同"神道设教"转为"敬献天书"，这就等于向我们丁谓一派做了投名状，不怕不跟着"我们"走。此外，王钦若作为我丁谓最大最实在的竞争对手，引入他的"宿敌"寇准，也是最好的人生战略布局。此之谓"一石三鸟"。

如果可能，丁谓期待的是能够升一格，与寇准同时拜相。

所以，永兴军献"天书"，是周怀政劝导寇准的结果；但创意人物是朱能；怂恿真宗的，可能是丁谓。

而寇准则另有打算。一方面，他"实事求是"，极力推出朱能，言"天书"为朱能所发现，所拟献；我寇准作为一方太守，愿意乐观其成。于是，史上记录就出现了这种或寇准或朱能的两存局面。另一方面，寇准在地方做了多年太守之后，也期待重回朝廷执政。调和鼎鼐，燮理阴阳，天下宰辅，舍我其谁！寇准像所有宋代社稷臣一样，有"以天下为己任"之道义担当，但也同样有对"名位"之觊觎和追求。"名位"在，自可以做一番圣贤大业。社稷臣们不仅要与君王博弈，更要与朝中各类"佞臣""奸相"博弈。"自命正当"是大宋社稷臣的集体性格，寇准并不例外。所以，他认为可以"以屈求伸"，暂且借助"天书"事件，重回中书，经略天下。

但寇准来献"天书"，此事于士林之间，太过于耸人听闻。而且他落在王钦若、丁谓的后面，摇身一变，忽然成了被人讥笑十几年的"佞臣""奸相"之同党！这事无论如何也无法让清流接受。

传统论"仁义礼智信"，其中的"智"，除了"权道""权变"，为国计民生谋利益之策略考量外，也包含着对自身正当利益与名誉终始的考量。宦海风波是一险，老而不去是恋栈。老人退出官场，也可以让更多后生有机会进入官场。所以传统主张"急流勇退"。寇准，在这里少了一点智慧，他在当退之际不退，成为个人品性上的一道"惭德"。


## 耽于"名位"的寇准

有两个故实，可以看到寇准耽于"名位"的颠顶。

他的女婿王曙，是一个很庄重的人物，史称有"大臣体"。仁宗时，名流钱惟演留守西京洛阳，欧阳修、尹洙都是一时才俊，为钱惟演属下。这是一群生性风流倜傥的人物，公务之余，喜欢宴游。王曙后来也来到钱府，看不惯这种年轻人"不求上进"的样子，就"厉色"训诫这一帮游山玩水、醉卧花荫的"浪子"。他说："诸君纵酒过度，难道不知道当初寇莱公晚年的祸事吗？"寇莱公就是寇准，寇准晚年与他人宴饮也是一道风景。欧阳修听罢，离席，站起，拱手，回答王曙一句话："以修闻之，莱公正坐老而不知止尔！"按我欧阳修听说过的事，寇莱公正因为老了老了还不知道急流勇退啊！欧阳修的意思是：宴游不是错，恋栈才是错。

另一个故实，说寇准听从周怀政的意见，敬献"天书"，果然得到真宗赏识，被召回朝廷。临行时，他的门生有人来劝导老师说："公如果回朝，走到河阳地界后，称病不行，坚决要求外补，不做朝官，这是上策。如果一定要入朝，马上变卦，就来揭露朱能发现乾祐山'天书'乃是诈妄骗局，如此，尚可保全平生正直之名，这是中策。而因为敬献'天书'，再入政事堂做宰相，乃是下策。"史称寇准听后"不怿，揖而起"，不高兴，随便作了个揖，站起走了。寇准最后终于因此而"及于祸"，史称"自取"。


这一次在寇准辖境乾祐山发现"天书"事，动静太大，乃至于遭到了更多名流的反对。

朝廷准备仪仗到琼林苑迎接乾祐山来的"天书"时，入内太子右谕德（辅导太子的职官）鲁宗道上疏反对。他说：

"天道福善祸淫，不言示化，人君政得其理，则作福以报之。

失其道，则出异以戒之。又何有书哉？臣恐奸臣肆其诞妄，以惑圣听也！"

知河阳孙奭，在多次上书反对"神道设教"不果之后，这一次又来上书，不怕煞风景，不怕在举国欢庆的大好局面下，唱衰帝国。他是"神道设教"以来，一贯的反对派。他的上书，直接指陈朱能乃是"奸险小人"，说他是一个从未有过官场历练的人物，骤然做了地方官，就开始"妄言祥瑞"，最后，他说：

"天且无言，安得有书？天下皆知朱能所为，独陛下一人不知耳！乞斩朱能，以谢天下。"

真宗根本不听。

三月降"天书"，四月献"天书"，五月迎"天书"，到了六月，寇准被授予"行中书侍郎兼吏部尚书、同中书门下平章事，充景灵宫使、集贤殿大学士"，这就是再次拜相之开始。

这之后，八月，乾祐山"天书"再降！

大宋又是一番忙碌。

但随后就有了参知政事丁谓为同中书门下平章事寇准"溜须"的事件发生。丁谓很快就由"挺寇派"转为"倒寇派"。


## "倒寇"同盟军


寇准"自取"其祸，与他的个人性格有绝大关系。他太刚愎、骄狂，且喜欢掩饰自家过错，甚至做过让士林"齿冷"的事。

有一位知制诰李谘，这是中书的大秘。但寇准在不了解他的才华时，很不喜欢他。李谘每次撰写文件，寇准都挑毛病，让他拿回去重写。

有一次李谘起草的文件中使用了"淑慎"这词。这是表示"贤良、和善、谨慎"的意思，最初在《诗经》中出现，说女士，也说男士，因此，这个词男女通用。但寇准执着一端，责问李谘道："淑慎，妇人事也。"李谘愤不过，拿着《诗经》中的毛氏注解质问寇准："你看毛氏解释《诗经》'淑慎君子，其仪不忒'，明明说'君子'，哪里有'妇人'的事啊？"

但史称寇准性格"强固"，又用别的例证来诋毁、讥诮李谘，最后还是李谘改了过来。

寇准此事为过。史上美誉男士，用到"淑慎"的例子不少，寇准囿于一偏之见，以宰辅权势强压秘书学问，是丑陋之行。

李谘积愤，不愿意在他属下做事，上表要求外放。真宗了解到这类情况，就让李谘到荆南也即今日之湖南去做太守。过去到湖南长沙，每月的俸禄不高，真宗还特意下诏给他增加了月薪，还安慰他，说荆南之地往往有"蛮族"扰乱，因此，常常或剿或抚，又有赋税催缴之难，凡此种种，都有赖于新任太守为之下心治理，说朝廷对他寄予厚望云云。等于真宗在帮寇准摆平人力资源方向上的麻烦。

但寇准的"麻烦"更糟糕。

他先是因为"溜须"事件得罪了丁谓，不久又得罪了曹利用。

当初，"澶渊之盟"时，曹利用职官很小，不过是一个右班殿直。但他前往契丹行营与耶律隆绪和萧太后谈判和议事，真宗许他一百万底牌，他听从寇准意见，以三十万谈成。按大宋与契丹百年和好"成本"计算，每年省七十万，百年可省七千万，几乎可以建筑多半个玉清昭应宫，也算功勋一件。所以后来他因功擢升，渐渐做了枢密副使，而寇准为枢密使。这时二人的职位只差一个级别，但寇准卖老，很是瞧他不上。二人议论国事，总有意见不一的时候，寇准就说："君一夫尔，岂解此国家大体耶！"你不过是一个匹夫而已，哪里识国家大体！

这话说给谁听，估计也难受。

参知政事丁谓了解到这事，正为"溜须"事寻找同党，于是，很快就与曹利用走到了一起。"倒寇"有了同盟者。

翰林学士钱惟演，多年来看到了丁谓的权势正在上升，于是也开始"押宝"，将女儿嫁给丁谓之子，钱、丁成为姻家之好，于是也参与到"倒寇"阵营中来。他多次对病中的真宗"潜毁"寇准，说寇准"交结中外"，说寇准的女婿还是太子宾客，朝廷内外对他都有戒惧，"今朝廷人三分，二分皆归附寇准了"。

钱惟演说来也是贵胄，他的祖上就是吴越国的钱镠，而吴越国的最后一个君主钱俶就是他父亲。此人也颇有才，为诗家"西昆体"领袖级人物。而他的妹妹又嫁给了当朝马军都虞候刘美。而刘美，乃是真宗最宠爱的刘娥刘皇后的"表哥"。

寇准撞上了丁谓、曹利用不算，还撞上了以刘皇后为首的皇亲国戚一干人。

此时真宗病重，精神已经错乱，时好时坏，刘皇后于是走入了帝国政界前台，史称"政事多中宫所决"，国家大事多由中宫皇后来决定。

丁谓捉到了帝国的漏洞，开始与"中宫"建构权力联系，史称"交通诡秘，其党日固"。

刘氏的宗亲在巴蜀，有"夺人盐井"的恶劣记录。真宗因为皇后家人的缘故，准备赦免其罪；但寇准不准，必要皇上"行法"，不得偏袒后宫家人，说要将刘美送到御史台去受审。

真宗发怒道："哪有都虞候受审的事啊！你要送他到御史，你自去送！"

寇准听后，长叹一声，惶恐而退。

曹利用、丁谓就乘机一起上奏，说："天正大旱，不宜更起大狱，中伤他人。祈求皇上下诏，罢狱。"

真宗听后，也不耐烦，就说："便罢！便罢！"

但寇准想想此事不能就此罢了，再次上殿，但是真宗已经被疾病和刘美事弄得很头痛，根本就不想跟寇准再论此事。史称"寇沮丧甚"。

因为这件事，刘娥这位皇后，对寇准有了女人家家的怨恨。

丁谓于是乘机"媒蘖之"。"媒蘖"就是酒母、酒曲，可以酿酒，于是这个词就有了"酿造事端"的含义。丁谓在等待、寻找机会。

## 大事败于"不密"

真宗病重昏沉之际，寇准秘密来见，提出了一个重大建议，他要求尽早"传位"，也即在真宗在世时，完成最高权力交接。他对真宗说：

"皇太子人望所属，愿陛下思宗庙之重，传以神器，以固万世基本。丁谓，佞人也，不可以辅少主，愿择方正大臣为羽翼。"

寇准不愧为"能断大事"。整个宋史中，寇准这个意见都是极为大胆的。他要求真宗皇帝"传以神器"，就是将大宋帝王的权杖交给太子。这在皇权时代，是臣辅左右皇帝的罕见案例。霍光当初左右皇权，也是在皇上死后，而寇准竟敢于在只有五十四岁的皇上生病时提出权力转移的提案，这就是要求真宗"禅让"。但是非常可惜，此时的皇太子赵祯，也即后来的宋仁宗，还只有十一岁，如果赵祯真的接受这种禅让，也需要更有权力的人物"摄政"，帝国才有希望和平过渡。而寇准，当此第一宰辅之地位，正是特别容易被人因此而"媒蘖之"的箭垛式人物，多少冷箭都会向他射来，何况丁谓，这位饱读史书、又因"溜须"而受辱的"奸相""佞人"？

寇准的"禅让"意见，得到了真宗的认同，史称"上然之"。

寇准很兴奋，马上要翰林学士杨亿撰写过渡性文件，请"太子监国"。并且期望杨亿能来做参知政事，替代丁谓。

杨亿赞同寇准，但知道此事关系重大，等到夜深人静时，屏去左右，才开始草拟文件。撰稿时，要措辞，词语要庄重，还要婉转、准确。这事让大才子杨亿也颇费思量。蜡烛芯烧得久了，要剪一剪，此事往常都需要仆从来做，但他坚持自己起身来剪烛，以免被人偷看文件文字。

史称杨亿撰写此文"中外无知者"。

但丁谓还是知道了这件事。

他是如何知道的？有两个不同的版本记录此事。

一说还是源于杨亿。说杨亿在草写文稿完毕后，很兴奋，老皇上让位，太子监国，丁谓下台，自己素所钦佩的寇准总揽朝纲，帝国当有新气象。于是他忍不住对大舅哥张演说了一句话："数日之后，事当一新！"然后张演就在跟他人的吹牛中，将此事神神秘秘地透露了一星半点，"太子监国"的主题词开始在政要圈子里有了窸窸窣窣的响动。

一说乃是寇准自己透露。说是寇准自己酒喝高了，"漏所谋"。

总之，此事不密，丁谓手眼通天，耳目遍朝野，很快就知道了这么一个"太子监国"的"君臣议定"。

开始，丁谓想找一个有力量的人，一道"倒寇"。他找到另一位宰辅李迪，说："寇准要弄'太子监国'的政变，如果皇上身体恢复好了，朝廷将何以处置此事？"

李迪一直厌恶丁谓，于是对他说："太子在外，可以统率大军，在内，可以代理朝政，有何不可？"

但丁谓很恐惧寇准做成此事，就联合同党，一起极力攻讦寇准，认为寇准这是在诅咒皇上，发动政变。

于是，就在真宗身体好转，正常上朝的时候，上奏，要求解除寇准的执政资格。

而真宗也忘记了与寇准的"君臣约定"，史称皇上不记得与寇准"有成言，诺其请"。这样一来，事情的性质就有了变化，成为寇准一个人的政治谎言。

真宗似乎也来了气，就召中书知制诰，年轻的才子秘书晏殊来禁中，起草解除寇准相职的文书。晏殊虽然曾经被寇准贬抑过，但他还是敬重寇准的为人，不肯起草这个可能遭遇千年骂名的"解聘令"。他找到了一个理由：知制诰，是国务大秘；翰林才是禁中大秘。知制诰负责起草国务文书，翰林负责起草皇上诏令。解除相职，属于皇上之职，因此，应该由翰林起草。他以此为由拒绝起草。

真宗于是召翰林学士钱惟演来。钱惟演草诏，选用了很多丑词，极力贬低寇准。此事为士林所轻鄙，成为钱惟演的"污点"之一。

但真宗即使在病中，糊涂中，还是愿意秉承天地之"和气"。他只罢免了寇准的相职，却给了寇准更高的荣誉：太子太傅，莱国公。

钱惟演乘机为丁谓谋官，说："如此，中书就只有李迪一个宰辅了。恐怕还需要另外任命一位。"真宗朝总是同时有两位以上宰相，这也是"分权"的一种模式。那时节，相权极重。

但真宗似不愿意马上命相，就说："姑徐之。"姑且先慢慢来。

如此，寇准在职一年多，再次被罢免相职。

这是天禧四年（1020）六月间事。到了七月，真宗任命李迪同平章事，不久，又任命丁谓、冯拯同平章事。帝国此时，有了三个丞相，但寇准已经不在此中。

寇准之败，乃是"自取"；而行事不密是直接原因。国事运作，往往有"密勿"之处，古今中外皆然。王旦在时，曾与真宗讨论"为君难，为臣不易"这个话题。真宗说："汉光武帝善于保全功臣。"王旦说："光武帝之所以保全功臣，是因为他由始至终没有赋予功臣过高'威柄'，分封领地，不过四个县。所以功臣能够保全始终。"真宗说："汉高祖时，分封领地过大，超过制度，所以有个'七国之乱'。光武帝吸取了这个教训。"王旦说："晁错知道七国分封领地过大，准备削藩，但这种忠心很快被七国知道，所以不能免祸。后世论此事，认为七国的谋逆已经很明显了，但还是诛杀了晁错，这是杜绝忠臣之口啊！"真宗说："此事再一次证明：为君难，为臣不易。削藩一事，如果晁错能秘而不宣，谨慎缓慢推行，何至于此啊！"

寇准是太过于自信的人物，虽然做事磊落，富有超人般的人格魅力，但在进入"宫廷斗争"的宦海风波之际，泄密，就是愚蠢。古来败于"行事不密"者，案例屡见不鲜，所以圣贤论"智"，要说"好谋而成"。大汉时代晁错"削藩"，行事不密，为千年之后的宋真宗所叹惜；大宋时代寇准"倒丁"，行事不密，同样为千年之后的笔者所叹惜。


## 帝国惊天大案

但丁谓并不就此止步。他认为寇准只要还在朝中，就是威胁，于是，盯着各种蛛丝马迹，继续"媒孽之"。

随后，帝国发生了一桩惊天大案："周怀政谋逆"。

大中祥符末年，真宗开始生病，到了天禧四年（1020），病情越来越重。有一次，竟然卧在大宦官周怀政腿上，难以正坐。就在周怀政腿上，真宗头痛不堪，但还是想到了帝国命运。月前罢免寇准，按丁谓的意见，寇准是要"太子监国"，现在想想，真要如此，似也不错，至少我似乎可以静静去养病了——此时真宗已经想不起，这是他与寇准商议的结果。于是就与周怀政商议此事。周怀政一向敬重寇准，听到此议很高兴，就秘密泄露给寇准。寇准认为此事重大，自己又已经罢相，不便讨论。但丁谓再一次知道了详情，于是上书斥责周怀政，大意无非就是不得要宦官参政云云。但当时周怀政正在辅导太子赵祯，又是真宗特别喜欢的大宦官，所以，丁谓还没有痛下辣手。但周怀政心怀畏惧，不能自安。于是，他决计铤而走险，同时做五件事：

一、谋杀宰相丁谓。

二、推戴寇准复相。

三、废掉刘皇后。

四、太子践祚。

五、真宗做太上皇。

他认为能够做成这些事。

于是，与他的兄弟礼宾副使周怀信定计，召来平时非常信得过的朋友客省使杨崇勋、内殿承制杨怀吉、阁门祇候杨怀玉，一同议论。最后定在当月二十五日同时举事。但是到了二十四日晚间，杨崇勋、杨怀吉害怕了，二人跑到丁谓府上告变。丁谓夜半换上便装，乘坐妇人的小车秘密来到曹利用府上，开始合计此事，拟定了周怀政的罪证。到了天刚蒙蒙亮，曹利用先到崇政殿，向正拟上朝的真宗做了密报。此际，周怀政就在大殿的东庑。真宗当即令卫士将周怀政拘捕。整个过程相当流畅。于此可见，帝国运转自有常法。

事出突然，真宗临危不乱，下诏，令宣徽北院使曹玮与杨崇勋就在附近御药院开始审问。不到一个时辰，事情水落石出，具如曹利用上奏报告所说。真宗亲临承明殿问讯，周怀政"但祈哀而已"。但这种"祈哀"并非怕死，根据种种迹象"重行推演"历史场景，他很有可能在保护寇准，将一切揽在自己身上，并不牵连老相公。

但丁谓不干。他从周怀政当初到永兴军怂恿寇准敬献"天书"的故实，决计将永兴军巡检朱能勾连出来，以此侧面打击寇准。于是，朱能"所献天书"成为一桩"妖妄事"。朝廷派出了特使急赴永兴军捉拿朱能及其"同党"。

朱能听说朝廷使者到了，知道完了，这一场灾祸是免不了了。于是穿戴好盔甲出来，趁朝廷使者不备，杀了一干人，然后，率领所部巡检兵马带着家属"叛逸"，叛变逃逸。

但天下之大，哪里有他可去的地方。

朝廷再派使者发兵追捕，朱能麾下的百十来人，当即溃散，朱能跑入一片桑林，自缢而死。

朱能死，周怀政被押赴城西普安佛寺斩首。

周怀政，就是最早从承天门鸱吻上取下"天书"的大宦官，他很可能参与了"天书"的出笼活动，所以真宗派他去晓谕寇准，并接受朱能的"敬献天书"活动。此人有一记录，颇奇。

说他曾经在真宗病重期间，拿出怀里揣着的小刀，"对上自割"，对着皇上自己割自己。史称"上因是疾复作"，皇上因此旧病复发。

如果这个记录是真实的，那么真宗的精神疾病也可能因为周怀政而加剧。也许他无法接受一个精神病人管理国家的现实，试图以一己之力，重新分配国家最高权力——过去的大宦官王继恩可以行"拥戴"之权，我也可以；也许他更崇敬寇准，试图以一己之力，重新洗牌，改变朝廷丁谓专权的现状；也许他自己就有精神疾病，属于那种间歇性发作的迷狂之徒。总之，这个细微的难于证实的记录，还有太多的疑点。

据说他以大宦官身份照顾太子赵祯即后来的宋仁宗时，赵祯似也隐隐地不喜欢这位"周家哥哥"。只有十来岁的赵祯，跟父亲学得一手"飞白体"好字，臣僚中有人向他"乞字"。赵祯随手一写，就是六个大字：

周家哥哥斩斩。

后来这句话竟成为谶语。

据说周怀政的父亲，内殿承制周绍忠，很早就看不上这个儿子，从种种迹象推断，这位老爸觉得儿子会惹大祸，曾经骂他说：

"斫头竖子，终累及我！"你这个砍脑袋的家伙，早晚会牵累到我！

周怀政的兄弟周怀信，在周怀政到西北联络寇准、朱能，伪造"天书"时，就对他说："兄天书事必败，当早请上首露，庶获轻典。"

235

哥哥您这个"天书"的事，早晚必然败露，您应该早一点告发此事，也许可以获得轻一点的处罚。等到"谋逆"事作时，周怀信又趴在地上苦苦哀求哥哥不要做这事，哥哥不听。

周怀政被抓捕，他的父亲和兄弟都因此而"免死"。

参与周怀政案的亲卒、仆人等，都被"决杖"，发配海岛或远方州郡。其余受牵连者几十人，均受到不同程度的处罚。

周怀政案之后，有人认为太子虽小，但也应该承担责任，毕竟等于"谋逆"。真宗受到蛊惑，这时李迪从容地对真宗说：

"陛下有几个儿子，要做这件事？"

真宗虽然病重糊涂，但听了李迪一番话，还是一下子明白过来，太子东宫一旦有此追责，则册立大事就会有不测之祸，觊觎这个位子的人太多了。于是不动。史称"东宫得不动摇，（李）迪之力居多"。

李迪还在寇准艰难的时刻，为争取"从轻发落"，多次与丁谓发生争执。

寇准因为受到周怀政和朱能的牵连，由太子太傅降职为太常卿，知相州（今属河南安阳）。后来丁谓又上奏，认为寇准不应该到内郡去，应该到更远的外郡去。真宗折中，说"与小州"，给寇准一个小的州郡吧。丁谓退朝后，在诏令后写道："奉圣旨，除远小处知州。"给寇准一个远处的小州。李迪看后说："刚才皇上可没有说'远'这个字。"丁谓耍无赖，回应道："君面奉德音，欲擅改圣旨，你想庇护谁呢？"他倒打一耙，反说李迪"擅改圣旨"。后来将寇准转知安州（今属河北定州）。

丁谓仍然不甘心。他还在谋划着如何让寇准失败得更惨。

## 帝国情种

真宗赵恒很可能得了精神性质的疾病。史称"上久不豫，语言或错乱"，而且常常失忆。

有一天，他居然在大臣面前述说刘皇后的坏话："昨夜皇后以下都到刘氏那里去了，独留朕于宫内！哼！"

这是说刘皇后大约有什么事，一招呼，宫中女眷都过去了，只留下皇上一个人守着大空房子，孤零零的。这话说得可怜巴巴。但史称"众知上眊乱误言，皆不应"，众臣都知道皇上一时昏头，精神错乱，事实肯定不是这样，所以没有人回应他。

但是李迪此时正为刘皇后的"揽权"感到不安。真宗病重，很多军政处分都要经由中宫决断，虽然有大臣看守，但朝廷内外，近来议论已经越来越多。史上"红颜干政""惑乱朝纲"的故实，让这位新任宰辅有忧虑。

李迪大概有"曲突徙薪"的担当。他猜度的逻辑不难推演：真宗病重，早晚驾崩，而太子年幼，刘皇后免不了要"垂帘听政"。那时节，如果这个名叫刘娥的女人来了野心，称制称帝，如何了得？李迪这类预判不为无因。如果不能消除隐患于未然，这位名叫刘娥的大宋刘后，就会与那位名叫吕雉的大汉吕后、名叫武曌的大唐武后，鼎足而三，成为史上三位最具权威权势的女流。史鉴在此，不得不忧。于是，听到皇上忽然编派皇后故事，李迪便来了"以天下为己任"的勇气，贸然回应道：

"果如是，何不以法治之？"

李迪的意思就是黜免皇后，另立她人。

真宗在迷乱中，看着李迪，过了好一会儿，似乎清醒起来，回答他说：

"无是事也。"没有这回事。

刘皇后此际正好就在大殿屏风的后面，听到李迪这么说话，那一点小小怒火就噌噌地冒出来了。从此以后，她对李迪有了憎恶。后来的日子里，李迪未能久留中书，不仅有丁谓的"媒蘖"之由，刘皇后的意思也左右了这件事。

但众臣为何知道真宗此语不是事实？

真宗与刘皇后，恩恩爱爱一辈子，刘皇后对真宗，真宗对刘皇后，那份情、那份爱，史上罕见。天下皆知，二人乃是相思蚀骨类型的帝国情种。而真宗冷不丁冒出这一句话，乃是精神病人的常态，却也更真实地折射出他对刘娥的依赖、依恋之深。刘娥当时可能有什么一个小事情或大事情，要宫中女眷们去庆贺或听令；宫中女眷本来又不多，一时离去，撇下赵恒一人，寂寞与孤独，瞬间袭击了帝国君王。长久被呵护、被爱戴的大皇帝、大男孩，在深宫忽然呈现静谧的那一刻，寂寥中独处的时光，让他有了"落单"般的伶仃感。我甚至能够想象，病恹恹的赵恒，在高大的寝殿内环顾，看到窗外冬日的阳光和落叶，或许还有离群的飞鸟掠过，他忽然有了恐惧。如果我写的这部书，在此际有一幅插图，应该是：落寞中茕茕孑立的皇上在——害怕。

大宋皇帝赵恒，已经须臾不能离开大宋皇后刘娥了。

刘娥，出生在太原，时当公元 968 年，太祖开宝元年正月初八，赵恒出生于开宝元年十二月初二。算起来，刘娥几乎大赵恒一岁。

刘娥的祖父刘延庆，在五代后晋、后汉时，曾任右骁卫大将军，父亲刘通曾任宋太祖时的虎捷都指挥使。但后来刘通因功又做嘉州（今属四川乐山）刺史，于是年幼的刘娥随全家从太原迁往川中。刘通不久出征战死，无子，家道于是从小康跌入困顿。母亲庞氏带着女儿寄居在娘家。刘娥在母亲的教育下，知书达理，而且她还学会了一门手艺：拨鼗。所谓"拨鼗"，就是手持一枚拨浪鼓，控制节奏左右摇，流珠敲击皮面，发出悦耳的声响。

这之后，有一段历史，记录不详。一般认为，庞氏将女儿许给了一位银匠龚美；另一种说法是龚美乃是刘娥表哥或亲眷。我比较倾向于后一种说法。刘娥与龚美不一定有私情。后来的事就是，龚美带着刘娥从巴蜀来到京师汴梁，继续锻银为业。这时，赵恒刚刚被封为襄王，正在做着开封尹，龚美因为制作银器，得以见到赵恒。年少的赵恒听过川中女子很优秀，就对龚美说："蜀妇人多才慧，汝为我求一蜀姬。"龚美于是将刘娥介绍给赵恒。

二人初见之下，就有了贾宝玉见林黛玉、阿尔芒见茶花女、渥伦斯基见安娜·卡列尼娜那般，一见钟情、不可救药的自我坍缩和痴痴的昏迷。当此之际，全世界都被层层剥离，天潢贵胄、契丹赵宋、河图洛书、星辰大海……全都化为虚无，地老天荒间只有他和她，一个赵恒，一个刘娥。人间至美，酣畅淋漓。赵恒当下山盟，刘娥当下海誓：这个人，我要定了！他俩在用一生做抵押，将生命欲望推向了阴阳和合之美。他们决计要用自己的性命去交换、去掠夺、去熨帖对方的性命，他俩，要在一起。

今人难得见刘娥，但她的美丽不妨在"巧笑倩兮，美目盼兮"八个汉字中展开想象。有资料说这个"才慧"美人出生的正月初八是公历1月28日，按时下乐于做占星游戏的说法，应该是水瓶座。根据她后来的行事风格，可以发现她有难以捉摸的幻想和出奇的理智。她那种大胆而又自由，对新鲜环境的好奇与向往，行事的果断，理解力，都应该迷住了年轻的赵恒。更美妙的是，当他们相互予取、倍加呵护之际，他俩发现：他们还是知心朋友。他的一切，她都理解；她的一切，他也都理解。

真宗处理文案，刘娥会陪着他，有时还会发表一些意见，大多公允可取。遇到思路不通的地方，刘娥还会引经据典开导赵恒。

## "八大王"之谜

真宗病重"大渐"之际，臣辅们都来看望。真宗不能说话，就用手指点点自己胸膛，又展开五指，再出三指，大臣们面面相觑，猜度合为八的这个数字，不知何意。这时仁宗只有十几岁，而皇八弟燕王赵元俨，乃是赵恒的兄弟，此时只有三十九岁，正当年。赵元俨长得也身材风俊，脑门光亮，下巴丰满，为人"严毅"，有"不可犯"的气场，史称"天下崇惮之，名闻外夷"，国人都很崇拜他、畏惧他，名声传到异域，人称"八大王"。

真宗临终，伸出这八根手指，是不是暗指"八大王"呢？如果是，什么意思呢？是说要提防"八大王"篡位，还是"兄终弟及"，将皇位传给他呢?

而这时,"八大王"也恰恰总是入宫来看望皇兄。以至于大臣们对他有了猜忌。这时节,李迪、丁谓、王曾等人都宿在宫禁内殿,为真宗祈禳,看到"八大王"总是出出进进,有时在宫中一待几天不出来,众人不免有了恐慌。这时,翰林司偶然用金盂盛了开水,给"八大王"送去。李迪当即取案上墨笔,在水中略搅搅,让人送去。"八大王"看到黑色的开水,怀疑有人下毒,当即判断:诸臣中有人在猜忌我了,此地看来不能久留。史称"即上马去"。

但这件事给顾命大臣留下了阴影。此刻皇上伸出五根手指,又加三根手指,颇费思量。而就是在这种"思量"中,史上有了种种刀光剑影、血雨腥风。大宋帝国,即使"奸佞"如丁谓,也不期望看到这类风景。但是青萍之末已有风起,祸患很可能起于不可测度的某个微末节点。

刘娥在帷幄之后,看到了这一幕。

她从大臣们的窃窃私语中,能够感知到问题的严重性。但是我的赵恒啊,你这是啥意思嘛!忽然,刘娥意识到:无论赵恒啥意思,猜疑骨肉,都是危险信号。一生以"敛天地之杀气""召天地之和气"为主诉求的我主赵恒,断不应打莫测之险牌。于是,她决计要对群臣说清此事,但她起身后,却发现诸臣已经离开了病榻,到附近便殿去了。于是,她赶紧令近侍追上去,传谕群臣说:

"适才官家展五指,又出三指,只是说'三五日来,病势稍退'。除此之外,别无他意。"

丁谓等人听后，相信皇后所言，算是当即释惑，不再深究。

刘娥深知赵恒如斯。

刘娥初进入襄王府时，两人都已二十岁（一说十五岁），正是恋爱的季节，汉语中"如胶似漆"就是说男女二人的"黏"度，此际用在他俩身上正好。记录中甚至说到赵恒因为与刘娥日日在一起，以至于"容貌瘦瘠"。这迹象被太宗看出端倪，就问乳母："太子近日如此景象，左右都有何人？"这位乳母似也关心太子，认为是刘娥勾引了帝国嗣君，就向太宗说了实话。太宗就下命令，让刘娥离开赵恒。赵恒不得已，就将刘娥藏在殿侍张耆家中。

十几年后，太宗晏驾，赵恒践祚，当即将刘娥引入宫中。

这十几年中，二人不免相思蚀骨，而意有未甘。我相信他俩应该有私密会晤。在这方面，人性的力量远远大于礼法的力量。梦里常有悲悲语，醒来难见痴痴欢。当爱情来临时，世上没有力量可以阻挡。乳母不能阻挡，太宗不能阻挡，玉皇大帝也不能阻挡。金风玉露一相逢，便胜却人间无数。他俩的默契，应该是得到天地神祇保佑的。十几年难得一见，情不变、爱愈深；一旦缘到时到，不做商量，直接接入宫中，终成眷属。中国的帝王皇后，他俩的爱，最真挚、最完美。

同样与赵恒同年出生的潘后，乃是名将潘美的女儿，是赵恒的第一任夫人，婚后六年去世。那时太宗还在，又为赵恒续娶了郭氏女儿。赵恒践祚，按礼法，确立郭氏为皇后，刘娥则被封为美人，后来一直封为一品德妃。

刘娥的表哥龚美，赐姓刘，故史称刘美，成为刘娥的正式兄长，继承刘氏香火。刘美出居外任，除了家人有"夺人盐井"一案，其余不见善恶美丑，一生平安，无功无过。

## 真实的"狸猫换太子"

赵家帝王，似乎特别艰于立嗣，总是很难诞育健康儿子。真宗的儿子有几个，但大多夭折。景德年初，郭皇后生子，九岁病逝。前后总五个儿子，都没有活过十岁。皇后也接连病逝。潘夫人后，郭夫人也早薨。而刘娥，跟了赵恒几十年，一直也无子。这时她的侍女李氏与真宗有了儿子，刘娥就与李氏商议，将孩子秘密收为己有，将来立为皇上，李氏应允。

这个儿子就是后来的宋仁宗。

李氏不敢言，有数的几个知情人也不敢张扬。

但事情事实上更为复杂。简言之，李氏不像时论讲述的那样，似乎是个受害者。一方面，她应该有失去儿子，不能享有天伦之乐的痛苦；另一方面，她也有来自博大母爱的安慰：孩子算到皇妃刘娥的门下，地位提高、前途远大，如能做太子、做皇上，自有真相大白之日，即使不能真相大白，自家儿子能有如此前途，对一个没有办法"挤"入皇后位置的女人而言，还有什么能比这个结果更令做母亲的感到欣慰呢？所以，理解此事，必须理解"母亲"。足以告慰李氏的是，她活着看到了儿子做了皇上。宋仁宗于1022年践祚，李氏病逝于1032年。她看着自己的儿子做了10年皇帝，守口如瓶。这种隐秘的幸福感，让一个善良的母亲心安！

更足以告慰李氏的是，在她死后，忽然出现了一批"社稷臣"，要为她正名，而且也终于做到了为她正名。宋仁宗终于知道了：原来自己的生母，就是这个平时用一种善良的目光，默默地看着他的"李宸妃"。真正的悲怆之处在这里——仁宗赵祯明明与亲生母亲在一起，却从未喊过她一声"娘"。

在传统京剧以刘娥与李氏为原型讲述的《狸猫换太子》故事中，刘娥成为一个邪恶的女人。但这种"坊间"模式，并不真实，事实上，也不动人，其间不见人性的悲剧力量。真实的刘娥，待李氏相当优厚，从未有过虐待，更没有动过"灭口"的心思。李氏在时，已经被她升职为"顺容"。真宗仙驾，起永定陵，她让李氏去守陵，这等于默认了李氏特殊的身份。

李氏是一个出身贫寒的女子，幼时只有一个弟弟。而她进入宫中时，才十几岁，临别，她用"刻丝"技术，亲自制作了一个"鞶囊"，给只有几岁大的小弟弟，拍着他的肩膀说："姐就要走了。你以后就是沦落到颠沛流离，也不可以丢弃这个鞶囊！以后，姐姐如果有了好的前程，一定会寻访你。那时，就以这个东西来找你！"后来她的弟弟在一"凿纸"小店佣工，这是一个类似于售卖剪纸工艺品的小商店。弟弟在这里不幸得了病毒性痢疾，似乎没有治好的希望了，店家狠心，将他遗弃在路边。这时，刘娥宫中一个宦官看到，很可怜他，将其收养，见他衣服穿得邋里邋遢，胸前却悬挂着一个精美的鞶囊，一问，才知来龙去脉，不禁大吃一惊。原来，他曾经得到太后刘娥和李氏的旨意，让他寻找这个小兄弟。宦官拿着鞶囊来见李氏，皇室之中，一片悲喜。

真宗知道后，就给了这个小弟弟一个职官右班殿直，到了仁宗时，到地方做了刺史，史称李国舅。此事，刘娥从中斡旋，很仗义。

李氏病重时，刘娥赶紧派遣太医前往诊治，并为了安慰李氏，再给她晋封为宸妃。李氏封妃后，病逝。刘娥甚至指导身后之事。在大臣的建议下，对李宸妃的葬仪做了足够规格的安排，遗体也做了特殊处理，李氏在棺椁中，穿的是皇后的服装。刘娥内心要对仁宗说一句话：我刘娥是对得起你的生母的。

她一生"宠爱"真宗皇帝，是真宗皇帝的情人、皇后、朋友、"监护人"。真宗病重时，她毫不吝惜地将宫阁中属于她的私人财产全部拿出来，派遣使者到全国各地的宫观、佛寺，以及名山胜境去为爱人祈福。史称这样的活动"不可胜记"。为爱人祈福，动用私财不动用国帑，证明了她的虔诚，也可以因此而看出，她恪守大宋法条。所以真宗曾对大臣表彰自己的知音刘娥说：

"皇后所行，造次不违规矩，朕无忧也。"

但她在真宗时代，更多地看到了帝国的"软肋"：在宪政模式之前，君主制度之下，君王的个人品质，就是帝国之长治久安富有极大权重的砝码。刘娥的生命诉求，就是要为帝国"制造"一个"真宗第二"。她要按照自己的理解，以及进入皇室之后的经验阅历，为帝国"复制"一个赵恒那样的君王，做一个够资格"奉天承运"的皇帝。

刘娥，在无子的隐秘痛苦中，以"秘密过继"的方式，为自己，事实上，也为赵恒和李氏，培育了一个有资格出任帝王的后嗣。那时节，太子一动一息，刘娥都要亲自调护，如果跟随真宗外出，一时离开小太子，也一定会派遣使者去询问详情。至于喂养看护的乳母、陪伴照应的小臣，她都要亲自挑选那种谨慎、小心、忠厚的，在宫中历练时间较长的人来担任。只要跟小太子在一起，就一早一晚很认真地教育他，培育他的"恭恪"也即恭敬、谨慎的习性。而"恭恪"，正是真宗赵恒的习性，事实上，也是优秀帝王的习性。

而她做的这一切，源于她对真宗赵恒的爱和理解。

李迪理解不了这个襟怀阔达、长期受真宗影响的杰出女人。

王曾也不能理解。

丁谓也不能理解。

所以，当李迪试图"法办"刘娥时，真宗皇帝在短暂的懵懂之后，意识到问题的严重性。从此之后，他屡屡在儿子代理执政时，要臣辅们听从中宫皇后的意见。赵恒知道：自己心爱的女人，不仅仅是一个女人，她还是一个懂得经营帝国的政治家，而且，很多见解远远超过当朝臣辅。其心性，更是很多男人无法比拟的。多年的依恋和依赖，让真宗赵恒懂得，这个"巧笑倩兮，美目盼兮"的女人，不简单。

帝国储君尚幼，必须有人摄政；这个有能力摄政的人物，只能是刘娥。于是，赵恒与刘娥，在政治家责任伦理的推动下，共同上演了"借腹生子"的宫廷剧。其目的，就是要在臣辅一片反对声中，在艰难的"君臣博弈"中，将刘娥正式推上"皇后"的位置。

## 真宗追封的深意

有一个细节，可以窥见真宗对刘娥的爱。

大中祥符初，"泰山封禅"结束，真宗在返回汴梁之前，按照预先设计的行程，特意安排了到曲阜谒见文宣王孔夫子。泰安到曲阜，只有百余里路，几天后，十一月戊午日这一天，真宗一行到达孔庙。

真宗穿着祭祀昊天上帝的靴服，即红罗袍、黑革靴，头顶平天冠向孔夫子偶像"酌献"，敬酒。庙内外，设有黄麾仗，孔子后人陪列。

当时有司曾制定"仪注"，要皇上"肃揖"，只需向孔子偶像庄敬地作揖即可，但是真宗特意表示要"再拜"。"再拜"就是拜两次，这在古礼中用于表示对尊贵的人物的敬意。

又来到孔子父亲叔梁纥的祭室"酌献"。

随后，诏令刑部尚书温仲舒等人分别祭奠了孔夫子的七十二弟子，以及孔子的父亲叔梁纥和母亲颜氏。

真宗又将写好的一篇《赞》交给有司，刻石留在孔庙。

车驾再到孔林，因为此地树木拥挤道路，真宗从御辇下来，乘马来到孔子墓前，"奠拜"，祭奠而后再拜。

下诏，加谥孔夫子为"玄圣文宣王"，并诵读了祝文。

追封叔梁纥为"鲁国公"，颜氏为"鲁国太夫人"；伯鱼的母亲，即孔子夫人亓（音齐）官氏为"郓国太夫人"。

同时下诏拨款，修葺孔庙祠宇；附近十户人家免赋税，负责孔庙及坟茔的杂役工作。还将祭奠孔夫子的所有礼器全部留给孔庙。

第二天，又派遣吏部尚书、老臣张齐贤等人以最高规格的"太牢"礼节再次拜谒孔墓。

赐给孔家三十万钱，帛三百匹。以孔子四十六世孙、同学究出身孔圣佑为奉礼郎，孔家近属受官或赐出身者六人。

真宗孔庙之行，特意封孔子的夫人亓官氏为"郓国太夫人"，此中有深意。

亓官是复姓，亓官氏在鲁昭公九年即公元前533年时与孔子成婚，那时，孔子十九岁。亓官氏生产那天，鲁公赐给孔子一条鲤鱼，孔子就给儿子起名为孔鲤，字伯鱼。孔子与亓官氏在一起的时间不多，他常年离开妻子，周游列国。鲁哀公十年即公元前485年，孔子在卫国时，亓官氏病逝。

后七年，孔子病逝。

孔子是否"出妻"，与亓官氏离婚？

此事为史上一大聚讼，迄今各有言说。"出妻派"的证据主要有二：

一、《礼记·檀弓上》："伯鱼之母死，期而犹哭，夫子闻之曰：'谁与哭者？'门人曰：'鲤也。'夫子曰：'嘻！其甚也！'伯鱼闻之，遂除之。"

孔鲤的母亲亓官氏病逝一年之后，孔鲤还在穿着孝服祭奠哭泣。孔夫子听到后问："是谁在哭啊？"门人回答说："是孔鲤在哭。"孔子说："哎呀，这是违背了礼，过分了啊。"孔鲤听到后，就除去了丧服并停止了哭泣。

唐人孔颖达在解释这段话时认为："时伯鱼母出，父在，为出母亦应十三月祥，十五月禫（音但）。言期而犹哭，则是祥后禫前。祥外无哭，于时伯鱼在外哭，故夫子怪之，恨其甚也。"当时孔子已经"出妻"，父亲还在，这时，作为儿子为"出母"也即离婚的母亲服丧，应该"十三月祥"，即在"出母"死后十三个月的时候祭祀；"十五月禫"，到了十五个月的时候，祭祀并脱掉丧服。

二、因为孔子不准儿子哭自己的母亲，所以证明孔子与亓官氏无感情，所以"出妻"是很可能的。

但这两个证据都有问题。

一、《礼记·檀弓上》那段话并没有证明孔子"出妻"，只说孔鲤"期而犹哭"，孔子制止了他。"期"是十二个月，也即一年。

孔颖达所谓的"祥、禫之礼"就是"守丧之礼"，但并不是对"出母"而言，乃是对"生母"而言。孔颖达经学极为精深，但此处拈出"出母"来说话，于是让后人误解甚深。无法理解孔颖达从哪里得到亓官氏为"出母"的证据。但有意味的是，也恰恰是这段引文证明了孔子没有"出妻"，因此亓官氏也不是"出母"。

《仪礼·丧服》明白记录："出妻之子为母期……出妻之子为父后者，则为出母无服。传曰：与尊者为一体，不敢服其私亲也。"

"出妻"的儿子为母服丧穿戴孝服十二个月……（但）"出妻"的儿子没有跟随母亲而跟随父亲且为父亲的宗法后人，则不为"出母"穿孝服祭祀。

显然，孔鲤是孔子的宗法后人，如果亓官氏被孔子"出妻"，按礼法，他是不应该为"出母"亓官氏服丧的；但现在孔鲤不但服丧，而且满了"期"，这不正好证明亓官氏没有"出"吗？

所以，第一条证据不成立。

二、孔子并非不准孔鲤哭母，而是认为"其甚也"，过了。为何"过了"？因为礼制规定，十二个月之后，丧服哭奠期满，不应再哭。

"礼"的很多设计非常人性化。孝子思亲，人之情；但哀毁过甚，伤己身，也是背离孝道的行为，圣人并不欣赏。丧事活动中，圣人之"礼"，主张"哀戚之情"，悲哀戚惨真情流露，但更主张"毁不灭性"，悲戚之际不能过度，以免毁伤身体和本性。《孝经》最后一章论"丧亲"就说："三日而食，教民无以死伤生，毁不灭性，此圣人之政也；丧不过三年，示民有终也。"无论怎样悲哀，三天以后也必须进食，这是告诉士民不要因为死者而伤害生者，哀毁之情不要遮蔽生命的本性，这是圣人的政教；守丧不得超过三年，也是向士民讲述：丧礼，是有终了期限的。

所以，在"慎终追远"中"节哀顺变"，是古来丧礼的真相。

孔子在这里维护的是"礼"，更是"情"。过于哀毁的儿子，哭坏了身体，不仅孔子不希望看到，亓官氏的在天之灵也并不希望看到。

但孔子与亓官氏有感情吗？

回到《礼记·哀公问于孔子》这一章，可以听到孔子教导鲁公说：

"昔三代（夏商周）明王之政，必敬其妻、子也有道。妻也者，亲之主也（妻子是亲族之主要人物），敢不敬与？子也者，亲之后也（儿子是亲族繁衍的继承人），敢不敬与？君子无不敬也，敬身为大（敬爱自身极为重要）。身也者，亲之枝也，敢不敬与？不能敬其身，是伤其亲；伤其亲，是伤其本；伤其本，枝从而亡。三者，百姓之象也，身以及身（推敬爱自身之心而敬爱他人之身），子以及子（推敬爱自己之子而敬爱他人之子），配以及配（推敬爱自己之配偶而敬爱他人之配偶），君子行此三者，则忾（通'迄'，普遍、遍及的意思）乎天下矣。大王之道也如此，则国家顺矣。"

一个如此主张"敬爱妻子"的人，即使与妻子偶有冲突，也不会动辄"出妻"。在孔子这里，"敬其妻"，是一种"礼"，也是一种"爱"。

在妻妾成群的春秋时代，孔子曾经做过鲁国高官，出入于鲁公府邸，有厩马高车，如果纳妾、续弦，都不是问题，但考察下来，孔子一生，只有亓官氏一个女人。亓官氏在世，孔子没有纳妾；亓官氏先孔子七年而死，孔子也没有续弦。如此，孔子与亓官氏可谓"死生契阔，与子成说；执子之手，与子偕老"（《诗经》）。如此动人的爱情，居然被人猜度为"出妻""出母"，未免不伦。

亓官氏，自从孔子死后，在鲁国就进入孔子所居之祭室，与孔子一道得到祭祀，但从未有人想到给亓官氏一个荣誉名号，直到宋真宗赵恒出现。

我大胆猜测：真宗赵恒，之所以给亓官氏封号，是因为他知道：女人与男人一样，需要尊敬。孔子说："妻也者，亲之主也，敢不敬与？"必须尊敬。我的刘娥，将来也需要收获世人的尊敬。

## 皇后刘娥"摄政"

说真宗尊敬女人，还有一个旁证。

当初真宗下诏编纂君臣事迹，成《册府元龟》，但内中都是男人事迹；史称真宗"不欲以后妃妇人等厕其间"，是希望女人事迹能够单独做成另外一部书，所以，在《册府元龟》之外，并比照着《册府元龟》，专门收录史上女人事迹，成《彤管懿范》七十卷。"彤管"是传统女史所用之笔，借指女子文墨；"懿范"是指美好的风范。

当时，在李氏预产期之前几个月，真宗就宣称刘娥已经怀孕。但官员们还是反对刘娥被册为皇后，刘娥也只好一次次地"固辞"。直到大中祥符五年（1012），李氏诞子已经三年，才勉强给刘娥晋封为"德妃"。随后，真宗不断地讨好百官，给百官加官晋爵，顺带着给刘娥再进一步，简化一切"册后仪式"，这年年底，顶着满朝反对的压力，四十四岁的刘娥做了真宗皇帝的皇后。

天禧二年（1018），不到十岁的赵受益改名为赵祯，正式立为皇太子。在资善堂接受太子太保王钦若为资政殿大学士的经筵讲读，同时，太子坐殿接受群臣参谒。到了天禧四年（1020）二月，真宗病情加重，已经很难处理军政大事，就将皇太子赵祯推向台前。诏书中告知大臣，太子听政，皇后辅助。

这时的军政大事，都由皇后决定。朝廷内外有了忧虑。很多人担心皇后"夺权"做成吕后、武则天那样的泼天事业。参知政事王曾就来对钱惟演演说：

"太子幼，非中宫不立，中宫非倚皇储之重，则人心亦不附。后厚于太子，则太子安，太子安，乃所以安刘氏也。"

这一番话，说得相当委婉，也相当坚定，甚至带有毫不客气的恫吓。它的逻辑是：如果太后夺权，做吕后、武后那样的事，则你刘娥一门凶险莫测。等于警诫刘娥不要试图将"摄政"转化为"执政"。

但王曾的策略在于，他这番话说给钱惟演听，就有了自家人的意味。钱惟演的妹妹就是刘美的夫人，他与刘娥是亲家关系。所以这番话应能有安定赵氏，确保根本不动的意味。史上一般都认为王曾这番话乃是"社稷臣"的大智慧，评价极高。但这话头是建立在假设刘娥可能"篡位"的可能性上，如果刘娥根本不想篡位，这话等于无的放矢，而我倾向于后者。

刘娥可能有过这类念头，但就像每个人每天闪过十万八千个念头一样，并不稀奇。像爱幻想的女人一样，刘娥也许，也应该有过种种幻想，但幻想不过就是幻想，她从未有过效法武后建构"大周王朝"的这类念头，更不要说行径。虽然，她曾经在后来的日子里，问过大臣鲁宗道："唐代的武后是个什么样的君主啊？"鲁宗道很警觉，回答她："武后，乃是大唐罪人也！几乎差一点危及社稷！"刘娥听后沉默不语。这不过是她的一次因为飘忽而来的念头，忽然"失言"而已。她要维护的是赵恒的帝王事业，而不是刘娥的帝王事业。

要做吕后、武后那般"事业"，需要培植一群"铁哥们儿"，需要有"劝进"的力量。她没有，也不培植，更不鼓励，甚至遇到这类"劝进"的苗头，就立即打压下去，不令展开。

仁宗时代，刘娥功大，有大臣上表，请刘娥像武则天那样建立刘氏宗庙。当她跟臣辅商量此事时，知道不妥，立即放弃了这个念头。

老臣程琳有一次向她进献一幅图画，打开一看，是《武后临朝图》，这就等于暗示刘娥：你可以这么做，我支持。但刘娥像抓了一把火炭一般，立刻将这幅图摔到地上，呵斥他道：

"吾不作此负祖宗事！"

刘娥，有分寸。做事对得起她一生爱着的人，赵恒。


## 真宗驾崩延庆殿


公元 1022 年，春正月，大宋帝国由"天禧"改元为"乾兴"。

真宗在病情越来越严重时，还振作起精神，在料峭春寒中，登上东华门观灯。当他听说秀州（今属浙江嘉兴）去年秋天以来，水大，至今为灾，庶民艰于果腹时，一如既往地下诏：免去秀州秋税中尚未缴纳的部分，以此缓解灾情。

到了二月，真宗登上正阳门，大赦天下，各种恩赏实惠，都依照南郊祭祀的办法。去年以来，各地水灾地区，庶民欠缴的租税，全部罢免；有因水灾流离，今春回乡复业的农民，更免除他们的租税和差役，并且还要贷给他们粮种，鼓励适时播种。

不久，又听说徐州有灾，即刻下诏赈济灾民、贫民。

二月甲寅日，真宗进入弥留之际。诸臣前来看望。四天之后，戊午日，真宗驾崩于延庆殿。

# 尾声

按王曾意思，真宗陵的新穴其实是个"绝穴"，是丁谓试图陷赵家"无后"。如此，则实属大逆不道！但雷允恭的供词中没有这一条，王曾应该有此语之来源的证据，不然，太后也不好糊弄。妙的是，世上已无雷允恭。

## 皇太子赵祯即位

丁谓、王曾、冯拯、曹利用等中书、枢密两府大臣得到真宗上仙的消息后，匆匆赶往延庆殿。一干人的号泣声，回荡在大殿的雕梁画栋之间，久久不得平息。

在这场历史性的哭泣间歇，众大臣听到了帷幕后面原皇后、现太后刘娥的严厉之声，她说：

"有日哭在，且听处分！"

有哭的日子，现在，且听大事安排！

这个女人不寻常！诸人一时止住哭声，听太后发布意见。

太后令执事宣布大行皇帝口头遗诏，由王曾记录。

遗诏有言："太子即位。"

于是皇太子赵祯在枢前即位，正式成为大宋帝国第四位皇帝，史称宋仁宗。

诸臣匆匆拜谒新君。

遗诏有言："皇后刘娥为皇太后，杨淑妃为皇太妃。"

王曾听到这里，搁下笔说道："适来不闻此。"我刚才没有听到这个意见。这是他在婉转地否定这个意见。他认为柩前宣布"淑妃"升为"太妃"不合礼法，应该"他日议之"，此事不必载入遗诏之中，且此前在先帝面前，不曾听过"尊礼淑妃"的说法。

丁谓则带着怒气说："参政你这是要擅自改动制书吗？"

王曾与之辩白礼法的制度规定，大意说太子践祚、皇后升级乃是礼法定制，而遽然封杨淑妃为"皇太妃"，并没有经过中书政事堂讨论。此事当往后延宕而定。

丁谓也不服气。各持己见中，同列无人赞同王曾，于是王曾保留自己的意见，顺从了太后宣布的遗诏意见。

皇帝驾崩，朝廷内外，议论纷纷，人心浮动之际，只有王曾"正色独立"，所以，虽然人们慑于丁谓权势，但还是在内心倾向王曾，史称"朝廷赖以为重"。

太后不动声色，看着、听着，但她很快理解了这位反对自己意见的王曾，他恪守礼法的"持重"，让她动容。她暗自认为这是一个值得信托的社稷之臣；而丁谓"绝对服从"的姿态，与王曾比较中，则让她多了一点疑窦。与此同时，丁谓的种种往事，那种附和先帝"怪力乱神"般的"祥瑞"故实，在刘娥这里，开始有了不同的意味。

遗诏又规定："军国事兼权取皇太后处分。"

这句话，"军国事兼"是指"军事、国事兼有"的意思。"权"是"暂时代理"的意思。皇太后传达"遗诏"，用了这个"权"字，足见她的襟怀之坦荡。但是诸臣退下，王曾在中书草写这份制书（而后向天下宣布）时，丁谓提出讨好皇太后的意见，要王曾将这个"权"字取消。王曾不干，说："政令出于中宫皇太后处，而不是君王处，这事已经是国家的'否运'（也即厄运、坏运），称'权'，还勉强可以向后人昭示君臣不得已的措置。且皇太后言犹在耳，哪里可以改掉呢！"

丁谓想想也是，不再争论。

此事，太后也已经知晓。史称丁谓因此"忤太后意"。

丁谓在为太后"揽权"，反而让太后不快，通过此事尤其可以见太后立身之正。她受正统理念影响，维护的是大宋社稷之道义天下。丁谓讨好太后反而丢分，此事不仅可以见出大宋君臣之间的风气，也可以令人一瞥命运的加减乘除。


## 契丹派使团吊慰


《遗诏》颁布，有大赦令，百官进官一等，优赏诸军，并特意规定：建造山陵寝宫所产生的费用，"无以赋民"，不许因此给纳税人加赋。

宰臣丁谓为山陵使，负责真宗陵墓建造。

朝廷又安排特使北上，向盟邦契丹"告哀"，并告知契丹继续先帝所定之两朝盟好不变。

但特使还没有到契丹中京，契丹国主耶律隆绪就已经得到消息了，他将满朝的蕃汉大臣召来，举哀号恸。

耶律隆绪对他的宰辅们说："与南朝约为兄弟，近二十年了！忽然报来南朝皇上仙驾的消息！我虽然小两岁，但是余生几何呢？"

说着说着，又一次恸哭起来。

但他在哭泣中忽然想到一个大事，止住哭泣，对宰辅们说："我听说南朝皇嗣还很年轻，恐怕不一定知道我们两朝通好的来龙去脉，如果万一被好战的臣下所离间，怎么办？"

契丹正为此事发愁，大宋的特使到了，说了大宋继续盟好的意思，契丹国主所担心的事，大宋皇太后刘娥早就给他想到了。耶律隆绪闻言，这才放下心来。

然后，耶律隆绪又对他的妻子萧氏说："你可以给大宋皇太后写信，让你的名字在中国也有人知道。"

于是，设真宗灵堂在范阳（也即幽州，今北京市）悯忠寺，建百日道场。同时下令国中，各类违反真宗名讳的字样，全部要更换。然后，派遣文武官员陆续前来范阳吊唁。

契丹还派出了以右金吾卫上将军耶律宁为首的庞大使团来汴梁吊慰。大宋太常博士程琳接伴契丹使者。耶律宁要求面见皇太后"致问"，即当面问候。程琳说："过去先帝曾经与你们的承天太后（萧太后）通使，现在我大宋的皇太后，乃是你们契丹国主的嫂子。按礼，小叔子和嫂子之间是不能通问的。"

耶律宁不知应如何答对，史称"语屈"。

## 刘太后垂帘听政

大宋辅臣们请中宫指示：太后在哪里办公？意思就是要太后到另外一座大殿接受文武上朝。太后让内侍雷允恭等人告诉诸臣说："皇帝上朝，太后当朝夕在侧，不须别御一殿。"于是，中书、枢密二府就为这种前所未有的办公模式"详定仪注"。王曾援引东汉故事，请太后、皇帝母子，五日一朝，在承明殿，皇帝居左，太后居右，垂帘听政。

太后同意这个意见。

但是丁谓开始提出新的意见：皇帝年少，可以在每个月的月底、月中见两次大臣，其余日子，如有大事，则由太后与皇帝召群臣上朝决定，如不是大事，则可令雷允恭宫内宫外传奏。太后在禁中看到奏章，画敕审批即可。

王曾一眼看穿丁谓的小九九，雷允恭乃是丁谓好友，如此他则正好专权弄权。但王曾不提二人过从事，只说道："皇上与太后在中宫两个地方居住，你这个意见却让一个宦官掌握居中之权。历史上来看，这不正是祸端的先兆吗？"

但丁谓不听。

而皇太后却接受了丁谓这个意见，处分之事，尽如丁谓所议。

从此，丁谓有机密，不想让同列预先知道，就更深厚地与雷允恭结交，让他向太后禀报，最后达到他的意图。而雷允恭也与丁谓有了默契，接到学士们草写的诏令、文件，都先拿给丁谓看，然后再向太后处报告。

丁谓的权力达到巅峰。他开始滥用权力。所有他不欣赏的人物，都被他贬抑、降职。

真宗曾接受丁谓意见，意图将寇准贬往"远"一点的江淮之间。这类地方还算富庶之地，即使贬到此地也不会吃太大苦楚，但丁谓退下来后，却以中书名义将寇准贬往道州做司马。道州，在湖南最南端，紧邻两广，宋时，那里还是荒寒之地。同列慑于丁谓权势，知道他在打击报复，都不敢说话。

时任吏部侍郎兼太子宾客的王曾，也参加了御前会议，本来也不想说话，但丁谓此事做得太过，就用真宗的意见质问丁谓：

"本来圣上说可以考虑贬谪到江淮地区嘛，你怎么将寇相发配到道州？"

丁谓仍然坚持自己的意见不改。

此际，寇准已经被贬往道州了，丁谓恃权，继续往南发配，让寇准到雷州去做司户参军。而另一个他不喜欢的宰辅李迪，此前已经因为一次"廷争"被贬到郓州去了，这一次，则趁着大权在握，再一次将他贬为衡州团练副使。

## 两宰相廷争

说到丁谓与李迪的"廷争"，也可以看出丁谓的险诈。

丁谓揽权用事之后，升迁罢黜官员，很多都是自作主张，知制诰文书都下达了，宰辅李迪居然都不知道。这不等于架空这个新任宰辅吗？

性情刚烈的李迪不禁越想越怒，对同列说："我李迪起自布衣，做到宰相，受国恩深重，如果有报国之处，死且不恨，怎么能党附权幸，求自家平安呢？"

从此以后就留心观察丁谓，不让他随意妄为。

如前所述，按照一种意见，真宗朝，王钦若与刘承珪、陈彭年、林特、丁谓等人交通往来，"踪迹诡异"，时论谓之"五鬼"。当时这"五鬼"，王钦若在外，陈彭年已死，刘承珪失势，只有林特还在朝中。

林特曾以权三司使身份为"同玉清昭应宫副使"，是丁谓的副官。林特勤于吏职，善于承上接下。丁谓很欣赏他。后来，丁谓奏请，将林特的"同玉清昭应宫副使"的"同"字取消，为正式的"玉清昭应宫副使"、尚书左丞。

史称林特"性邪险，善附会"，所以丁谓始终善待林特，有机会就极力引用、提拔。现在，丁谓更想援引林特为枢密副使，原来推举他兼任的太子宾客一职不变，而李迪也即将出任太子宾客。

早晨上朝，百官在待漏院等待时，李迪才知道这个决定。这是要林特坐上国家武装力量副总司令的位置，李迪坚决不同意。

待漏院中，二人就争吵起来。

李迪说："林特去年迁官为右丞，今年改尚书、入东宫，这些升迁，都不是'公选'，物议沸腾还没有止息，况且他已经为太子宾客，怎么可以改官？"

丁谓还在与他辩白，李迪已经怒火中烧，于是大骂丁谓，还举起手中的笏板要敲击"佞臣"丁谓。史称"谓走得免"，丁谓赶紧跑开，这才没被他敲中。

同列中有人认为大臣争执如此，又打又骂，未免有失体统，为法礼不容，于是极力劝解，争取息事宁人。但二人此时都已经心火烧起，断无熄灭之机。

这时，已经是天禧四年（1020）的冬天，售卖早餐的小贩在待漏院外清冷的寒风中，一声声的吆喝都暂时停了下来，听着从大院里传出两位宰相的詈骂、争吵，一个个感到很纳罕。早朝时间到，随后，小贩们看到丁谓和李迪在百官的劝解中，磕磕绊绊向宫中走去，而两位宰相一脸不忿之色。

进入长春殿，真宗坐在堂上，很痛苦的样子。此时，他头痛脑昏。

内臣从禁中拿出一份文件，对李迪和林特等人说："这是给你们兼任东宫的任命制书。"

李迪带着怒火未消的神色说道："臣要求不接受这份任命。"

此语一出，庙堂一时惊住。

李迪干脆打开愤懑已久的话匣子，先是斥责丁谓"奸邪弄权"，说他现在搞得朝廷内外"无不畏惧"，皇上若不信，"臣愿意与丁谓一同下到宪司去对质"。然后，他开始滔滔不绝，将朝中"奸佞"一个个剥皮数落开来，他说：

"昨天，林特在三司任上，非理决定惩罚，乃至于一人致死，死者家属到朝廷来告状，结果被按下不处理，这都是丁谓死党在庇护，所以人不敢言。……寇准呢，则属于无罪被免。朱能的事呢，也不应该正法。东宫那里也不应该增置新的官员。还有那个钱惟演，他也是丁谓的姻亲，也没有做什么好事。"

说罢，意犹未尽，又道：

"臣愿意与丁谓、钱惟演同时罢免执政之职，希望陛下另选贤才作为辅弼。"

朝堂之上，还从未有过如此"无礼"的争执，真宗已经被他气得不知说什么才好。而李迪回顾一看，曹利用、冯拯也在，就补充说：

"曹利用、冯拯，也是丁谓的同党。"

曹利用则傻乎乎地想起自己当初"深入虎穴"与契丹谈判，每年省下七十万的"丰功伟绩"，于是，当即驳斥李迪道：

"呵呵，以片文只字遭逢圣世，我曹利用是不如你李迪；但是张奋空拳，舍命捐躯，入不测之敌，你李迪不如我曹利用也！"

真宗忍着头痛和愤怒，问丁谓："你们中书有什么不当之事吗？"

丁谓说："这事可以问问我们同列。"

于是真宗问任中正、王曾等人，这些人都说："我们中书供职之外，并没有什么旷缺之事。"

随后，中书丁谓、李迪等人退下，独留下枢密官员来议论。开始，真宗很愤怒，要将"失礼"的官员付诸御史台解决。冯拯和曹利用都劝导真宗不要如此处理，并分别为丁谓和李迪做了宽解。真宗说："二人曲直还没有结果，怎么能不去分辨？"

说着说着，火气略消，真宗就对诸人说："这事，朕应该有了解决办法。"

钱惟演上言说:"臣与丁谓是姻亲,忽然遇到宰辅排斥,臣愿意退出班列。"

真宗反过来安慰他。

于是命学士刘筠马上起草诏令:

"丁谓、李迪罢相;各降一级;丁谓改知河南府,李迪改知郓州。"

但制书没有立即发出。一般来说,这种重大任免诏书,都需要中书审议,要一段时间。丁谓就趁着这段说罢相还没有罢相的空缺时间,来承明殿再见皇上。真宗此际已经火消,就质问丁谓干吗要在朝堂与大臣争执。

丁谓说:"不是臣要跟他争执啊,是李迪骂我啊!臣实在不应该跟他一起罢免啊,请求皇上留下臣啊!"

皇上于是让他坐下,史称"赐坐"。当时有不成文法,宰辅可以坐在"杌子"上,其他官员只能坐在"墩子"上。左右不知,要设个"墩子"给丁谓,丁谓不客气地说:"已经有旨,恢复了我的平章事。"于是左右给他换了个"杌子"。

对话完毕,真宗要内都知、副都知两人传诏,并送丁谓前赴中书政事堂,令依旧在此"视事"办公。

而李迪,则依旧贬谪郓州。

丁谓要皇上再传学士刘筠,要他草写"恢复丁谓为相"的制书,刘筠"不奉召",丁谓换一个翰林学士,晏殊。晏殊惧怕丁谓权势,赶紧来见丁谓。

刘筠从政事堂大院出来，遇到晏殊从枢密院南门那里经过，正在向中书走去。见到刘筠，晏殊侧面而过，不敢作揖施礼，史称晏殊"盖内有所愧也"。


## 吓人的"尚方剑"

真宗驾崩之后，丁谓再次贬谪寇准、李迪。王曾认为贬抑太重，提出反对意见。

丁谓受够了王曾的顶撞，此时，他已经获得了向太后直接传递信息的通道，开始有恃无恐，于是，很傲慢地看了王曾一会儿，史称"熟视"，然后给了一句狠话："居停主人恐亦未免耳！"

"居停主人"就是租赁房屋给他人的房东。王曾曾经将自己的宅子借给寇准居住，所以丁谓这样说他。显然，丁谓对王曾也早已有了戒备。

王曾听到这话之后，一时恐惧，史称"遂不复争"，不再与丁谓争论。但是，丁谓这一句话，却最终让自己付出了代价。王曾，可能是大宋帝国所有贤相中，最富有"权谋之道"的人物。他在宫廷斗争来临时，不是那种简单的为价值观而袖手无为的人物。他的辣手，甚至比丁谓还有过之而无不及。

"遂不复争"的王曾，此际相当诡异。他居然并不坚持正见，为寇准、李迪辩护，也不在此际开始"倒丁"。他有更成熟的思考。否则不斗，斗必胜，这是王曾当下之心理写照。按照后来的时态发展，"重行推演"王曾的心态，似应如此。

所以，他宁肯要寇准、李迪先来铺垫，"牺牲"二人，也在所不惜——他也知道，按他眼下的实力，还救不了这二位贤相。他必须在全胜把握下，为朝廷清除丁谓团伙，现在，还远不是时机——丁谓势力太大了。

此刻，丁谓因为贪婪、狠毒以及愚蠢，为自己种下了恶种，没有办法，他只能在未来的某一时刻，收获自己的恶果了。

中书当时的值班知制诰是宋绶，他负责起草贬责寇准的文书。

丁谓看后不满意，认为"不切"，不准确，就对宋绶说：

"舍人都不解作文字耶？"你这位大秘书都不懂得怎么编排文字吗？

宋绶很谦逊，请求丁谓"笔削"，修订。

丁谓当即加入自己的意思，将文书改定。

于是，人们看到的诏书就有了"当丑徒干纪之际，属先皇违豫之初。罹此震惊，遂至沉剧"这类文字，是将"先帝之死"归咎于寇准等人，认为是他们的"违法犯纪"惊动了病中的先皇，所以先皇才一病不起。文字如此罗织，透露出的狠戾，令人惊心。

丁谓担心寇准、李迪东山再起，很想将二人置之死地。但大宋帝国并无诛杀大臣的习惯，二人所犯之罪，也没有条文可以处死。于是，丁谓就想出了让二人"被自杀"的权谋。

他得到贬谪寇准与李迪的诏书，又经由雷允恭设法派出中使，带着诏令去见这二人。

中使领会了丁谓的意思后，就用一个锦囊藏着宝剑举在马前，模样仿佛是把"尚方剑",做出将要"有所诛戮"的样子。

使者来到道州后,寇准正在与客人宴饮,客人大多是道州的州吏,起来迎接中使,中使回避不见;州吏又问来这里的原因是什么,中使也不答话——他就等着吓唬够了,让寇准进屋自尽呢。但寇准神色自若,让人对中使说话:"如果朝廷有'赐死'的意思,请出示诏书、敕令。"哪里有"赐死"!中使不得已,拿出敕令,不过是贬官继续南下雷州而已。

寇准当即将道州司马的官服脱下来,换了一个短到膝盖的小吏服装,在庭下"拜敕"。而后,升阶,接着宴饮,谈笑如常,直到黄昏才结束。


李迪此时被贬在郓州,接下去要贬往衡州。

他刚刚听到有中使举着锦囊"尚方剑"来郓州,就认为完了。他性情刚强,不想吃那一剑受辱,于是决计自裁。但是还没有实施,被他的儿子救了过来。

中使到了李迪府上,不走。有人来看望李迪,中使装模作样地让来人留下姓名、报上籍贯,意思是你们这一伙人跟李迪是同党,小心秋后算账。但是李迪才高品正,很多人不顾可能的危险,还是来看形同软禁的旧日相公。有人带来一些盒菜、美食之类,中使留在厅堂,一直到放臭了,也不给李迪吃。

李迪的一个门客叫邓余,看出门道,大怒道:

"竖子欲杀我公以媚丁谓耶?邓余不畏死,汝杀吾公,我必杀汝!"这小子是要杀我家相公,以此来谄媚丁谓那厮吗?我邓余不怕死，如果你杀我家相公，我必杀你！

于是邓余跟从李迪一直到衡州，一路上不离左右，李迪这才得以活命。


李迪是一个享有清名的人物。有人对丁谓的大胆狠戾不解，问他：

"迪若贬死，公如士论何？"李迪要是真的被你这么折腾，贬谪而死，你如何应对士林公论？

丁谓的回答全然是一派商鞅、韩非、马基雅维利的口吻，他说：

"异日好事书生弄笔墨，记事为轻重，不过曰'天下惜之'而已！"

他的意思是：似李迪这等人物，死就死了，他日有人论起这事，有好事的书生摆弄笔墨，记录此事的轻重与否，不过就是四个字而已："天下惜之"！所以，没什么，死就死了。

丁谓膨胀得厉害。

但是他的时间，不多了。


## 雷允恭擅改皇堂位


天禧五年（1021）四月时，宦官雷允恭以内殿崇班升职为皇太子宫都监，同管勾资善堂左右春坊司事。这是一个侍奉太子赵祯的中使之职。

一年后，真宗崩，丁谓结交雷允恭后，二人都有了"绝对权力"在手，进而有了实施"绝对腐败"的趋向。丁谓认为得到皇室"内助"，雷允恭认为得到宰辅"外助"，各自"倚势"，于是"日益骄恣无所惮"。没有什么畏惧、敬虔之心了，这就什么都敢干了。

兴修真宗山陵，工期紧，很多宦官都被派在外面督修陵寝，只有雷允恭没有外派的职务。于是他向太后请求去修陵。

太后不许。

雷允恭哭泣着说："臣这一生得到先帝恩典，做事并不在他人之后，而现在独独不能为先帝效力，是不是臣有何罪过啊？"

太后刘娥道：

"我不是对你有什么吝啬。实在是因为你很小的时候，就得到皇上恩幸，从来没有在外面出任过什么职务。现在官品已经很高，小气不然的差遣，不足以安排你去；大型项目工作给你，我担心你不懂得国家法禁，如果妄有举动，可能反而牵累到你！"

太后刘娥这一番话，足见她识人之明。

但是雷允恭似乎鬼使神差，还是泣告不已。

太后想了想，一般的职务都已经安排出去了，就给他个"特命"，与一位叫张景宗的共同管勾山陵一事。

这期间，雷允恭就有了出入于山陵使丁谓家中，与女道士刘德妙来往，请神下凡等昏妄事。

三月的一天，雷允恭骑马来到修建中的山陵视察工地。这时，判司天监邢中和对他说："现在这个山陵啊，上去一百步，按风水阴宅之法，应该有利于子孙。很像汝州秦王的坟陵。"

秦王，就是赵廷美，乃是赵匡胤的四弟，他生有十个儿子，而他的孙子辈似也兴旺。

雷允恭问："那么好的风水宝地，为何不用？"

邢中和答："怕下面有石头有水啊！"

雷允恭说："先帝只有今上一子，再没有其他后嗣。如果真的像秦王坟，那就应该用！"

邢中和犹豫，说："山陵事重，反复查核、勘探，需要时间。怕一耽误，那原来规定的七月完工之期，就赶不上。"

雷允恭不知轻重，当即拍板定案："你们就来改穴，改换神道入口，我走马去见太后说这个事，太后哪有不从的道理。"

雷允恭向来"贵横"，无人敢违背他的命令，当即吆喝着，役夫们开始"改穴"。工地上一片人潮涌动。

陵寝在巩县，距离汴梁近四百里。等到雷允恭来见太后说这个事，并告知已经先斩后奏，太后道："这是大事，怎么敢如此轻易处理！"

雷允恭道："让先帝的后嗣子孙繁衍昌盛，有何不可为？"

太后不大信这个事，就对他说："你出去问问山陵使丁谓，听听他的意见。"

雷允恭来见丁谓，说了过程。

丁谓本来认为不可以改动。因为现在这个穴位，乃是很久以前就已经查勘后的定案，真宗在世时都知道这个位置。现在改，万一出事，麻烦；耽误工期，也麻烦。但他不愿意违背雷允恭这个内侍的心愿，以后二人还要在一起"合作"更多事情呢。于是，他不给具体的反对和赞成意见，史称"无所可否，唯唯而已"。雷允恭没有得到丁谓的决断意见，回到宫中，却诓骗太后说：

"山陵使无异议矣！"

太后见此，就答应下来。

但是，还就是出事了。

改穴后，发现石头，役夫费尽力气，碎石掘进，忽然出水。这就意味着，这个陵寝根本不能用。

工役艰苦，役夫们议论纷纷、牢骚满腹。步军副都指挥使、威塞节度使黄守忠是修奉山陵部署，也即工地总指挥，看到这个情况，担心不能如期完工，干脆停止施工，派人快马回汴梁告知山陵使丁谓，工人原地休息，等候消息。

这时，已经是农历五月了，距离工期到期只有两个月时间。

丁谓庇护雷允恭，打算迁就这个地点，勉力完成此役，因此不敢将实际状况告知太后。

但是工地上另有内侍不少人，回到汴梁后，将这个重大工程问题向太后作了汇报。太后来问丁谓，丁谓一直在京师，于是派出按行使和副使二人前往巩县调查并参定，根据工地实情做出方案。太后又派出亲信杨怀玉等人一起去调查。这时，太后已经知道是雷允恭私自决定改方案闯下大祸，就另派人调查雷允恭的"罪状"。

雷允恭拿着他与邢中和二人画出的图纸，准备入奏，太后不允，已经不想见他了。不但不想见，还成立了专案组开始对雷允恭进行审讯。与此同时，又派遣龙图阁直学士、权知开封府吕夷简，龙图阁直学士兼侍读鲁宗道，以及中使若干人，前往视察皇堂即先帝的墓室。这些高官调查后都认为，应该继续用原来的旧穴。

于是，太后令诸臣到丁谓府邸去议决此事。

第二天，特命参知政事王曾再往山陵看视，并做道场祭告神祇祖灵。

丁谓给出的意见是：等王曾祭告回来，与众人议论没有异议再开工。他的意思还是想保雷允恭，能用新穴就用新穴。只要用新穴，雷允恭就可能不算大罪，如此，则自己也能平安。

但太后已经不想用这个出水新穴了，下诏，要恢复工役如初，但是穴道里面的墓室须议定后再来修筑。

王曾回来后，接受了众人的意见：恢复工役如初。

而雷允恭的大狱审讯结果也出来了：

一、擅自挪移山陵穴道皇堂；

二、盗窃工程款，库金 3110 两、库银 4630 两、锦帛 1800 匹、珠 43000 颗、玉 56 两；

三、盗取山陵陪葬品，常进皇堂犀带 1 条、药金（即黄铜）70 两；

四、昔日曾经让他取玉带赏赐辅臣，却被他窃取其中 3 条。

而雷允恭与丁谓家中刘德妙来往的事，也被查出，报到太后处，暂未宣布。

诸罪并罚，在巩县杖死，家资没收。他的兄弟雷允中决配柳州编管。

邢中和免死，决配沙门岛。

## 王曾论"绝穴"

王曾等到雷允恭案结束后，开始酝酿"倒丁"谋略。

这一谋略必须要在雷允恭死后，必须要与太后单独面对，单独谈。

但是丁谓把持与太后的对话通道，要想单独见太后，有难度。王曾就用了几天的时间，有意无意地说自己无子，想以侄子过继来承接香火。说得丁谓都同情了他，就鼓励他单独跟太后说说，给个敕令，就算正式过继了。

王曾答应，说明天退朝，当留下来说这个事。

等到第二天，王曾与太后"独对"时，开始说丁谓"包藏祸心"，他是故意"令雷允恭移动皇堂于'绝地'"。

按王曾意思，真宗陵的新穴其实是个"绝穴"，是丁谓试图陷赵家"无后"。如此，则实属大逆不道！

但雷允恭的供词中没有这一条，王曾应该有此语之来源的证据，不然，太后也不好糊弄。妙的是，世上已无雷允恭。

此事终于惹恼了太后。

她对真宗的爱与忠诚，天下第一，丁谓背后给死去的真宗如此"下绊子"，令太后怒不可遏。当她试图寻找王曾是不是挟私报复时，却没有找到王曾与丁谓"结梁子"的记录。甚至，过去，丁谓与李迪在朝堂争吵时，王曾还向着丁谓说话，说"谓无过，曲在迪"，丁谓没有错，错在李迪。此际王曾来说丁谓，应该没有打击报复的可能。

# 太后"倒丁"立威

后来丁谓稍稍知道了一点风声，一天退朝后，丁谓也留下，对着垂帘听政的太后开始自我辩解。说着说着，内侍将垂帘卷起，对丁谓说："相公这是跟谁说话呢？太后大驾走了很久了。"

丁谓惶恐不知所为，举着笏板磕了几个头，退出了。

不久，辅臣又在仁宗办公的资善堂"会食"，聚餐，独独没有召唤丁谓。

丁谓这才知道"得罪"了。于是在一次朝会中，当着众人的面，向钱惟演"哀请"帮忙疏通。

钱惟演大大咧咧地回答道："当致力，无大忧也。"我会使劲儿的，应该没有大的问题。

冯拯听后，不以为然，"熟视"钱惟演，不说话。把钱惟演看得直发毛。

这个细节证实，丁谓要倒霉，冯拯先知水之冷暖，于是也参与到"倒丁"阵营中来。

调查雷允恭的专案组将有关材料报给朝廷，太后看后，内中涉及丁谓的"黑材料"不少。于是，太后在承明殿与大臣们有了一次决定丁谓命运的讨论。

太后对冯拯等人说："丁谓，身为宰相，却与内侍雷允恭交结来往。"

然后出示了一堆金酒器，这些都是丁谓委托雷允恭令禁中后苑工匠所造。还出示了雷允恭写给丁谓的信件，其中有些信件就是公开向丁谓求官，求为管勾皇城司、三司衙司等。

职官予夺升降，乃天下公器，现在二人如此交通，沆瀣一气，眼见已经脱离了古来"天下为公"的圣贤教诲。太后很不爽。她对臣辅们说：

"以前丁谓经过雷允恭奏事，都说：'已经与卿等议定'，所以我才准了他的奏章。近来才认识到他的矫诬。后来，要他做山陵使，营奉先帝陵寝，那应该更尽心才是吧？嘿，他反倒擅自迁移皇堂！差点误了大事！"

冯拯顺着太后的话茬说：

"自从先帝登遐（远去），国家政事都是丁谓与雷允恭同议，回来说在禁中得到旨令，臣等莫辨虚实。现在，赖太后圣神省察其奸，这是宗社之福啊！"

太后这时候，想到王曾对她说丁谓的"包藏祸心"，不禁又想起真宗在日的光景，怒气难平，话语间就有了杀气，似要诛杀丁谓。

但"杀大臣"，乃是太祖以来的大事，终太祖、太宗、真宗三世，几十年间，极少有过"杀大臣"的记录。真宗一朝更是零记录。如今要杀丁谓，此例一开，"敛天地之杀气""召天地之和气"的大宋帝国，就将升腾戾气、沉伏危机。幸好有宋三百年，君臣有共识。冯拯虽然并非大贤，但在这个决定大宋国运的问题上，他还有清醒的认识。于是，鼓起勇气对太后说道：

"谓固有罪，然帝新即位，诛大臣，骇天下耳目。谓岂有逆谋哉？第失奏山陵事耳。"丁谓固然有罪，但新帝即位，就来诛杀大臣，难免骇动天下人心。再说，丁谓哪有谋逆的行迹啊？他不过是山陵之事没有及时奏准、擅作主张而已。此罪，不应当斩。

太后本来也不想开杀机。考虑到她的一系列作为，"立威"倒是真的。从真宗"登遐"，她召诸臣到枢前，在一片哭声中，她不哭，一声断喝"有日哭在，且听处分！"有如一声霹雳，当即镇住文武辅弼。这是太后"立威"之始。当初从巴蜀而来的小女子，除呈献给真宗赵恒的千娇百媚之外，却别有冷如冰霜，透溢巾帼不让须眉的吕雉、武曌之相，眼角、眉梢，威容动人。

流露杀机，并不刑杀，借冯拯之言，虚惊一场，太后再次"立威"。

从此，宋廷几乎无人不对这位昔日"拨鬟"的冷美人敬畏有加。

于是，丁谓正式罢相，贬为太子少保，分司西京。

因为丁谓而遭遇罢黜的官员十数人。


## 王曾"反经合道"


"倒丁"一案，王曾厥功甚伟。后人评价甚高。他"使诈"栽赃丁谓，说丁谓怂恿雷允恭，将真宗葬于"绝穴"，目的是"使无后嗣"。这类构陷也多被后人理解，认为这是不得已的办法，不如此，奸佞不去；不如此，大宋不安。

明人孙绪评论圣贤之"智"，有一段话极为精彩，大意是：做事情如果智谋不足，孔子也不赞同。用兵出奇，是老子所讲述。

很多紧要关头，间不容发之际，能够解除艰难，建立勋业，安定反侧，适合事变，往往需要"权谋"在场。这样的时刻，即使舍去"正道"而随从"诡道"，被春秋大义所讥评，只要合于"道"，对当世有功，就可以做。所以《周易》要说"见机而作"，孔子要说"好谋而成"。明白这个道理，不仅仅可以施之于"用兵"而已。

此说等于在为王曾式的"权谋"做注。读懂这段话的意思，可以更深刻地理解王曾"反经合道"的"权谋"。

另一位明人谢肇淛在他的《五杂俎》也有一段话，可以帮助理解王曾此举。

他说："事功之离学术，自秦始也，急功利而焚诗书；学术之离事功，自宋始也，务虚言而废实用。故秦虽霸而速亡，功利之害也，宋虽治而不振，虚言之害也。"

这话是说秦政重"工具理性"，而大宋重"价值理性"。用这番话来衡量秦和大宋，似扣着要害之处；但是核定大宋种种"紧张"，种种恪守与变通的艰难，可以看出，大宋一直在"工具理性"与"价值理性"间寻找某种平衡，并非一味倾向于"价值理性"。而历史深处，更细密的节点，往往出入更大。譬如王曾，就不是一个"务虚言而废实用"的人物。他的"倒丁"可以为例。

此外，在王曾后来的日子里，他对帝国利益的维护几乎就像一个精心的看家护院者，其重"实用"处，往往要与太后做艰难博弈。

## "天书"从葬永定陵

"天书",在真宗之后,怎么办?

这事,成为帝国的一大难题。

继续保留"天书",那就要坚守"神道设教"的几十年政治逻辑,不得变异;而运作起来,各类"伪造天书"事件,在国家鼓励下,还会陆续发生。那时节,怎么办?更有太后还在。她跟着真宗完成了"神降天书""泰山封禅""祭祀汾阴""建造宫观"种种"神道设教"活动。怎么办?天下都知道,太后刘娥虽然有所控制,并不奢靡,但她事实上乃是一个喜欢排场的人物。

人人都看到了这一步。但是,怎么办?

由于真宗永定陵旧穴改新穴,现在又重新改回旧穴,耽误了时间,所以,原定于七月完工的陵寝,工程后延到了十月间方才完工。

就要让真宗安寝了。

新立皇帝宋仁宗,此时只有十几岁,他与皇太后诏谕辅臣,将问题提了出来。

王曾,还有未来的名相吕夷简,提出了解决方案:

> "天书"从葬真宗永定陵。

理由是:这么贵重的东西,只有先帝可以独享,他人不得染指。

皇太后细细思量,接受了这个意见,于是,内廷降旨:

前后所降"天书",都是先帝尊道奉天,所以天帝显灵,赠书作答。现在就要安葬先帝了，所有的"天书"都有玉刻的副本，都已经奉安在玉清昭应宫。原本真文，只在宫禁大内中供养。由此可以看到先帝的意思是什么啦。何况如此特殊的祥瑞之极，只能专属先帝，不可留于人间。当从葬永定陵，以符合先帝的旨意。

事，就这样解决了。


## 玉清昭应宫大火

八年之后，已经是仁宗天圣七年（1029），这一年的六月丁未日，忽然大雷雨，玉清昭应宫被雷劈失火，宫观凡 2610 间房屋，除了长生崇寿殿之外，全部焚毁。如此，连"天书"的副本也化为灰烬。

第二天，太后刘娥召来辅臣，哭泣着说：

"先帝力成此宫，一夕延燔殆尽，犹幸一二小殿存尔。"

这时的枢密副使名叫范雍，他估计太后的意思是想重新修葺，于是抗言道："那还不如全都烧光呢！"

太后闻言一惊，问他何故。

范雍说："先朝因为这个玉清昭应宫，而竭尽天下人力，现在这么快就成为一片灰烬，显然，这是天意，不是人意。如果仅仅因为有那么几间尚存的房屋，而整体修葺，则民不堪命，这也不是对'天戒'的回应。所以不能修。"

太后不爽，希望能获得真宗朝老臣的支持，但王曾很严肃地支持了范雍的意见，吕夷简也支持范雍。

史称"太后默然"。

整个"神道设教"活动中，凡富有清明理性的臣辅，基本都从内心持一种反对意见，并且知道一旦参与此事，必有损于后世令名。真宗朝第一宰辅王旦，在参知政事丁谓频繁上"祥瑞"事时，不得已，附和真宗；但他还是给自己的未来机智地留下了一点亮色。

有一次，丁谓呈上《新修祀汾阴记》五十卷，内中编联各种"祥瑞"，总有一百四十六幅配图。真宗将这部厚厚的大书，放在龙图阁内，召宗室、辅臣和文武百官都来观看。王旦上言说：

"臣一直为东封西祀活动的大礼使，但这里所奏上来的'祥瑞'，臣非亲见也，都是根据司天监邢中和描摹的形状罢了。愿令史官并书其实。"

王旦在这里耍了个心机，他的那句"臣非亲见也"，是对后世名誉的一种洗刷。

他怜惜身后名，而丁谓则不同。他如果真心信服"祥瑞"，什么话也不用多说；如果不信，还来频繁"献瑞"，实在是"死后哪管洪水滔天"的心态。这个记录，将王旦与丁谓区别开来。


## "神道设教"时代结束

冬十月，终于到了奉安真宗的时候。

仁宗痛哭流涕，拿出一部手抄十卷的稿件，对辅臣说："朕躬阅先帝的圣政记录，抄录了这些，编纂为《政要》。请将它放到先帝的皇堂里。"

发引之前，有司报告，说灵驾体积很大，从汴梁城里往巩县发运，经过的道路城门、庐舍，都要拆迁扩大，以方便灵驾通过。

当即就有侍御史知杂事谢涛反对，他提出："先帝东封西祀，所用仪礼器物那么多，但是还没有听说有所毁坏拆迁。且遗诏有'务从俭薄'的说法。现在有司制作的陪葬冥器太过于侈大，以此来烦劳州县拆毁城门屋舍，不是先帝的意思。请下少府，根据道路城门状况，裁减一下规格。"

这个意见，太后不从。

她太爱赵恒了，要给一生中唯一爱着的男人一个尽力风光的葬礼。

这时，仁宗与太后都坐在阁子里，听到这里，仁宗说道：

"城门卑者当毁之，民居不当毁也。"

小小宋仁宗，就在太后摄政的当口，提出了自己的第一条政治意见，预表了他的折中能力，以及民生理念。事实上，这也是太后亲自调教的结果。所以，当他的意见与太后有"冲突"时，太后还是理解了这个非亲生儿子的"岐嶷"之处，史称"太后以为然"。

乾兴元年（1022）冬十月己酉，葬真宗文明章圣元孝皇帝于永定陵。

"天书"在真宗的皇堂里。

王曾就这样结束了一个时代——真宗"神道设教"时代。

但"春秋责备贤者"，此案也被王夫之所批评。

王夫之认为丁谓是个小人，这是"万世"都能认同的事，王曾骗丁谓，说要独自留下来与太后讨论自己侄子的过继问题，然后密陈丁谓的种种恶行，如"兴淫祀、营土木、陷寇准、擅除授、毒民病国、妒贤党奸"等大罪，如果这样，也可以理解为是王曾在恪守圣贤的"权道"，属于"不诡于正者"；王曾却编派了山陵改作、包藏祸心、令帝无后这类谎言，最后导致丁谓失败。这是小人陷害君子的诈术，王曾读圣贤书，怎么可以做这种事？正因为有王曾这样的恶例在先，所以后世纷纷效法，章惇、苏轼，交相指摘为"党人"，略有文字之小疵，就污蔑为大逆，很多大狱的兴起，毒流于士林，不知道有多少。所以王曾"计出于此，操心之险，贻害之深"，谁还能说大宋有"社稷臣"呢？这样的"君子"，不过是逞"气"而已，其"小人"，不过是施"毒"而已。逞"气"和施"毒"，又能相去多少呢？

那么，面对施"毒"的小人，君子怎么办？

一向通达的王夫之，在这里给出了传统士大夫常有的姿态：如果不能在正大方略中惩治小人，那么，就应该暂时搁置起来，等待他"自毙"。如果自己没有罪错，那么得失、理乱都可以听天由命。这时虽然得不到什么，但也不会失去什么；虽然不能治理什么，但也不会毁坏什么。"自靖"而已。之所以要"正大"，是为了恪守理法的平衡；之所以要"刑赏"，是为了尽得忠厚的极致。君子于此"不可不慎"。

这就是王夫之的结论性意见。

我一向敬佩王夫之，对他这一番意见，沉吟良久，不知该如何回应。

我知道的是：存在，常有困境，在困境中选择并恪守中庸之道，极难。所以孔夫子要说"中庸之为德也，其至矣乎！民鲜久矣"。（《论语·雍也》）"中庸之道"乃是"平衡之道"，不是"中间之道"。所谓"平衡"，是指事务间比较而言，最为合适、妥当、准确的那个节点。而"权道"也即变化通达之道，就是通往这个节点的"方略"。"权道"与"中庸"有同等重要的性质。它也是人类处在困境中，亟需明了的选择与恪守。能够"合目的性"而又不背离圣贤价值大经大法，不是人人都能达致的境界，所以，很难。所以，孔子也同时说："可与共学，未可与适道；可与适道，未可与立；可与立，未可与权。"（《论语·子罕》）王曾的案例、王夫之的解释，印证了"中庸之道"那种难以穷尽的存在秘密、体用秘密，以及背反性质的秘密。

作为"意志自由"的人类，无往而不在选择中。


## 丁谓贬谪崖州

丁谓，他的"选择"让他在后世的名声褒贬参半。

他与另一个大人物王钦若，后来也有矛盾。但"瘿相"王钦若似乎比"鹤相"丁谓更善于处理君臣关系、同僚关系。事实上，王钦若比丁谓更"阴"，丁谓比王钦若更"险"。王钦若往往暗中让对手栽跟头，丁谓则明着就让对手吃大亏。但细考这二人的往事种种，似从未动过杀机。换一句话说，王钦若、丁谓，这两个为人贬为

"奸相""佞臣"的人物，他们搅动起来的宫廷斗争，可能尔虞我诈、勾心斗角，但还不至于你死我活、刀光剑影。他们都有各自的底线。

所以，大宋帝国在真宗一朝，不论如何"内耗"，与秦汉隋唐元明清以及中世纪欧洲的宫廷斗争比较，依然算是和平的。而且，所有的被贬官员，包括寇准在内，他们在斗争失败后，呈现的度量和智慧，也依然让人感到：毕竟是中国士大夫。

丁谓后来继续被贬，贬到了比寇准的贬地雷州更远的崖州去做司户参军。雷州在今天的广东湛江，崖州则在今天的海南三亚，是当时中国最南端的荒凉之地。

史论、时论，对丁谓与寇准的斗争，同情的天平大多倾向于寇准。史论不少，所在可见；时论中，在寇准被排挤出朝廷后，即有"民谣"开始传唱：

"欲得天下宁，当拔眼中钉；欲得天下好，莫如召寇老。"

但二人似乎都很相信自己的正当。

丁谓到崖州，要路过雷州，据说寇准闻听这个曾经屡屡抑制、陷害自己的"佞臣"丁谓来了，特意准备了一只整羊送他。丁谓很感动，想见寇准，但寇准拒绝相见。寇准的家僮知道消息后，想要在路上杀掉丁谓，为寇准"复仇"。寇准表面上不说什么，但让人锁上大门，不准出入，然后在院子里摆上酒菜，与僮仆们一起吃酒，直到估摸丁谓走出雷州了，这才放家僮出门。

丁谓到达崖州后，看到海浪滔滔、禽兽出没之地，偌大一州竟往往不见人家，甚至还来了诗性，留下《到崖州》一首：

今到崖州事可嗟，梦中常得到京华。

程途何啻一万里，户口都无二百家。

夜听孤猿啼远树，晓看潮浪瘴烟斜。

吏人不识中朝礼，麋鹿时时到县衙。

这是三亚市这个著名旅游景区，在大宋真宗朝时的风貌。

曾经作为大宋第一宰辅，习惯了汴梁风华，以后的日子怎样过？他开始写诗，而且"日赋一诗"。写好诗，方便时，就寄回洛阳家中。崖州无甚文化传承，他就将各个地方的州郡，配上古人名字，写诗，歌咏，竟有百余篇。还开始"游于艺"，玩香道，聚集海南各种香料，品赏，写了《天香传》。他还帮助当地人读书写字，算是文化扫盲。史称丁谓到崖州，"未尝一日废笔砚也"。

面临厄运，他那种淡定，让人钦敬。

## 丁谓之量

丁谓在崖州待久了，隔着五指山和琼州海峡遥望京华，常有感慨，但他也有自救的法子。一段时间之后，他开始给洛阳老家的亲人写信，信中深深地克责自己，叙述国家的恩典，教训家人不要动不动就抱怨。然后，他让人将这封信带到京师给宰相王钦若（《宋史》中的说法是给洛阳太守刘烨，传闻异词，常有之事）。但他千叮咛万嘱咐，要送信人务必在王钦若与众官僚聚会时，将此信送达。果然，王钦若得到信件后，不敢私自送到丁府，而是将它上交给朝廷。最后，信到了宋仁宗的手里。而信中，还有专门给仁宗的上表，表中有两句话是：

"虽迁陵之罪大，念立主之功多。"

这也是很聪明的表白，他不否认"迁陵"之罪，因为一旦否认，则朝臣议论纷纷，变数莫测。干脆承认，但又特意拈出他当年拥立仁宗与太后共同执政的功劳。果然，此语打动了年轻的皇帝，当即诏令将丁谓的贬地由崖州北移到雷州。

这正是丁谓善于揣摩的心机所在。但出于自救，我能理解这种小九九，不算恶，当然，也不算善。它就是一种智慧型存在。丁谓早期通判饶州（今属江西），曾经遇到"异人"对他说："君貌类李赞皇。"看了看又说："赞皇不及也。"

李赞皇，就是唐代名相李德裕。李德裕是一个非常有政治头脑的人物，算是影响了大唐乃至于中国的政治家，梁启超曾评价李德裕，认为他是与管仲、商鞅、诸葛亮、王安石、张居正并列的"中国六大政治家"之一。梁启超此议肯定有争议，但说李德裕是重要政治家，是允当的。这个"异人"将丁谓比况于李德裕，而李德裕也曾经被贬崖州，与他一样，做司户参军这样的小官，并病死在崖州。这段经历，大约给了丁谓不小的刺激。当他得到赴雷州的消息时，大约能够想起"异人"又说"赞皇不及也"的话头，这是不是意味着我丁谓可以东山再起呢？

所以，丁谓从崖州乘船渡海往雷州，面对万顷波涛、浩瀚南海，他留下了两句诗："九万里鹏重出海，一千年鹤再归巢。"

可见，丁谓即使面临绝境，也不怨天尤人。他甚至到达雷州后，与友朋聚会，论及天下形势，他居然来一段幽默自嘲。他说："海内州郡，何处最为雄胜？唯崖州地望最重。"

听者不解其故，丁谓说："你们想啊，宰相才刚刚有资格到崖州做司户参军，他州何可及也！"

后来丁谓又转迁道州，再转迁安州，被仁宗赐予秘书监，再迁光州（今属河南），等于经历了十五年贬谪，又回到了中原。这颠沛流离的十五年，他居然髭鬓不见斑白，如果没有从容心态，能够养生到这地步，不容易，所以史称"人服其量"。

丁谓临终前半月，辟谷不食，但焚香危坐，默诵佛书。用沉香水煎汁，偶尔"呷少许"。端坐后，启动手足之际，神识不乱。最后，"正衣冠，奄然而逝"，等于"坐化"。

王曾此时为相，听到光州奏报说"秘书监丁谓卒"，就对同列说："斯人智数不可测，在海外，犹用诈得还。若不死，数年未必不复用。斯人复用，则天下之不幸，可胜道哉？吾非幸其死也！"

这是王曾自认为看透了丁谓的为人，他认为丁谓之死，是天下幸事。

丁谓一生，究竟当如何评价？

有两个故实，可以算作盖棺定论。

第一个故实：丁谓生前认为曹操、司马懿是"圣人"。这个记录出自清初学者王士禛《香祖笔记》。是否可靠，可以参见下一条记录。

第二个故实：丁谓曾经有言："古今忠臣孝子事，皆不足信。乃史笔缘饰，欲为后代美谈者。"这个记录出自王曾的《笔录》。王曾是丁谓同时代人，但他又是丁谓的"政敌"，那么，这个记录是否可靠呢？

就在这样弯弯绕般的史料记录中，回到现场的"重行推演"，因此就特别需要讲述者的倾向了。如果可以由我给丁谓一个评价，我倾向于这四个字：

奸而不恶。

## 真宗的后稷事业

大宋帝国的真宗时代结束了。

真宗赵恒，他领导中国二十五年时间做了几件大事，其中影响中国深巨的是"澶渊之盟"。他为中国赢来百年和平，真实地做到了中原士庶"安居乐业"。

有意味的是，王夫之认为宋仁宗时代"有大德于天下，垂及今而民受其赐"的功勋是："航海买早稻万石于占城，分授民种"。

占城，略相当于今天的越南中南部，古称"象林邑"，简称"林邑"，唐时曾称为"环王国"，五代时又称"占城"。这里是水稻产区。

王夫之认为：占城稻播种较早，其时正与江南梅雨相当。引进这种稻谷，可以及时完成种植之功。过去周朝占有天下时，就祭祀农业时代的"文化英雄""后稷"，后稷当时是可以配享"天帝"的神祇。又在土地立社祭祀"后稷"。于是，中国享有农业养民的

"万世之报"。

他认为宋仁宗在这方面可以与"后稷"相提并论，甚至超过"后稷"。如果后代有圣明君王正道祭祀天地神祇，品论历来有功德的人物，宋仁宗就应包含其中。宋仁宗足以代替"后稷"而享有祭祀千秋。

王夫之感慨说：宋仁宗这么伟大的一项利民功德，"惜乎无与表章者"，可惜竟然没有人给予表彰！甚至史书说到此事，也往往"略记其事而不揄扬其美"，只是简略记载有这么个事件，但并不褒扬传播他的美德。这事，实在是"后王之过也"，是后来的王者之过失啊！

王夫之所论深得我心！

盖水稻早熟品种，于11世纪引进，在江南地区迅速普及，极大地提高了粮食产量。大宋帝国之所以富裕程度甲天下，与早熟水稻品种之引进，关联甚大。这是实实在在的"民生事业"。如国父孙文先生所言："民生就是政治的中心，就是经济的中心和种种历史活动的中心。""民生是社会一切活动的原动力。"王夫之以圣贤理念为思想资源，以一个史论家的宏阔视野，看到大宋帝国的水稻引进之意义系统，我很赞赏钦佩。

但王夫之先生这里犯了一个"张冠李戴"的错误。

史上率先引进占城水稻的不是宋仁宗，而是宋仁宗的父亲宋真宗。

历史记录如下——

大中祥符五年五月：

> 上以江淮、两浙路稍旱即水田不登，乃遣使就福建取占城稻三万斛分给三路，令择民田之高仰者莳之，盖旱稻也。仍出种法付转运使，揭榜谕民。其后又取种于玉宸殿，上与近臣同观，作歌毕和，又遣内侍持稻示百官于都堂。

真宗认为江淮、两浙路，这些地方稍稍有旱灾就容易导致水田歉收。于是派遣使者到福建，取占城进口的早熟稻三万斛分给江南路、淮南路、两浙路，让地方选择地势稍高的地方种植，这就是早稻。并将种植的办法交付诸路转运使，让他们揭榜告知农民。后来真宗又在玉宸殿，与近臣一道观赏种植出来的占城稻，还作歌诗，请群臣咏和。再派遣内侍在都堂向百官展示。

玉宸殿，是真宗"宴息之所"，其中有一张御榻，所用帷幄都是黄缯，但没有"文彩之饰"。殿东、殿西聚书九千余卷。因此这个地方事实上是真宗的私人书房。不过在书房之外，另有苑囿，可以行稼穑之事。因此，这里的园子也种上了占城稻，相当于一小块"试验田"，真宗有时会亲自打理。他不一定动手种植，但会观看，观察。

为引进占城稻的成功，真宗喜悦之情真是"溢于言表"。

此后，关于真宗朝与占城稻的记录不断出现，荦荦大者，计有——

大中祥符五年冬：

丙子，出玉宸殿新稻赐辅臣，上曰："禁中植稻，暇
日临观刈获，见其劳力，愈知耕农之可念也。"

丙子日，真宗将玉宸殿中的新稻赐给辅臣，说："禁中种植水
稻，闲暇日来观看收获，见到劳力，更知道耕农的辛苦是应该惦
念的。"

大中祥符六年秋：

丁酉，出苑中占城稻示百官。

大中祥符六年秋，丁酉日，真宗拿出苑中的占城稻向百官展示。

天禧二年冬十月：

庚子，诏近臣观玉宸殿刈小香占城稻，遂宴于安福殿，
上赋诗，从官毕贺。

天禧二年冬十月，庚子日，诏令近臣观看玉宸殿收割"小香占
城稻"，就在附近安福殿宴饮。真宗赋诗，从官都来庆贺。

天禧三年冬十月：

壬辰，召宗室、近臣于后苑，观西天绿豆、小香占城
稻。上作诗赐之，属和。

天禧三年冬十月，壬辰日，召皇家宗室人员和近臣到后苑，观看"西天绿豆""小香占城稻"。真宗作诗赐给从人，要他们写诗唱和。

天禧四年十月：

丙午，召皇太子、宗室、近臣赴玉宸殿翠芳亭观稻，遂赐宴。

天禧四年十月，丙午日，召皇太子、宗室和近臣，到玉宸殿翠芳亭观看占城稻，就在此处赐宴。

……

即使没有震古烁今的"澶渊之盟"，大宋这位农业帝国的统治者，宋真宗赵恒，也注定不朽。

2005 年 12 月初稿于京师安贞桥
2011 年 10 月二稿于津门体院北
2015 年 9 月三稿于海盐江湖居

FONGHONG

凤凰联动出品